"十三五"国家重点出版物出版规划项目
现代机械工程系列精品教材
新工科·普通高等教育汽车类系列教材

汽车传感器原理与应用

高仁璟　赵　剑　王　奇　编著
刘书田　主审

机械工业出版社

本书为"十三五"国家重点出版物出版规划项目。

本书系统地介绍了汽车使用的各类传感器的结构、工作原理、特性以及应用和检测方法。全书共 7 章，内容包括汽车传感器概述、传感器敏感原理与特性、传感器信号采集与调理、汽车动力控制系统传感器、汽车底盘控制系统传感器、车身控制及导航系统传感器、新型传感器及其在汽车上的应用。本书作为车辆工程专业教材，力求在阐明传感器技术的基本知识的基础上，紧密结合传感器技术的发展，联系科研实际，对汽车传感器的基本理论及关键技术进行全面论述。

本书可作为高等学校车辆工程专业的教材，也可作为自动化等专业的师生及各类从事智能车辆相关工作的技术人员的参考书。

图书在版编目（CIP）数据

汽车传感器原理与应用/高仁璟，赵剑，王奇编著. —北京：机械工业出版社，2021.12（2024.8重印）

"十三五"国家重点出版物出版规划项目　现代机械工程系列精品教材
新工科·普通高等教育汽车类系列教材
ISBN 978-7-111-69973-6

Ⅰ.①汽⋯　Ⅱ.①高⋯　②赵⋯　③王⋯　Ⅲ.①汽车-传感器-高等学校-教材　Ⅳ.①U463.6

中国版本图书馆 CIP 数据核字（2021）第 267438 号

机械工业出版社（北京市百万庄大街 22 号　邮政编码 100037）
策划编辑：宋学敏　　　　　责任编辑：宋学敏　杨晓花
责任校对：肖　琳　陈　越　封面设计：张　静
责任印制：邓　敏
三河市宏达印刷有限公司印刷
2024 年 8 月第 1 版第 3 次印刷
184mm×260mm · 15.5 印张 · 363 千字
标准书号：ISBN 978-7-111-69973-6
定价：49.80 元

电话服务　　　　　　　　　网络服务
客服电话：010-88361066　　机　工　官　网：www.cmpbook.com
　　　　　010-88379833　　机　工　官　博：weibo.com/cmp1952
　　　　　010-68326294　　金　书　网：www.golden-book.com
封底无防伪标均为盗版　　　机工教育服务网：www.cmpedu.com

前　言

汽车是集机械、电子、信息、控制为一体的复杂机电系统。随着电子和通信等关键基础技术和应用技术的快速发展，汽车电子化、信息化程度不断提高，呈现高度自动化、智能化、网联化的发展趋势。传感器是信息感知和智能电控的首要环节，已成为车辆电子化、智能化和网联化发展的基础和关键技术。汽车自动化程度快速提升的需求对传感器的要求也越来越高，"没有先进的传感器技术就没有现代汽车"已成为业内共识。相应地，传感器技术课程就成为车辆工程专业的必要课程。

传感器技术涉及众多学科及多学科交叉领域，比如机械、电子电路、控制技术、微纳先进制造技术及生物技术等，理论与实践并重，技术更新性强。目前大部分教材着重介绍传统传感器的原理和应用，知识体系相对来说较为陈旧，对于引领汽车电子发展方向的新型传感器，如激光雷达、毫米波雷达以及智能集成传感器的介绍较少，不利于把握汽车传感器技术的发展动态。另外，随着汽车智能化程度的不断提高，各类新型高性能汽车传感器（如 MEMS 传感器、智能集成式传感器、生物传感器和射线与微波传感器等）将会被不断地引入汽车设计中，进一步丰富和拓展汽车的使用功能。调研发现，各类新型传感器虽然性能优越，但难以与汽车工程应用之间形成有效的结合点，直接造成了传感器新技术与汽车应用之间的脱节。因此，亟需一本专业的汽车传感器教材来满足车辆行业发展的需求，重点涉及面向汽车应用的先进传感器原理与设计方法，以适应汽车类专业教学改革的需要。

基于上述原因，在"十三五"国家重点出版物出版规划项目的支持下，我们以车辆工程专业的本科教学为目标，根据车辆智能网联化发展趋势下的传感器技术特点，结合作者在汽车传感器技术及测试技术方面的教学科研和实践经验，在教材规划过程中对传统教学内容进行必要的压缩，加强传感器设计相关的内容介绍，并且拓展介绍了新型传感器的设计及在汽车上的应用。本书共 7 章，主要分为三个部分：第 1~3 章为传感器技术的基础内容，主要介绍了传感器的定义、组成和分类，传感器的敏感原理与特性，传感器的信号采集与调理；第 4~6 章重点介绍了汽车各主要系统传感器的技术特点，包括：动力控制系统传感器、底盘控制系统传感器、车身控制及导航系统传感器，以实现掌握目前汽车传感器工作原理与技术状态、理解和正确选用汽车传感器的教学目的；第 7 章介绍新型传感器的发展及其在汽车上的应用。

本书特色在于搭建了新型传感器技术与汽车应用之间的桥梁，在传统教学内容基础上引入各类新型传感器技术，并辅之以相应的传感器设计原理与测试方法，使现代先进的生物传感技术、环境探测技术、人机工程学以及智能化技术的成果能够更加有效地应用于汽车行业的发展。本书可作为车辆工程专业教材，也可作为自动化等专业参考教材，同时可供从事智能车辆相关工作的人员参考。

本书由大连理工大学高仁璟教授、赵剑教授和王奇博士编写，由刘书田教授主审。本书能够顺利成稿要特别感谢博士研究生李明丽、田香玉、刘川、吕明、吕娜娜、汤易、郭帅等所做的大量工作。本书编写过程中参考了大量的国内外相关资料，在此向相关作者表示感谢。感谢机械工业出版社的大力支持。

由于时间仓促、作者水平和经验有限，书中错漏之处在所难免，敬请读者指正。

编著者

目 录

前言
第1章 汽车传感器概述 …………… 1
1.1 传感器 ………………………… 1
1.1.1 传感器的定义 ……………… 1
1.1.2 传感器的组成 ……………… 2
1.1.3 传感器的分类 ……………… 2
1.2 传感器在汽车上的应用 ………… 3
1.2.1 汽车传感器的发展现状 …… 3
1.2.2 汽车传感器的性能要求 …… 4
1.2.3 汽车传感器的选用原则 …… 5
思考题与习题 ………………………… 6
第2章 传感器敏感原理与特性 …… 7
2.1 传感器的工作机理 ……………… 7
2.1.1 电阻应变效应 ……………… 7
2.1.2 磁电效应（霍尔效应） …… 9
2.1.3 压电效应 …………………… 13
2.1.4 光电效应 …………………… 18
2.1.5 热电效应 …………………… 19
2.2 传感器的特性 …………………… 21
2.2.1 静态特性 …………………… 21
2.2.2 动态特性 …………………… 25
思考题与习题 ………………………… 30
第3章 传感器信号采集与调理 …… 31
3.1 概述 ……………………………… 31
3.2 传感器信号分类及描述 ………… 31
3.2.1 信号的分类 ………………… 31
3.2.2 信号的描述 ………………… 35
3.3 数字信号处理基础 ……………… 36
3.3.1 时域采样和采样定理 ……… 36
3.3.2 频域采样和栅栏效应 ……… 38
3.4 传感器信号调理 ………………… 42
3.4.1 电桥 ………………………… 42
3.4.2 信号的放大与隔离 ………… 47
3.4.3 信号的调制与解调 ………… 51
3.4.4 滤波器 ……………………… 56
3.4.5 信号的显示与记录 ………… 58
3.5 传感器的标定与校准 …………… 61
3.5.1 传感器标定的分类 ………… 62
3.5.2 标定与校准的方法 ………… 62
思考题与习题 ………………………… 63
第4章 汽车动力控制系统传感器 … 64
4.1 概述 ……………………………… 64
4.2 温度传感器 ……………………… 66
4.2.1 热电偶式温度传感器 ……… 67
4.2.2 热电阻式温度传感器 ……… 71
4.3 压力传感器 ……………………… 76
4.3.1 电阻式压力传感器 ………… 76
4.3.2 电容式压力传感器 ………… 78
4.3.3 谐振膜式压力传感器 ……… 80
4.4 位置和转速传感器 ……………… 81
4.4.1 磁脉冲式位置传感器 ……… 82
4.4.2 磁电式转速传感器 ………… 83
4.4.3 霍尔式转速传感器 ………… 84
4.4.4 光电式转速传感器 ………… 86
4.4.5 电容式转速传感器 ………… 87
4.5 流量传感器 ……………………… 87
4.5.1 空气流量传感器 …………… 88
4.5.2 燃料流量传感器 …………… 98
4.6 气体传感器 ……………………… 101
4.6.1 氧传感器 …………………… 101
4.6.2 全范围空燃比传感器 ……… 104
4.6.3 烟尘浓度传感器 …………… 106
4.6.4 NO_x 传感器 ……………… 107
4.7 动力控制系统的其他传感器 …… 108
4.7.1 爆燃传感器 ………………… 108

| 4.7.2 电流传感器 111
| 4.7.3 电压传感器 112
| 思考题与习题 115
| 第 5 章　汽车底盘控制系统传感器 116
| 5.1 概述 116
| 5.2 加速/制动踏板传感器 117
| 5.2.1 电位器式踏板传感器 118
| 5.2.2 霍尔式踏板传感器 121
| 5.3 角速度传感器 126
| 5.3.1 压电式角速度传感器 129
| 5.3.2 MEMS 静电式角速度传感器 130
| 5.4 加速度传感器 133
| 5.4.1 压阻式加速度传感器 134
| 5.4.2 电容式加速度传感器 141
| 5.4.3 谐振式加速度传感器 147
| 5.5 转矩传感器 151
| 5.5.1 接触式转矩传感器 152
| 5.5.2 非接触式转矩传感器 155
| 5.6 车身高度传感器 160
| 5.6.1 光电式车身高度传感器 160
| 5.6.2 电感式车身高度传感器 164
| 思考题与习题 166
| 第 6 章　车身控制及导航系统传感器 167
| 6.1 概述 167
| 6.2 碰撞传感器 168
| 6.2.1 机械式碰撞传感器 169
| 6.2.2 电阻应变式碰撞传感器 171
| 6.2.3 压电式碰撞传感器 173
| 6.2.4 水银开关式碰撞传感器 174
| 6.2.5 双稳态碰撞传感器 175
| 6.3 导航传感器 177
| 6.3.1 全球卫星导航系统 177
| 6.3.2 罗盘传感器 180

     6.3.3 陀螺仪 182
   6.4 视觉传感器 185
     6.4.1 CCD 图像传感器 185
     6.4.2 CMOS 图像传感器 188
     6.4.3 红外成像系统 192
   6.5 距离传感器 195
     6.5.1 激光雷达 195
     6.5.2 毫米波雷达 199
     6.5.3 超声波雷达 203
   6.6 车身控制系统的其他传感器 205
     6.6.1 光量（亮）传感器 205
     6.6.2 湿度传感器 207
     6.6.3 雨量传感器 210
   思考题与习题 213
 第 7 章　新型传感器及其在汽车上的应用 214
   7.1 汽车轮胎健康状况在线监测传感器 214
   7.2 车内空气质量监测传感器 216
     7.2.1 概述 216
     7.2.2 车内有毒气体监测传感器 216
     7.2.3 车内有毒气体浓度监测传感器 220
   7.3 驾驶人状态监测传感器 222
     7.3.1 驾驶人状态监测的基本原理 222
     7.3.2 驾驶人状态监测传感器类型及原理 225
   7.4 汽车传感器在车联网中的应用 229
     7.4.1 车联网的定义 229
     7.4.2 车联网的发展趋势 230
     7.4.3 车联网的关键技术 232
   7.5 汽车传感器的发展趋势 237
   思考题与习题 238
 参考文献 239

第1章

汽车传感器概述

汽车电子技术是汽车工业发展的核心技术之一。汽车传感器作为汽车电子控制系统的信息源,将汽车运行过程中的各种工况信息转换成电信号输入给电子控制单元(ECU),帮助汽车各总成部件运行于最佳状态,它是汽车电子控制系统的关键部件,也是汽车电子技术领域的核心内容之一,汽车传感器的使用数量和技术水平决定了汽车控制系统的性能。汽车传感器的种类十分丰富,一辆普通汽车使用的传感器可以达到几十个,而豪华汽车的传感器可达到近百个,甚至更多。这些传感器分布在汽车的每一个系统中,为控制系统提供重要的决策信息,帮助汽车的性能达到最佳。如果没有这些传感器,汽车电子控制及智能化根本无法实现。因此,了解并掌握现代汽车传感器的结构、原理和使用方法等内容,对提高现代汽车的性能十分重要。

1.1 传感器

1.1.1 传感器的定义

传感器在国家标准 GB/T 7665—2005《传感器通用术语》中的定义是"能感受被测量并按照一定的规律转换成可用输出信号的器件或装置,通常由敏感元件[○]和转换元件[○]组成"。传感器的这一定义主要包含以下内容:

1)传感器是完成检测任务的测量装置或器件。
2)输入的是某一被测量,如物理量、化学量、生物量等。
3)输出某种物理量,如电压、电流、电阻、电容等,这种物理量要便于传输、转换、处理和显示等。
4)输出与输入之间具有对应关系,且有一定的精确度。

由于传感器是一种能把物理量或化学量转换成可处理的电信号的器件,因此,常把能感受信号的元件称为敏感元件,如热敏元件、光敏元件及气敏元件等,转换元件用于将敏感元件检测到的信号转换为电信号并输出。这些提法在含义上都有些狭窄。"传感器"一词是使用最为广泛、最具概括性的用语。

○ 敏感元件(sensing element),指传感器中能直接感受或响应被测量的部分。
○ 转换元件(transducing element),指传感器中能将敏感元件感受或响应的被测量转换成适于传输或测量的电信号部分。

1.1.2 传感器的组成

传感器一般由敏感元件和转换元件组成,有时也将转换电路及辅助电源作为传感器的组成部分,其组成框图如图 1-1 所示。

传感器的作用是把被测的非电量转换成电量输出,因此它应包含一个元件去感受被测非电量的变化。但并非所有的非电量都能利用现有手段直接转换成电量,因此需要将被测非电量先转换成易于转换为电量的某一中间非电量。传感器中完成这一功能的元件称为敏感元件。敏感元件是指传感器中能直接感受或响应被测量的部分。传感器中将敏感元件输出的中间非电量转换成电路参数及电流或电压信号的元件称为转换元件。转换元件是指传感器中能将敏感元件感受或响应的被测量转换成适于传输或测量的电信号部分。有些被测非电量可以直接被转换为电路参量,这时传感器中的敏感元件和转换元件可合二为一。

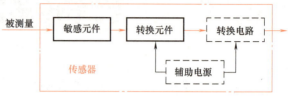

图 1-1 传感器的组成框图

由于传感器的输出信号一般都很微弱,因此需要由转换电路将其放大或变换为容易传输、处理、记录和显示的信号。此外,转换电路及转换元件在工作时需有辅助电源。因此,转换电路及辅助电源也可视为传感器组成的一部分。

实际上,有些传感器很简单,有些则较为复杂。最简单的传感器由一个敏感元件(兼转换元件)组成,它感受被测量时直接输出电量,如热电偶传感器。有些传感器由敏感元件和转换元件组成,没有转换电路,如压电式加速度传感器。有些传感器的转换元件不止一个,需经过若干次转换。随着半导体器件与集成电路技术在传感器中的应用,传感器的转换电路与敏感元件可集成在同一芯片上,安装在传感器的壳体里。

1.1.3 传感器的分类

汽车是一种综合性的"机—电—液"一体化产品。装配电子控制系统的汽车主要以传感器作为信息源,来检测汽车的各种运行参数,同时反馈这些参数,保证其正常工作。由于汽车上使用的传感器是知识密集、技术密集的器件,它与许多学科有关,其种类繁多。为了很好地掌握和应用它,有很多科学的分类方法。

(1) **按照物理原理分类** 按照物理原理可分为电参量式传感器(如电阻式、电感式、电容式等)、磁电式传感器、压电式传感器、光电式传感器、热电式传感器等。

(2) **按传感器用途分类** 按传感器用途可分为位置传感器、振动传感器、能耗传感器、热敏传感器、磁敏传感器、气敏传感器、湿敏传感器、射线辐射传感器、生物传感器等。

(3) **按传感器转换原理分类** 按传感器转换原理可分为物理性能型传感器和结构型传感器两类。

物理性能型传感器在测量过程中,结构参数基本不变,它是依靠敏感元件的物理性能变化来实现信号的变换(如热电传感器、光电传感器、压电传感器等);结构型传感器则是依靠传感器某些结构参数的变化来实现信号的变换（如电容传感器、电感传感器等）。

（4）**按输入量（被测对象）分类** 按输入量（被测对象）可分为物理量传感器、化学量传感器和生物量传感器。

物理量传感器又可分为光学量传感器、力学量传感器、电学量传感器、磁学量传感器等；化学量传感器包括气体传感器、离子传感器等；生物量传感器包括生化量传感器和生理量传感器。

（5）**按输出信号分类** 按输出信号可分为模拟传感器、数字传感器和开关传感器。

模拟传感器是将被测非电学量转换成模拟电信号；数字传感器是将被测非电学量转换成数字输出信号（包括直接和间接转换）；开关传感器是当一个被测量的信号达到特定阈值时，传感器相应地输出一个设定的低电平或高电平信号。

1.2 传感器在汽车上的应用

汽车电子控制系统是以电子控制单元（ECU，简称电控单元）为控制中心，利用安装在发动机、变速器、底盘、车身、舒适和安全等系统上的各种传感器检测出汽车运行时各部件总成的运行参数，将其输入 ECU 中，再按照 ECU 中预存的控制程序精确地控制汽车上的各种执行器，使汽车在各种工况下都能正常行驶。汽车上各种类型的传感器应用如图 1-2 所示。

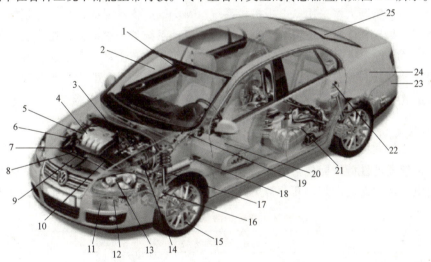

图 1-2 传感器在汽车上的应用

1—图像传感器 2—雨水或光强传感器 3—节气门位置传感器 4—曲轴位置传感器 5—凸轮轴位置传感器 6—爆燃传感器（通常安装在缸体上）7—车外温度传感器 8—冷却液温度传感器 9—机油压力传感器（通常安装在发动机的下部润滑系统上）10—空气流量和进气温度传感器 11—碰撞传感器 12—变速器油温传感器 13—红外系统 14—制动液液位传感器 15—轮胎压力传感器 16—车轮转速传感器 17—加速踏板位置传感器 18—氧传感器 19—转向盘转角传感器 20—座椅质量传感器 21—排气温度传感器 22—电磁减振器传感器 23—超声波倒车雷达传感器 24—燃油箱液位传感器 25—后窗除霜传感器

1.2.1 汽车传感器的发展现状

随着智能化、电气化、网联化的发展，汽车电子已成为汽车产业发展的重点和战略新兴增长点，75%以上的汽车技术创新均与汽车电子技术有关。汽车传感器作为汽车电子控制系统的信息源，不仅是汽车电子控制系统的关键部件，也是汽车电子技术领域研究的核心内容之一。

我国汽车传感器技术较美国、德国、日本等发达国家起步晚，存在规模小、水平低、发展不均衡的问题。近年来，随着我国汽车产销量的急剧上升，国内传感器市场也在高速增长，我国汽车产销量虽位居世界前列，但我国汽车行业自行配套的传感器档次较低、批量小，而引进的国外传感器则是以系统形式进入的二级配套产品。我国车用传感器技术仍然依附于汽车仪表行业，且技术水平不高，与国外传感器在精度、分辨力、抗干扰等方面有明显差距。国内市场竞争和汽车法规等对汽车的安全性、舒适性和节能环保性，以及消费者对汽车的方便性、娱乐性等性能要求的不断提高，在一定程度上促使各车企、高校、研究院所等应用先进材料和先进技术，投入大量人力、物力、财力来提高相关传感器的技术水平，进一步完善传感器的高可靠性、高性价比、高适应性、高精度，以及方便安装使用等性能。

美国、德国、日本等发达国家的汽车传感器技术起步早，发展规模大、水平高、技术水平比较均衡。目前汽车传感器技术已向微型化、多功能化、集成化和智能化等方向发展。世界汽车电子配件供应商，如博世、西门子等，已经掌握了先进的汽车传感器技术并将之作为汽车的核心技术加以保密，这些先进的汽车传感器技术对汽车主要性能有较大的影响。如车用传感器大多采用微电子机械系统（MEMS）技术制造，其核心是纳米级微机械结构加工。MEMS传感器是高级发动机管理和驱动系统的关键部分，在节能减排方面效果明显。MEMS技术还对提高汽车安全性作用显著，如用于主动安全系统的偏航率传感器和低量程加速度计。另外，在新材料和新工艺应用领域，国外开发出了磁敏、气敏、力敏、热敏、光电、激光等多种新型传感器，其性能要优于国内传感器。

1.2.2 汽车传感器的性能要求

汽车传感器的性能指标包括精度、响应特性、可靠性、耐久性、结构是否紧凑、适应性、输出电压和制造成本等。几种常用汽车传感器的检测项目和性能指标见表1-1。

表1-1 几种常用汽车传感器的检测项目和性能指标

检测项目	测量范围	精度要求(%)	分辨能力	响应时间
冷却液温度	-50~150℃	±2.5	1℃	10s
进气歧管压力	10~100kPa	±2	0.1%	2.5ms
空气流量	6~600kg/h	±2	0.1%	2.5ms
曲轴转角	10°~360°	±0.5	1°	20μs
排气中氧浓度	0.4~1.4	±1	1%	10ms
节气门开度	1°~90°	±1	0.2°	10ms

现代汽车电子控制系统对传感器的性能要求主要有以下几点：

（1）强环境适应性 汽车的使用环境温度为-40~80℃。在各种道路条件下运行时，汽车特别是发动机承受着巨大的热负荷、热冲击和振动等，因此要求汽车传感器能适应温度、湿度、冲击、振动、腐蚀及油液污染等恶劣工作环境。此外,对于安装在测试点处的传感器,其性能要求更为严苛。

(2) **批量生产和通用性** 汽车电子化的发展趋势,使得传感器市场前景广阔,因此要求传感器具有批量生产性。一种传感器信号,可以被多个因素控制,如可以对速度信号求导,得到加速度信号等,所以要求传感器具有通用性。

(3) **响应速度快、可靠性高** 传感器不仅需要监控汽车的行驶状况,还需要对汽车的胎压、防滑等进行实时检测。通过传感器将被测参数转变成电信号,把实时收集整理的数据传输给汽车电子控制系统,进而让汽车驾驶人可以精准地控制汽车,有效地减少各种汽车故障问题。此外,同普通传感器一样,汽车传感器的可靠性要高。

(4) **高精度** 传感器的精度即传感器输出信号与被测值的偏差。车用传感器的精度要求与普通传感器相似。当传感器老化后,其精度也要求保持在一定范围内。此外,对于较复杂和苛刻的系统,传感器需要满足更高的精度要求。

(5) **其他要求** 体积和外形要尽可能小型、轻量、便于安装,符合标准化的要求。

1.2.3 汽车传感器的选用原则

(1) **量程的选择** 量程是传感器测量上限和下限的代数差。如检测车高用的位移传感器,要求测量上限为40mm,测量下限为-40mm,因此选择位移传感器的量程应为80mm。

(2) **灵敏度的选择** 传感器输出变化值与被测量的变化值之比称为灵敏度。如测量发动机冷却液温度的传感器,其测量变化值为170℃ (-50~120℃),而输出电压值要求为0~5V。所以其灵敏度选择为5V/170℃。

(3) **分辨力的选择** 分辨力表示传感器能检测出的被测信号的最小增量。如发动机曲轴的位置传感器,要求分辨力为0.1°。因此设计或选择曲轴位置传感器时,其脉冲当量选择为0.1°。

(4) **误差的选择** 误差是指测量指示值与真实值之间的差。误差有的用绝对值表示,如温度传感器的绝对误差为±0.2℃;有的用相对于满量程之比来表示,如空气流量传感器的相对误差为±1%。传感器误差是系统总体误差所要求的,应当得到满足。

(5) **重复性的选择** 重复性是传感器在相同工作条件下,被测量的同一数值在一个方向上进行重复测量时,测量结果的一致性。如检测发动机在转速上升时段对某一个速度重复测量时,数值的一致性或误差值应满足规定要求。

(6) **线性度的选择** 汽车传感器的线性度是指其输入输出关系曲线与其理论拟合直线之间的偏差。这种偏差的选择要大小一定、重复性好,而且有一定的规律,从而在计算机处理数据时可以用硬件或软件进行补偿。

(7) **过载的选择** 过载表示传感器允许承受的最大输入量(被测量)。在这个输入量作用下,传感器的各项指标应保证不超过其规定的公差范围。过载参数一般用允许超过测量上限(或下限)的被测量值与量程的百分比表示,选择时只要实际工况过载量不大于传感器说明书上的规定值即可。

(8) **可靠度的选择** 可靠度的含义是在规定条件(规定的时期,产品所处环境条件、维护条件和使用条件等）下，传感器正常工作的可能性。如压力传感器的可靠度为 0.997（2000h），它是指压力传感器符合上述条件时，工作 2000h，它的可靠性（概率）为 0.997（99.7%）。在选择可靠度时，要求传感器的工作时间长短及概率两项指标都要符合要求，才能保证整个系统的可靠性指标。

（9）响应时间的选择　传感器的响应时间（或称建立时间）是指阶跃信号激励后，传感器输出值达到稳定值的最小规定百分数（如 5%）时所需的时间。如压力传感器响应时间要求不大于 10ms，也就是要求该传感器在工作条件下，输入信号加入 10ms 以内，其输出值要达到所要求的数值。响应时间参数大小将直接影响汽车工况变换的时间，如汽车起动时间的大小。

思考题与习题

1. 简述传感器的定义和基本组成。
2. 传感器的性能要求有哪些？
3. 传感器的选用原则有哪些？

第2章

传感器敏感原理与特性

2.1 传感器的工作机理

2.1.1 电阻应变效应

电阻应变效应是指导体在产生机械变形（伸长或缩短）时其电阻值发生相应变化的物理现象。电阻应变效应可以用以制备电阻应变式传感器。

图 2-1 中，一根电阻丝的电阻值 R 可表示为

$$R = \rho \frac{l}{S} \quad (2\text{-}1)$$

式中，ρ 为电阻率；S 为电阻丝横截面积；l 为电阻丝长度。

图 2-1 导体的电阻应变效应

电阻丝受到拉力 F 作用时将沿轴线伸长，横向缩短。设轴向伸长量为 Δl，横截面积相应减小 ΔS，电阻率 ρ 变化 $\Delta \rho$，则电阻的相对变化量为

$$\frac{\Delta R}{R} = \frac{\Delta l}{l} + \frac{\Delta \rho}{\rho} - \frac{\Delta S}{S} \quad (2\text{-}2)$$

对于半径为 r 的圆截面导体，其横截面积 $S = \pi r^2$。若横向应变为 $\Delta r/r$，则 $\Delta S/S = 2\Delta r/r$。在材料力学中：$\Delta r/r = -\mu \varepsilon$，其中 μ 为导体材料的泊松比；ε 为电阻丝的纵向应变，且 $\varepsilon = \Delta l/l$。由此可知，式（2-2）也可表示为

$$\frac{\Delta R}{R} = (1+2\mu)\varepsilon + \frac{\Delta \rho}{\rho} \quad (2\text{-}3)$$

通常把单位应变所引起的电阻值的相对变化称为电阻丝的灵敏度系数，用 K 表示，其表达式为

$$K = \frac{\Delta R/R}{\varepsilon} = (1+2\mu) + \frac{\Delta \rho/\rho}{\varepsilon} \quad (2\text{-}4)$$

基于上述分析，可以得到以下结论：

1) 电阻丝的灵敏度系数受两个因素的影响，一个是受力后材料几何尺寸的变化量，即 $1+2\mu$；另一个是受力后材料电阻率发生的变化量，即 $(\Delta \rho/\rho)/\varepsilon$。

对金属材料的电阻丝来说，灵敏度系数表达式中 $1+2\mu$ 项的值要比 $(\Delta \rho/\rho)/\varepsilon$ 大得

多。而对半导体材料的电阻丝来说，灵敏度系数表达式中（$\Delta\rho/\rho$）/ε 项的值比 $1+2\mu$ 大得多。大量实验证明，在金属材料的电阻丝拉伸极限内，电阻的相对变化量与应变成正比。

2）根据上述特点，在外力作用下，被测电阻丝产生微小机械变形，应变随之发生相应的变化，同时电阻值也发生相应变化。根据电阻值变化量 $\Delta R/R$，便可得到被测电阻丝的应变值。

由材料力学可知，材料在弹性变形阶段，其应力和应变成正比例关系（即满足胡克定律），其比例系数称为弹性模量。因此，应力与应变的关系可表示为

$$\sigma = E\varepsilon \tag{2-5}$$

式中，σ 为材料受到的应力；ε 为材料发生的应变；E 为材料的弹性模量。

由式（2-3）和式（2-5）可知：应力值 σ 正比于应变 ε，而材料应变 ε 正比于电阻值的变化率 $\Delta R/R$，所以，应力 σ 正比于电阻值的变化率 $\Delta R/R$，这就是利用应变片测量应力的工作机理。

金属应变片除了直接用于测量机械、仪器以及工程结构的应力、应变外，还可以与某种形式的弹性元件相配合，制成各种应变式传感器，用来测量力、扭矩、位移、压力、加速度等物理量。由于金属应变片具有结构简单、体积小、质量轻、使用方便、性能稳定可靠、灵敏度高、动态响应快、适合静态及动态测量、测量精度高等诸多优点，因此被广泛应用于工程测量和科学实验中。

金属电阻应变片由敏感栅、基片、覆盖层和引线等部分组成，如图 2-2 所示。敏感栅是应变片的核心部分，它粘贴在绝缘的基片上，其上再粘贴起保护作用的覆盖层，两端焊接引出导线。金属电阻应变片的敏感栅有丝式、箔式和薄膜式三种，如图 2-3 所示。

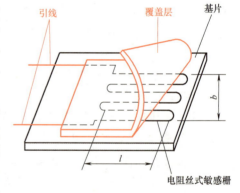

图 2-2　金属电阻应变片的结构

b—敏感栅的栅宽　l—敏感栅的栅长

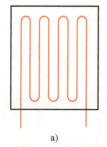  

　　　　a)　　　　　　　　b)　　　　　　　　c)

图 2-3　金属电阻应变片的敏感栅类型

a) 丝式　b) 箔式　c) 薄膜式

丝式应变片是将金属丝按照图示形状弯曲后粘贴在基底上而成，基底可分为纸基、胶基和纸浸胶基等。电阻丝两端焊有引出线，使用时只要将应变片贴于弹性体上就可以构成应变式传感器。

箔式应变片是利用光刻、腐蚀等工艺制成的一种很薄的金属箔栅应变片,其厚度一般在0.003~0.01mm,具有尺寸准确、线条均匀、应变性能好、横向效应小、散热性能好、允许较大电流通过、易于批量生产等诸多优点,现已得到广泛应用。

薄膜式应变片是采用真空蒸发、真空沉淀或溅射等方法,将金属材料在绝缘基片上制成一定形状、厚度在0.1μm以下的薄膜敏感栅,最后再加上保护层。其优点是应变灵敏度系数大、允许电流密度大、工作范围大、易实现工业化生产,是一种很有应用前景的新型应变片。

2.1.2 磁电效应(霍尔效应)

磁电式传感器是通过磁电效应将被测量(如振动、位移、转速等)转换成电信号的一种传感器。磁电感应式传感器、霍尔式传感器都是磁电式传感器。磁电感应式传感器是把被测量引起的磁信号变化转换为电信号的传感器;霍尔式传感器是基于霍尔效应原理的传感器。

1. 磁电感应式传感器

磁电感应式传感器又称电动势传感器或感应式传感器,是一种基于通过闭合导体的磁通量变化而输出感应电动势的传感器。在不需要电源供电的条件下,磁电感应式传感器直接将被测物体的机械能转换成电信号输出,具有电路简单、性能稳定、输出阻抗小且有一定的频率响应范围(一般为10~1000Hz)等特点,适用于振动、转速、扭矩等物理量的测量。磁电感应式传感器具有双向性,可作为逆变器应用于近年发展起来的反馈式/力平衡式传感器中,但其尺寸和质量都比较大。

根据电磁感应定律,线圈两端的感应电动势 e 正比于线圈的磁通变化率,即

$$e = -N\frac{d\Phi}{dt} \tag{2-6}$$

式中,N 为线圈匝数;Φ 为通过线圈的磁通量。

线圈在恒定磁场中做直线运动并切割磁力线时,线圈两端产生的感应电动势 e 为

$$e = -NBl\frac{dx}{dt}\sin\theta = -NBlv\sin\theta \tag{2-7}$$

式中,B 为线圈所在磁场的磁感应强度;l 为每匝线圈的平均长度;x 为线圈与磁场相对运动的位移;θ 为线圈运动方向与磁场方向之间的夹角;v 为线圈与磁场相对运动的速度。

当 $\theta = 90°$(线圈垂直切割磁力线)时,式(2-7)可写为

$$e = -NBlv \tag{2-8}$$

线圈相对磁场做旋转运动切割磁力线时,线圈的感应电动势为

$$e = -NBS\frac{d\theta}{dt}\sin\theta = -NBS\omega\sin\theta \tag{2-9}$$

式中,ω 为旋转运动的相对角速度,且 $\omega = d\theta/dt$;S 为每匝线圈的横截面积;θ 为线圈平面的法线方向与磁场方向间的夹角。

当 $\theta = 90°$ 时,式(2-9)可写为

$$e = -NBS\omega \tag{2-10}$$

由式（2-8）和式（2-10）可知，传感器的结构参数（B、l、N、S）确定后，感应电动势 e 与相对运动速度 v 或 ω 成正比。

根据感应电动势的产生方式，磁电感应式传感器可分为变磁通式和恒定磁通式两种类型。

变磁通式结构（又称变磁阻式或变气隙式）常用于旋转角速度的测量，如图 2-4 所示。

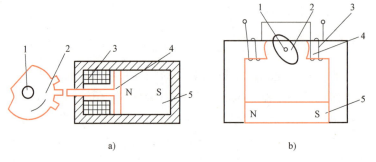

图 2-4 变磁通式磁电感应式传感器的结构示意图
a）开磁路变磁通式 b）闭磁路变磁通式
1—被测转轴 2—铁心 3—线圈 4—软铁 5—永久磁铁

图 2-4a 所示为开磁路变磁通式磁电传感器，线圈和永久磁铁静止不动，铁心测量齿轮（导磁材料制成）安装在被测转轴上，随之一起转动，每转过一个齿，传感器磁路磁阻变化一次，磁通也就变化一次，线圈中产生的感应电动势的变化频率等于铁心上齿轮的齿数和转速的乘积。这种传感器结构简单，但输出信号较小，且因高速轴上加装齿轮较危险而不宜测量高转速。图 2-4b 所示为两极闭磁路变磁通式磁电传感器，被测转轴带动椭圆形铁心在磁场气隙中等速转动，使气隙平均长度周期性地变化，因而磁路磁阻也周期性地变化，磁通同样地周期性变化，致使线圈中产生频率与铁心转速成正比的感应电动势。在这种结构中，也可以用齿轮代替椭圆形铁心，软铁（极掌）用内齿轮代替，两齿轮的齿数相等。当被测物体转动时，两齿轮相对运动，磁路的磁阻发生变化，因而在线圈中产生频率与转速成正比的感应电动势。

恒定磁通式传感器的结构由永久磁铁、线圈、弹簧、阻尼器（金属骨架）和壳体等组成。它又有两种结构，一种是图 2-5a 所示的动圈式，另一种是图 2-5b 所示的动铁式。磁路系统产生恒定的磁场，磁路中的工作气隙固定不变。在动圈式结构中，运动部件是线圈，永久磁铁与传感器壳体固定，线圈与金属骨架用柔软弹簧支撑。在动铁式结构中，运动部件是磁铁，线圈、金属骨架和壳

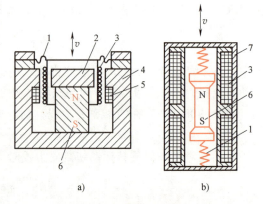

图 2-5 恒定磁通式磁电感应式
传感器的结构示意图
a）动圈式 b）动铁式
1—弹簧 2—软铁 3—线圈 4—磁轭
5—补偿线圈 6—永久磁铁 7—壳体

体固定,永久磁铁用柔软弹簧支撑。两者的阻尼都是由金属骨架与磁场发生相对运动而产生的电磁阻尼。

动圈式和动铁式两种结构的工作原理相同,当壳体随被测振动体一起振动时,由于弹簧较软,运动部件质量相对较大,因此当振动频率足够高(远高于传感器的固有频率)时,运动部件的惯性很大,来不及跟随振动体一起振动,近于静止状态,振动能量几乎全被弹簧吸收,永久磁铁与线圈之间的相对运动速度接近于振动体的振动速度。磁铁与线圈的相对运动使线圈切割磁力线,产生与运动速度 v 成正比的感应电动势 e,即

$$e = -N_0 B_0 l v \tag{2-11}$$

式中,B_0 为工作气隙的磁感应强度;N_0 为磁场中线圈的匝数;l 为每匝线圈的平均长度。

2. 霍尔式传感器

霍尔式传感器是基于霍尔效应将被测量(如电流、磁场、位移、压力等)转换成电动势输出的一种传感器。霍尔式传感器具有灵敏度高、线性度好、稳定性高、体积小和耐高温等特点,广泛应用于非电量测量、自动控制、计算机装置和现代军事技术等领域。

当有电流流过置于磁场中的金属或半导体薄片时,在垂直于电流和磁场的方向上将产生电动势,这种物理现象称为霍尔效应。从物理本质上说,霍尔效应是半导体中的载流子受磁场中的洛伦兹力作用而产生的横向漂移的结果。

将一块长为 l、宽为 b、厚为 d 的半导体薄片置于磁感应强度为 B 的磁场中,使磁场方向垂直于薄片,如图2-6所示。

若在薄片左右两端通以电流 I (称为控制电流),那么半导体中的载流子(电子)将沿着与电流 I 的相反方向运动。由于外磁场 B 的作用,使电子受到磁场力 F_L(洛伦兹力)作用而发生偏转,在半导体的后端面上产生电子积累而带负电,前端面因缺少电子而带正电,因此在前后端面形

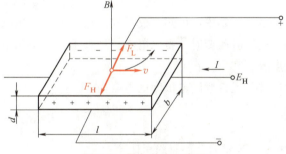

图2-6 霍尔效应示意图

成电场。该电场产生的电场力 F_H 阻止电子继续偏转。当 F_L 与 F_H 相等时,电子积累达到动态平衡。此时,在半导体前后端之间(即垂直于电流和磁场方向)形成电场,称为霍尔电场 E_H,相应的电动势称为霍尔电动势 U_H,两者间的关系为

$$U_H = E_H b \tag{2-12}$$

电子在磁场作用下按图2-6所示方向运动时受到的洛伦兹力 F_L 大小为

$$F_L = qvB \tag{2-13}$$

式中,q 为电子的电荷量,$q = 1.602 \times 10^{-19}$ C;v 为半导体内电子的运动速度;B 为外磁场的磁感应强度。

电子向垂直于磁场和电子运动的方向偏转,其方向符合右手定则。电子运动的结果是形成电荷积累,产生静电场,即霍尔电场 E_H。此时,电场 E_H 作用于电子的霍尔电场力 F_H 的大小为

$$F_H = qE_H \tag{2-14}$$

霍尔电场力 F_H 阻碍了电荷的继续积累。随着上、下底面积累电荷的增加，霍尔电场 E_H 增加，电子受到的霍尔电场力 F_H 也增加。当电子所受洛伦兹力与霍尔电场力大小相等、方向相反时，电荷不再向前后端面积累，达到平衡状态。因此有

$$F_L = F_H \tag{2-15}$$

设导体单位体积内的电子数为 n，电子定向运动平均速度为 v，则激励电流为

$$I = nqvbd \tag{2-16}$$

由式（2-13）~式（2-16）可得

$$E_H = \frac{IB}{bdnq} \tag{2-17}$$

将式（2-17）代入式（2-12）可得

$$U_H = K_H IB \tag{2-18}$$

其中，霍尔元件的灵敏度 $K_H = R_H/d$ 与载流材料的物理性质和几何尺寸有关，表示在单位磁感应强度和单位控制电流时霍尔电动势的大小。霍尔系数 $R_H = 1/(nq)$ 的大小取决于导体载流子密度，与霍尔材料的性质有关。通常希望霍尔元件的灵敏度 K_H 越大越好。

由式（2-18）可知，如果想获得较大的霍尔效应，要求霍尔片的材料具有较大的霍尔系数 R_H。

若磁场方向与薄片法线方向的夹角为 α，则霍尔电动势 U_H 为

$$U_H = K_H IB\cos\alpha \tag{2-19}$$

由式（2-19）可知，改变控制电流方向与磁场方向将导致输出电动势的方向改变。但当它们同时改变时，霍尔电动势极性不变。霍尔电动势的大小正比于控制电流 I 和磁感应强度 B。

霍尔元件激励电极间的电阻为

$$R = \rho \frac{l}{bd} \tag{2-20}$$

式中，ρ 为霍尔片的材料电阻率。

单位电场强度下载流子的平均漂移速度，即载流子的漂移迁移率（简称迁移率）μ 为

$$\mu = \frac{v}{E_I} \tag{2-21}$$

式中，v 为电子移动的平均速度；E_I 为霍尔元件激励电极间的电场强度。

因为

$$R = U_I/I \tag{2-22}$$

$$U_I = E_I l \tag{2-23}$$

所以，联立并化简式（2-20）~式（2-23）和式（2-16），可得

$$\rho = \frac{1}{\mu}\frac{1}{nq} \tag{2-24}$$

由式（2-24）可知，霍尔系数 R_H 也可表示为

$$R_H = \mu\rho \tag{2-25}$$

根据式（2-25）可知，霍尔系数 R_H 等于霍尔片材料的电阻率 ρ 与电子迁移率 μ 的乘积。

可见，若要霍尔效应强，则必须使 R_H 大，因此要求霍尔片材料具有较大的电阻率和载流子迁移率。一般金属材料载流子迁移率很高，但电阻率很小，导致霍尔系数极小；而绝缘材料电阻率很高，但载流子迁移率极低，霍尔系数也极小；只有半导体材料，既有一定的载流子迁移率，也有一定的电阻率，霍尔系数很大，适于制造霍尔元件。

2.1.3 压电效应

某些晶体或多晶陶瓷，当受到某个方向的外力作用时，内部就会产生极化现象，同时在某两个表面上产生符号相反的电荷；当外力去掉后，又恢复到不带电状态；当作用力方向改变时，电荷的极性也随之改变；晶体受力所产生的电荷量与外力的大小成正比。上述这种现象称为正压电效应。反之，若对晶体施加某一方向的电场，晶体本身将产生机械变形，外电场消失后，变形也随之消失，称为逆压电效应。

压电式传感器大都是利用压电材料的压电效应制成的，具有工作频带宽、灵敏度高、信噪比高、结构简单、工作可靠、质量轻、测量范围宽等优点，广泛应用于电子、超声、通信等许多技术领域。压电效应是可逆的，正压电效应和逆压电效应统称为压电效应。具有压电效应的电介质材料称为压电材料。压电材料有很多种，如石英（二氧化硅）是性能良好的天然压电晶体，铁酸钡、锆铁酸铅等压电陶瓷材料也具有很好的压电功能。

1. 石英晶体的压电效应

图 2-7 所示为天然石英晶体的结构外形。在晶体学中常用互相垂直的 X、Y、Z 轴表示其坐标。其中，Z 轴为光轴（中性轴），它是晶体的对称轴，光线沿 Z 轴通过晶体时不产生双折射现象，因而以 Z 轴作为基准轴；X 轴为电轴，该轴压电效应最为显著，它通过六棱柱相对的两个棱线，且垂直于光轴 Z，显然 X 轴共有三个；Y 轴为机械轴（力轴），它垂直于两个相对的表面，在此轴上加力产生的变形最大，显然 Y 轴也有三个。

石英晶体之所以具有压电效应，与其内部结构有关。组成石英晶体的硅离子 Si^{4+} 和氧离子 O^{2-} 在 Z 平面投影，如图 2-8 所示。为讨论方便，将这些硅、氧离子等效为正六边形排列，图中"+"代表 Si^{4+}，"-"代表 $2O^{2-}$。

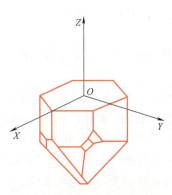

图 2-7 天然石英晶体的结构外形

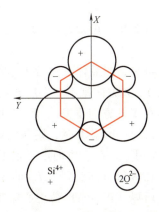

图 2-8 硅、氧离子的排列示意图

当作用力 $F_X=0$ 时，正、负离子（即 Si^{4+} 和 $2O^{2-}$）正好分布在正六边形顶角上，形成三个互成 120°夹角的电偶极矩 P_1、P_2、P_3，如图 2-9a 所示。此时，正、负电荷中心重合，电偶极矩的矢量和等于零，即

$$P_1+P_2+P_3=0 \tag{2-26}$$

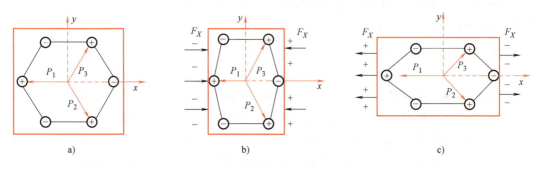

图 2-9 石英晶体的压电效应示意图
a）$F_X=0$ b）$F_X<0$ c）$F_X>0$

当晶体受到沿 X 方向的压力（$F_X<0$）作用时，晶体将沿 X 方向产生收缩，正、负离子相对位置随之发生变化，如图 2-9b 所示。此时正、负电荷中心不再重合，电偶极矩在 X、Y、Z 方向的分量为

$$\begin{cases}(P_1+P_2+P_3)_X>0\\(P_1+P_2+P_3)_Y=0\\(P_1+P_2+P_3)_Z=0\end{cases} \tag{2-27}$$

由式（2-27）可知，在 X 轴的正向表面出现正电荷，但在 Y、Z 轴方向表面不出现电荷。

当晶体受到沿 X 方向的拉力（$F_X>0$）作用时，其变化情况如图 2-9c 所示。此时电偶极矩的三个分量为

$$\begin{cases}(P_1+P_2+P_3)_X<0\\(P_1+P_2+P_3)_Y=0\\(P_1+P_2+P_3)_Z=0\end{cases} \tag{2-28}$$

由式（2-28）可知，在 X 轴的正向表面出现负电荷，但在 Y、Z 轴方向表面不出现电荷。

由此可见，当晶体受到沿 X（即电轴）方向的力 F_X 作用时，它在 X 方向产生正压电效应，而 Y、Z 方向则不产生压电效应。

晶体在 Y 轴方向受到力 F_Y 作用下的情况与 F_X 相似。当 $F_Y>0$ 时，晶体的形变与图 2-9b 相似；当 $F_Y<0$ 时，则与图 2-9c 相对应。由此可见，晶体在 Y（即机械轴）方向的力 F_Y 作用下，在 X 方向产生正压电效应，在 Y、Z 方向则不产生压电效应。

晶体在 Z 轴方向受到力 F_Z 的作用，因为晶体沿 X 方向和沿 Y 方向所产生的正应变完全相同，所以，正、负电荷中心保持重合，电偶极矩矢量和等于零。这就表明，沿 Z（即光轴）方向的力 F_Z 作用下，晶体不产生压电效应。

假设从石英晶体上切下一片平行六面体晶体切片，使它的晶体切片面分别平行于 X、Y、Z 轴，如图 2-10 所示，并在垂直 X 轴方向的两面用真空镀膜或沉银法得到电极面。

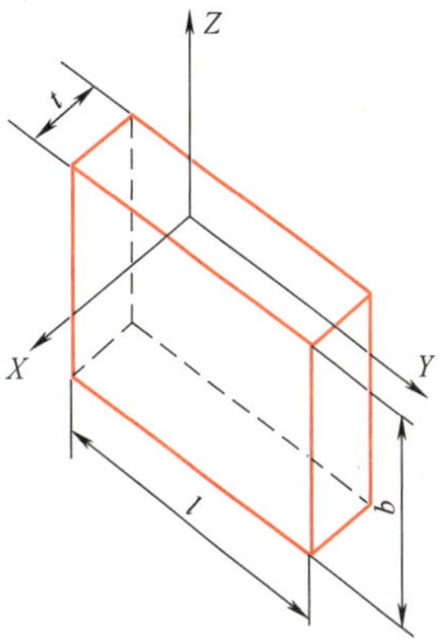

当晶片受到沿 X 轴方向的压缩应力 σ_{XX} 作用时，晶片将产生厚度变形，并发生极化现象。在晶体线性弹性范围内，极化强度 P_{XX} 与应力 σ_{XX} 成正比，即

$$P_{XX} = d_{11}\sigma_{XX} = d_{11}F_X/(lb) \qquad (2\text{-}29)$$

式中，F_X 为沿晶轴 X 方向施加的压缩力；d_{11} 为压电系数，当受力方向和变形不同时，压电系数也不同，石英晶体 $d_{11} = 2.3\times10^{-12} \mathrm{CN}^{-1}$；$l$ 和 b 分别为石英晶体切片的长度和宽度。

图 2-10 石英晶体切片

极化强度 P_{XX} 在数值上等于晶面上的电荷密度，即

$$P_{XX} = q_{XX}/(lb) \qquad (2\text{-}30)$$

式中，q_{XX} 为作用在 X 方向的力在垂直于 X 轴上产生的电荷。

将式（2-30）代入式（2-29），得

$$q_{XX} = d_{11}F_X \qquad (2\text{-}31)$$

其电极间的电压为

$$U_X = \frac{q_{XX}}{C_X} = d_{11}\frac{F_X}{C_X} \qquad (2\text{-}32)$$

式中，C_X 为电极面间的电容。

根据逆压电效应，当晶体在 X 轴方向上受到电场作用时，晶体将在 X 轴方向产生伸缩，即

$$\Delta t = d_{11}U_X \qquad (2\text{-}33)$$

或用应变表示为

$$\frac{\Delta t}{t} = d_{11}\frac{U_X}{t} = d_{11}E_X \qquad (2\text{-}34)$$

式中，E_X 为 X 轴方向的电场强度；t 为石英晶体切片的厚度。

在 X 轴方向施加压力时，左旋石英晶体的 X 轴正向表面带正电；如果作用力 F_X 改为拉力，则在垂直于 X 轴表面上仍出现等量电荷，但极性相反，如图 2-11a、b 所示。

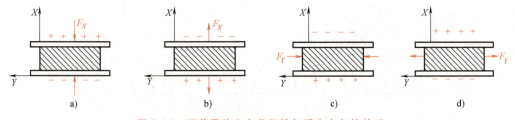

图 2-11 石英晶体上电荷极性与受力方向的关系

a）X 轴方向受压力 b）X 轴方向受拉力 c）Y 轴方向受压力 d）Y 轴方向受拉力

如果沿着机械轴的方向作用在同一晶片上，电荷仍在与 X 轴垂直的平面上出现，其极性如图 2-11c、d 所示，此时电荷的大小为

$$q_{XY} = d_{12}\frac{lb}{tb}F_Y = d_{12}\frac{l}{t}F_Y \tag{2-35}$$

式中，q_{XY} 为作用在 Y 方向的力在垂直 X 轴上产生的电荷；d_{12} 为石英晶体在 Y 轴方向受力时的压电系数。

根据石英晶体轴对称条件：$d_{11} = -d_{12}$，则式（2-35）可变为

$$q_{XY} = -d_{11}\frac{l}{t}F_Y \tag{2-36}$$

其电极间的电压为

$$U_X = \frac{q_{XY}}{C_X} = -d_{11}\frac{l}{t}\frac{F_Y}{C_X} \tag{2-37}$$

根据逆压电效应，晶片在 Y 轴方向将产生伸缩变形，即

$$\Delta l = -d_{11}\frac{l}{t}U_X \tag{2-38}$$

或用应变表示为

$$\Delta l/l = -d_{11}E_X \tag{2-39}$$

基于上述分析可知：

1）无论是正压电效应还是逆压电效应，其作用力（或应变）与电荷（或电场强度）之间呈线性关系。

2）晶体在某方向上有正压电效应，则在此方向上一定存在逆压电效应。

3）石英晶体不是在任何方向都存在压电效应。

2. 压电陶瓷的压电效应

压电陶瓷是一种常见的压电材料。压电陶瓷与单晶体的石英晶体不同，它是人工制造的多晶体材料。压电陶瓷在没有极化之前不具有压电效应，在被极化后才有压电效应，并具有非常高的压电系数，是石英晶体的几百倍。

压电陶瓷是具有电畴结构的多晶体压电材料，其内部的晶粒有许多自发极化的电畴，它们是分子自发形成的区域，有一定的极化方向，从而存在电场。在无外电场作用时，电畴在晶体中无规则排列，它们各自的极化效应相互抵消，压电陶瓷内极化强度为零。因此，在原始状态压电陶瓷呈现中性，不具有压电效应，如图 2-12a 所示。

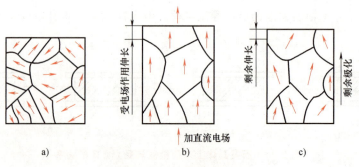

图 2-12 压电陶瓷的极化
a）极化前 b）极化 c）极化后

为了使压电陶瓷具有压电效应，必须进行极化处理。极化处理就是在一定温度下对压

电陶瓷施加强电场，如100~170℃、20~30kV/cm的直流电场，电畴的极化方向转动，趋向于外电场的方向排列，从而使材料得到极化，这个方向就是压电陶瓷的极化方向，经过2~3h后，压电陶瓷便具备了压电性能。外电场越强，就有越多的电畴转向外电场方向。当外电场强度大到使材料的极化达到饱和的程度，此时所有电畴极化方向都整齐地与外电场方向一致，如图2-12b所示。若去掉外电场，电畴的极化方向基本保持不变，其内部仍会存在很强的剩余极化强度，此时压电陶瓷具有压电性能，如图2-12c所示。

此时若压电陶瓷受到外力作用，电畴的界限将会发生移动，电畴发生偏转，引起剩余极化强度发生变化，从而在垂直于极化方向的平面上将出现电荷的变化。这种因受力而将机械能转变为电能的现象，就是压电陶瓷的正压电效应。压电陶瓷的极化过程与铁磁物质的磁化过程非常相似。

但是，当把电压表接到陶瓷片的两个电极上进行测量时，却无法测出陶瓷片内部存在的极化强度。这是因为陶瓷片内的极化强度总是以电偶极矩的形式表现出来，即在陶瓷的一端出现正束缚电荷，另一端出现负束缚电荷，如图2-13所示。由于束缚电荷的作用，在陶瓷片的电极面上吸附了一层来自外界的自由电荷，这些自由电荷与陶瓷片内的束缚电荷符号相反但数量相等，它起着屏蔽和抵消陶瓷片内极化强度对外界的作用。所以，电压表不能测出陶瓷片内的极化强度。

图2-13 陶瓷片内束缚电荷与电极上吸附的自由电荷示意图

如果在陶瓷片上加一个与极化方向平行的压力F，如图2-14a所示，陶瓷片将产生压缩形变（图中虚线），片内正、负束缚电荷之间的距离变小，极化强度也将变小。同时，原来吸附在电极上的自由电荷有一部分被释放，从而出现放电现象。当压力消失后，陶瓷片恢复原状（这是一个膨胀过程），片内正、负束缚电荷之间的距离变大，极化强度也变大，因此电极上又吸附一部分自由电荷而出现充电现象。这种由机械效应转变为电效应或由机械能转变为电能的现象，就是正压电效应。同样，若在陶瓷片上加一个与极化方向相同的电场，如图2-14b所示，由于电场的方向与极化强度的方向相同，所以电场的作用使极化强度增大。此时，陶瓷片内的正、负束缚电荷之间的距离也增大，即陶瓷片沿极化方向产生

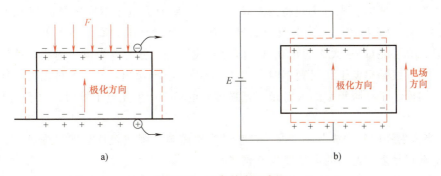

图2-14 压电效应示意图

a) 正压电效应　b) 逆压电效应

伸长形变（图 2-14b 中虚线）。同理，如果外加电场的方向与极化方向相反，则陶瓷片沿极化方向产生压缩形变。这种由于电效应而转变为机械效应或由电能转变为机械能的现象，就是逆压电效应。

由此可见，压电陶瓷之所以具有压电效应，是由于陶瓷内部存在自发极化的现象。这些自发极化经过极化工序处理而被迫取向排列后，陶瓷内便存在剩余极化强度。如果外界作用（如施加力或电场）能使此极化强度发生变化，陶瓷片就会出现压电效应。此外，陶瓷内的极化电荷是束缚电荷，而不是自由电荷，这些束缚电荷不能自由移动。所以，在陶瓷片中产生的放电或充电现象是陶瓷片内部极化强度的变化引起电极表面上自由电荷释放或补充的结果。

2.1.4 光电效应

光照射在物体上可以看成是一连串的具有一定能量的光子轰击这些物体的表面，光子与物体之间的连接体是电子。所谓光电效应是指物体吸收了光能后转换为该物体中某些电子的能量而产生的电效应。光电效应可分成外光电效应和内光电效应两类。

1. 外光电效应

在光的照射下，电子逸出物体表面而产生光电子发射的现象称为外光电效应。光电管和光电倍增管均属于此类。光子是具有能量的粒子，每个光子具有的能量为

$$\varepsilon = h\gamma \tag{2-40}$$

式中，h 为普朗克常数，$h = 6.626 \times 10^{-34} \mathrm{J \cdot s}$；$\gamma$ 为光的频率。

根据爱因斯坦假设：一个电子只能接受一个光子的能量。因此，要使一个电子从物体表面逸出，必须使光子能量 ε 大于该物体的表面逸出功 A。这时逸出表面的电子就具有初动能 E_k，即

$$E_k = \frac{1}{2}mv^2 = h\gamma - A \tag{2-41}$$

式中，m 为电子的质量；v 为电子逸出初速度。

式（2-41）称为光电效应方程，由该式可知：

1）光电子能否产生，取决于光子的能量是否大于该物体的电子表面逸出功 A。不同的材料具有不同的逸出功 A，即每一个物体都有一个对应的光频阈值，当光电子能量 $h\gamma$ 恰好等于逸出功 A 时，光电子获得的初速度 $v = 0$，此时光电子对应单色光频率为 γ_0，且有 $h\gamma_0 = A$。γ_0 为该物体产生光电效应的最低频率，称为红限频率。当入射光频率高于红限频率时，光子能量 $h\gamma$ 大于逸出功 A，即使光线微弱，也会有光电子射出，能够产生光电效应。当光线频率低于红限频率时，光子能量 $h\gamma$ 小于逸出功 A，不足以使物体内的电子逸出。因而小于红限频率的入射光，光强再大也不会产生光电子发射，也不能产生光电效应。

2）当入射光的频谱成分不变时，产生的光电流与光强成正比。即光强越大，意味着入射光子数目越多，逸出的电子数也就越多。

3）光电子的初动能取决于入射光的频率 γ。因为对于某种物质而言，其电子的逸出功是一定的。入射光频率 γ 越高，则电子吸收的能量越多，即电子的初动能 $h\gamma$ 越大。电

子的初动能与频率呈线性关系。

4）因为一个光子的能量只能传给一个电子，所以，电子吸收能量不需要积累能量的时间，光一照到物体上，就立即有光电子发出，据测该时间不超过 10^{-9} s。

2. 内光电效应

光线照射在半导体材料上时，材料中处于价带的电子吸收光子能量，通过禁带跃入导带，使导带内的电子浓度和价带内的空穴增多，但这些被释放的电子并不能逸出物体表面，而是停留在物体内部，使其导电能力发生变化，或产生光生电动势，这种现象称为内光电效应。内光电效应按其工作原理可分为两种，即光电导效应和光伏特效应。

半导体材料受到光线照射时会产生电子-空穴对，使导电性能增强，光线越强，阻值越低，这种光照后电阻率发生变化的现象称为光电导效应。硫化镉、硒化镉、硫化铅、硒化铅等材料在受到光照时均会出现电阻下降的现象。

半导体材料的导电能力取决于半导体内部载流子的数目，如果载流子的数目增加，则半导体的电导率会增加。半导体中参与导电的载流子有自由电子和空穴两种。通常情况下，半导体原子中的价电子被束缚在价带中，当价电子从外界获取了足够的能量后，它会受到激发而从价带跃迁到导带，成为一个自由电子，与此同时价带中原来价电子的位置上会形成空穴。由于自由电子和空穴都参与导电，所以增加了半导体的电导率。基于光电导效应的光电器件有光敏电阻、光电二极管、光电晶体管和光电晶闸管等。

在光线作用下，物体两端产生一定方向的电动势，这种现象称为光伏特效应。具有该效应的材料有硅、硒、氧化亚铜、硫化镉、砷化镓等。如当一定波长的光照射 PN 结时，就产生电子-空穴对，在 PN 结内电场的作用下，空穴移向 P 区，电子移向 N 区，于是 P 区和 N 区之间产生电压，即光生电动势。根据光伏特效应制成的光电元件主要是光电池等。

2.1.5 热电效应

两种不同材料的导体（或半导体）A、B 串接成一个闭合回路，如图 2-15 所示，并使接点 1 和接点 2 处于不同的温度 t、t_0，那么回路中就会存在热电动势，因而就有电流产生，这一现象称为热电效应（或塞贝克效应）。相应的热电动势称为温差电动势（或塞贝克电动势），统称为热电动势。回路中产生的电流称为热电流，单体 A、B 称为热电极。

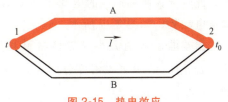

图 2-15 热电效应

测温时接点 1 置于被测的温度场中，称为测量端（或工作端、热端）；接点 2 一般处在某一恒定温度，称为参考端（或自由端、冷端）。这种由两种导体组合并将温度转换成热电动势的传感器称为热电偶。热电偶产生的热电动势（温差电动势）$E_{AB}(t, t_0)$ 由两种导体的接触电动势和单一导体的温差电动势组成。

1. 两种导体的接触电动势

各种金属导体都存在有大量的自由电子，并且不同金属的自由电子的密度不同。当 A、B 两种金属接触在一起时，在接点处会产生电子扩散现象，即电子浓度大的金属中的自由电子向电子浓度小的金属中扩散，从而电子浓度大的金属将因失去电子而带正电。相反，电子浓度小的金属由于接收到了扩散来的多余电子而带负电。此时在接触面两侧的一定范围内将形成一个电场，电场的方向由 A 指向 B，如图 2-16 所示。该电场将阻碍电子的进一步扩散，最终使得导体处于一种动态平衡状态。在这种动态平衡状态下，A、B 两种不同金属的接点处产生的电动势称为接触电动势或珀尔帖电动势。

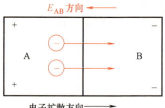

图 2-16　接触电动势

温度 t 端的接触电动势为

$$E_{AB}(t) = \frac{kt}{e} \ln \frac{N_A}{N_B} \tag{2-42}$$

式中，k 为玻耳兹曼常数，$k = 1.38 \times 10^{-23}$ J/K；t 为温度；e 为电子电荷数；N_A 为金属 A 的自由电子密度；N_B 为金属 B 的自由电子密度。

同理可计算出 A、B 两种金属构成的回路在温度 t_0 端的接触电动势为

$$E_{AB}(t_0) = \frac{kt_0}{e} \ln \frac{N_A}{N_B} \tag{2-43}$$

回路中总的接触电动势为

$$E_{AB}(t) - E_{AB}(t_0) = \frac{k}{e}(t-t_0) \ln \frac{N_A}{N_B} \tag{2-44}$$

由式（2-44）可见，当两接点温度相同（$t=t_0$）时，回路中总的接触电动势将为零。

2. 单一导体的温度差电动势

在一根匀质的金属导体中，如果两端的温度不同，则导体内部热端的自由电子具有较大的动能，向冷端移动，从而使热端失去电子带正电荷，冷端得到电子带负电荷。导体两端便产生了一个由热端指向冷端的静电场。该电场阻止电子从热端继续跑到冷端并使电子反向移动，最后达到动平衡状态。此时导体两端形成的电动势称为温差电动势或汤姆逊电动势，如图 2-17 所示。

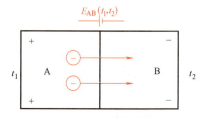

图 2-17　温差电动势

温差电动势的大小与导体材料和两端温度差有关。若导体 A、B 两端温度分别为 t_1 和 t_2，且 $t_1 > t_2$ 时，导体 A 和 B 中的温差电动势分别为

$$E_A(t_1, t_2) = \int_{t_2}^{t_1} \sigma_A \mathrm{d}t \tag{2-45}$$

$$E_B(t_1, t_2) = \int_{t_2}^{t_1} \sigma_B \mathrm{d}t \tag{2-46}$$

式中，σ_A、σ_B 分别为导体的汤姆逊系数，表示温差为 1℃ 时产生的电动势值。

回路中总的温差电动势为

$$E_A(t_1, t_2) - E_B(t_1, t_2) = \int_{t_2}^{t_1} (\sigma_A - \sigma_B) \mathrm{d}t \tag{2-47}$$

由式（2-47）可知，热电偶回路的温差电动势只与热电极材料 A、B 和两接点的温度

t_1、t_2 有关，而与热电偶的几何尺寸和沿热电极的温度分布无关。如果两接点温度相同，则温差电动势为零。

综上所述，对于匀质导体 A、B 组成的热电偶，如图 2-18 所示，其回路总电动势为接触电动势与温差电动势之和，可表示为

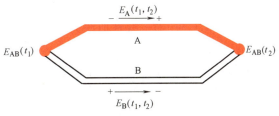

图 2-18　热电偶回路的总电动势

$$E_{AB}(t_1,t_2) = E_{AB}(t_1) - E_{AB}(t_2) + \int_{t_2}^{t_1}(\sigma_A - \sigma_B)\mathrm{d}t \tag{2-48}$$

由式（2-48）可得出以下结论：

1）如果热电偶两电极材料相同，虽然两端温度不同，但总输出电动势仍为零，因此，必须由两种不同的材料才能构成热电偶。

2）如果热电偶两端接点的温度相同，则回路中的总电动势必然等于零。

3）热电动势的大小只与材料和接点温度有关，与热电偶的尺寸、形状和沿电极的温度分布无关。应注意的是，如果热电极本身性质为非均匀的，则由于温度梯度的存在将会有附加电动势产生。

2.2　传感器的特性

传感器的特性主要是指输出与输入之间的关系。当输入量是常量或变化缓慢时，这一关系称为静态特性；当输入量随时间变化时，这一关系就称为动态特性。

传感器的输出与输入之间的关系一般可用微分方程来描述。理论上，将微分方程中一阶以上的微分项设为零时，便可得到传感器的静态特性，传感器的静态特性只是动态特性的一个特例。传感器能否将被测非电量的变化不失真地转换成相应的电量，取决于传感器的基本特性，即输出-输入特性，它与传感器的内部结构参数有关。传感器的基本特性可用静态特性和动态特性描述。

2.2.1　静态特性

传感器的静态特性是指被测量的数值处于稳定状态时，传感器的输出与输入的关系。衡量传感器静态特性的重要指标是线性度、灵敏度、迟滞和重复性等。

1.　线性度

传感器的线性度是指传感器的输出与输入之间的线性程度。通常，为了方便标定和数据处理，理想的输出-输入关系应该是线性的。但实际遇到的传感器特性大多是非线性的，如果不考虑迟滞和蠕变等因素，传感器的输出-输入特性一般可用多项式表示，即

$$y = a_0 + a_1 x + a_2 x^2 + \cdots + a_n x^n \tag{2-49}$$

式中，x 为输入量（被测量）；y 为输出量；a_0 为零位输出；a_1 为传感器的灵敏度；a_2、$\cdots$、a_n 为非线性项的待定常数。

各项系数不同，决定了特性曲线的具体形状各不相同。理想特性方程为 $y = a_1 x$，它是

一条经过原点的直线,传感器的灵敏度为一常数。当特性方程中仅含有奇次非线性项,即 $y = a_1x + a_3x^3 + a_5x^5 + \cdots$ 时,特性曲线关于坐标原点对称,且在输入量 x 相当大的范围内具有较宽的准线性。

传感器的静态特性曲线可通过实际测试获得。在实际应用中,为了得到线性关系,往往引入各种非线性补偿环节。如采用非线性补偿电路或计算机软件进行线性化处理,或采用差动结构,使传感器的输出-输入关系为线性或接近线性。如图 2-19 所示,如果非线性项的幂的次数不高,在输入量变化范围不大的条件下,可以用一条拟合直线(切线或割线)近似代替实际曲线的一段,这种方法称为传感器非线性特性的线性化。实际特性曲线与拟合直线之间的偏差称为传感器的非线性误差,如图中 ΔL,取其中最大值与满量程输出值之比作为评价非线性误差(或线性度)的指标,即

$$\gamma_L = \pm \frac{\Delta L_{\max}}{Y_{FS}} \times 100\% \tag{2-50}$$

式中,γ_L 为线性度;$\Delta L_{\max}$ 为最大非线性绝对误差;Y_{FS} 为满量程输出。

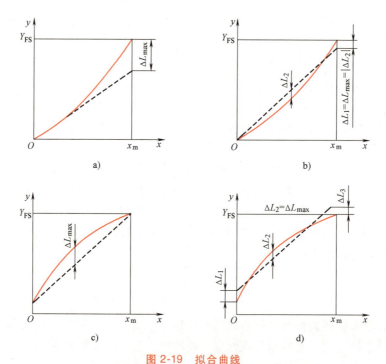

图 2-19 拟合曲线

a) 理论拟合　b) 过零旋转拟合　c) 端点连线拟合　d) 端点平移拟合

x—传感器的输入量　y—传感器的输出量　x_m—输入最大值

由图 2-19 可知,非线性误差是以一定的拟合直线或理想直线为基准直线计算而来的。因此,即使是同类传感器,基准直线不同,所得线性度也不同。在图 2-19a 中,拟合直线为传感器的理论特性,与实际测试值无关。这种方法十分简便,但一般来说,$\Delta L_{\max}$ 很大。在拟合图 2-19b 中的曲线时,使 $\Delta L_1 = |\Delta L_2| = \Delta L_{\max}$,这种方法比较简单,非线性误差比图 2-19a 小很多。在图 2-19c 中,将校正曲线两端点的连线作为拟合直线,这种方法

比较简单，但 ΔL_{max} 较大。在拟合图 2-19d 中的曲线时，使 $\Delta L_2 = |\Delta L_1| = |\Delta L_3|$，这种方法非线性误差较小。

选取拟合直线的方法很多，除了图 2-19 的拟合方法外，还可以用最小二乘法求取拟合直线，且其拟合的精度最高。采用最小二乘法拟合时，如图 2-20 所示，设拟合直线方程为

$$y = kx + b \tag{2-51}$$

若有 n 个实际校准测试点，则第 i 个校准数据 y 与拟合直线上相应值之间的残差为

$$v_i = y_i - (kx_i + b) \tag{2-52}$$

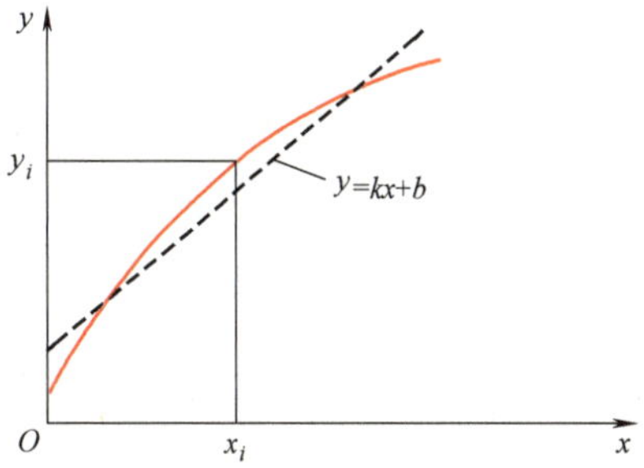

图 2-20 最小二乘法拟合方法

由最小二乘法原理可得

$$\min\left(\sum_{i=1}^{n} v_i^2\right) = \min\left\{\sum_{i=1}^{n} [y_i - (kx_i + b)]^2\right\} \tag{2-53}$$

即

$$\begin{cases} \dfrac{\partial}{\partial k}\sum_{i=1}^{n} v_i^2 = 2\sum_{i=1}^{n} [y_i - (kx_i + b)](-x_i) = 0 \\ \dfrac{\partial}{\partial b}\sum_{i=1}^{n} v_i^2 = 2\sum_{i=1}^{n} [y_i - (kx_i + b)](-1) = 0 \end{cases} \tag{2-54}$$

求解式（2-54）可得

$$\begin{cases} k = \dfrac{n\sum_{i=1}^{n} x_i y_i - \sum_{i=1}^{n} x_i \sum_{i=1}^{n} y_i}{n\sum_{i=1}^{n} x_i^2 - \left(\sum_{i=1}^{n} x_i\right)^2} \\ b = \dfrac{\sum_{i=1}^{n} x_i^2 \sum_{i=1}^{n} y_i - \sum_{i=1}^{n} x_i \sum_{i=1}^{n} x_i y_i}{n\sum_{i=1}^{n} x_i^2 - \left(\sum_{i=1}^{n} x_i\right)^2} \end{cases} \tag{2-55}$$

2. 灵敏度

灵敏度是指传感器在稳态下输出变化量 Δy 与引起此变化的输入变化量 Δx 之比，用 k 表示，即

$$k = \Delta y / \Delta x \tag{2-56}$$

灵敏度表征传感器对输入量变化的反应能力。对于线性传感器，灵敏度就是其静态特性的斜率，即 $k = y/x$ 为常数，而非线性传感器的灵敏度为一变量，用 $k = dy/dx$ 表示。传感器的灵敏度如图 2-21 所示。一般希望传感器的灵敏度高，且在满量程范围内是恒定的，即传感器的输出-输入特性为直线。

3. 迟滞

传感器在正（输入量增大）反（输入量减小）行程期间，输出-输入特性曲线不重合的现象称为迟滞，如图 2-22 所示。即对于同一大小的输入信号，传感器的正反行程输出

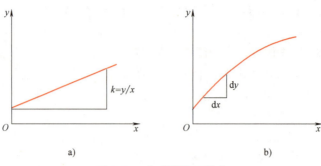

图 2-21 传感器的灵敏度
a）线性传感器 b）非线性传感器

信号大小不相等。产生这种现象的主要原因是传感器敏感元件材料的物理性质和机械零部件的缺陷，如弹性敏感元件的弹性滞后、运动部件的摩擦、传动机构的间隙、紧固件松动等。

迟滞 γ_H 的大小一般由实验方法确定。γ_H 可用正反行程输出值中最大输出差 ΔH_{max} 对满量程输出 Y_{FS} 的百分比表示为

$$\gamma_H = \pm \frac{\Delta H_{max}}{Y_{FS}} \times 100\% \qquad (2\text{-}57)$$

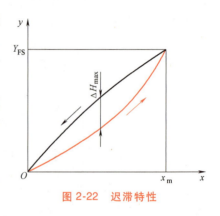

图 2-22 迟滞特性

4. 重复性

重复性 γ_R 是指在同一工作条件下，输入量按同一方向进行全量程连续多次变化测量时，所得特性曲线不一致的程度，如图 2-23 所示。

图 2-23 中的重复性误差属于随机误差，常用标准偏差表示，也可用正反行程中的最大偏差表示，即

$$\gamma_R = \pm \frac{\Delta R_{max}}{Y_{FS}} \times 100\% \qquad (2\text{-}58)$$

式中，ΔR_{max} 取 ΔR_{max1} 和 ΔR_{max2} 中的最大值。

5. 分辨力和阈值

传感器能检测到输入量最小变化量的能力称为分辨力。对于某些传感器，如电位器式传感器，当输入量连续变化时，输出量只进行阶梯变化，则分辨力就

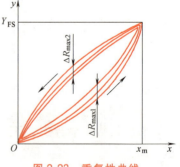

图 2-23 重复性曲线

是输出量的每个阶梯所代表的输入量的大小。对于数字式仪表，分辨力就是仪表指示值的最后一位数字所代表的值。当被测量的变化量小于分辨力时，数字式仪表的最后一位数不变，仍指示原值。当分辨力以满量程输出的百分数表示时则称为分辨率。

阈值是指能使传感器的输出端产生可测变化量的最小被测输入量的值，即零点附近的分辨力。有的传感器在零点附近有严重的非线性，形成所谓的死区，此时可将死区的大小作为阈值；更多情况下，阈值主要取决于传感器噪声的大小，因此有的传感器只给出噪声

电平。

6. 准确度

准确度是用来表示仪表测量结果可靠程度最重要的指标。在自动化仪表中,以最大相对百分误差(引用误差)来定义仪表的准确度等级,即

$$\delta = \pm \frac{\Delta_{max}}{测量范围上限-测量范围下限} \times 100\% \tag{2-59}$$

仪表的 δ 越大,表示它的准确度越低;反之,δ 越小,表示它的准确度越高。对于两台测量范围不同的仪表,如果它们的绝对误差相等,则测量范围大的仪表准确度比测量范围小的高。

国家对仪表的准确度等级有统一的规定,即将仪表允许的最大相对百分误差去掉"±"和"%",便可用来确定仪表的准确度等级。划分的准确度等级有 0.005、0.02、0.05、0.1、0.2、0.4、0.5、1.0、1.5、2.5、4.0。一般说来,准确度等级越高测量结果越准确可靠,但价格越高,维护繁琐。

例 2-1 某台测温仪表的测温范围为 200~700℃,校验该仪表时得到的最大绝对误差为 +4℃,试确定该仪表的准确度等级。

解:该仪表的相对百分误差为

$$\delta = \frac{+4}{700-200} \times 100\% = +0.8\% \tag{2-60}$$

去掉"+"和"%",数值为 0.8。但国家规定的准确度等级中没有 0.8 级仪表,而且该仪表的误差超过了 0.5 级仪表所允许的最大误差,因此该仪表的准确度等级为 1.0 级。

例 2-2 某台测温仪表的测温范围为 0~1000℃。根据工艺要求,温度指示器的误差不允许超过 ±7℃,试问应如何选择仪表的准确度等级才能满足以上要求?

解:根据工艺要求,仪表允许的最大相对百分误差为

$$\delta = \frac{\pm 7}{1000-0} \times 100\% = \pm 0.7\% \tag{2-61}$$

去掉"±"和"%",数值为 0.7。如果选择准确度等级为 1.0 级的仪表,其允许的误差为 ±1.0%,超过了工艺上允许的数值,因此,应选择 0.5 级仪表才能满足工艺要求。

2.2.2 动态特性

传感器的动态特性是指传感器的输出相对随时间变化的输入量的响应特性。一个动态特性好的传感器,其输出将再现输入量的变化规律,即具有相同的时间函数。实际上除了具有理想的比例特性环节外,受传感器固有因素的影响,输出信号将不会与输入信号具有相同的时间函数,这种输出与输入之间的差异就是动态误差。研究传感器的动态特性主要是从测量误差角度分析产生动态误差的原因和改善措施,可从时域和频域两个方面,采用瞬态响应法和频率响应法进行分析。

1. 瞬态响应特性

在时域内研究传感器的动态特性时，常用的激励信号有阶跃函数、脉冲函数和斜坡函数等。传感器对所加上述激励信号的响应称为瞬态响应。一般认为，阶跃输入对于一个传感器来说是最严峻的工作状态。如果在阶跃函数的作用下，传感器能满足动态性能指标，那么在其他函数作用下，也必定会满足其动态性能指标。在理想情况下，阶跃输入信号的大小不会影响过渡过程的曲线形状。但在实际过渡过程实验中，应保持阶跃输入信号在传感器特性曲线的线性范围内。下面以传感器的单位阶跃响应评价传感器的动态性能。

(1) 一阶传感器的单位阶跃响应　设 $x(t)$ 和 $y(t)$ 分别为传感器的输入量和输出量，且均为时间的函数，则一阶传感器的传递函数为

$$H(s)=\frac{Y(s)}{X(s)}=\frac{k}{\tau s+1} \tag{2-62}$$

式中，τ 为时间常数；k 为静态灵敏度。

由于在线性传感器中灵敏度 k 为常数，在动态特性分析中，只起使输出量增加 k 倍的作用。因此，为方便讨论，取 $k=1$。

对于初始状态为零的传感器，当输入为单位阶跃信号时，$X(s)=1/s$，传感器输出的拉普拉斯变换为

$$Y(s)=H(s)X(s)=\frac{1}{\tau s+1}\frac{1}{s} \tag{2-63}$$

则一阶传感器的单位阶跃响应为

$$y(t)=L^{-1}[Y(s)]=1-e^{-t/\tau} \tag{2-64}$$

响应曲线如图 2-24 所示，传感器存在惯性，输出信号的初始上升斜率为 $1/\tau$，若传感器保持初始响应速度不变，则在 τ 时刻的输出将达到稳态值。但实际的响应速率随时间的增加而减慢。理论上，传感器的响应在 t 趋于无穷时才达到稳态值，但当 $t=4\tau$ 时其输出已达到稳态值的 98.2%，工程上可认为已达到稳态。τ 越小，响应曲线越接近于输入阶跃曲线，因此一阶传感器的时间常数体现了时间响应的快速性。不带保护套管的热电偶是典型的一阶传感器。

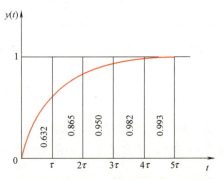

图 2-24　一阶传感器的单位阶跃响应曲线

(2) 二阶传感器的单位阶跃响应　二阶传感器的传递函数为

$$H(s)=\frac{Y(s)}{X(s)}=\frac{\omega_n^2}{s^2+2\zeta\omega_n s+\omega_n^2} \tag{2-65}$$

式中，ω_n 为传感器的固有频率；ζ 为传感器的阻尼比。

在单位阶跃信号作用下，传感器输出的拉普拉斯变换为

$$Y(s) = H(s)X(s) = \frac{\omega_n^2}{s^2 + 2\zeta\omega_n s + \omega_n^2} \frac{1}{s} \qquad (2\text{-}66)$$

对 $Y(s)$ 进行拉普拉斯反变换，即可得到单位阶跃响应。图 2-25 为二阶传感器的单位阶跃响应曲线，传感器的响应在很大程度上取决于阻尼比 ζ 和固有频率 ω_n。ω_n 取决于传感器的结构参数，ω_n 越高，传感器的响应越快。阻尼比直接影响超调量和振荡次数。$\zeta = 0$ 时为临界阻尼，超调量为 100%，产生等幅振荡，达不到稳态；$\zeta > 1$ 时为过阻尼，无超调也无振荡，但反应迟钝、动作缓慢，达到稳态所需时间较长；$\zeta < 1$ 时为欠阻尼，衰减振荡，达到稳态值所需时间随 ζ 的减小而加长；$\zeta = 1$ 时响应时间最短。在实际使用中，为了兼顾短的上升时间和小的超调量，一般传感器都设计成欠阻尼式，阻尼比 ζ 一般取 0.6~0.8。带保护套管的热电偶是一个典型的二阶传感器。

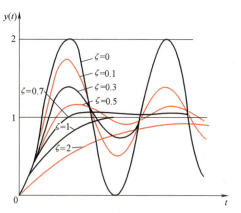

图 2-25 二阶传感器单位阶跃响应曲线

图 2-26 所示为二阶传感器阶跃响应的动态性能指标，主要包括上升时间 t_r（输出由稳态值的 10% 变化到稳态值的 90% 所需的时间）、响应时间 t_s（系统从阶跃输入开始到输出值进入稳态值所规定的范围内所需的时间）、峰值时间 t_p（阶跃响应曲线达到第一个峰值所需的时间）和超调量 σ（传感器输出超过稳态值的最大 ΔA，常用相对于稳态值的百分比 σ 表示）。

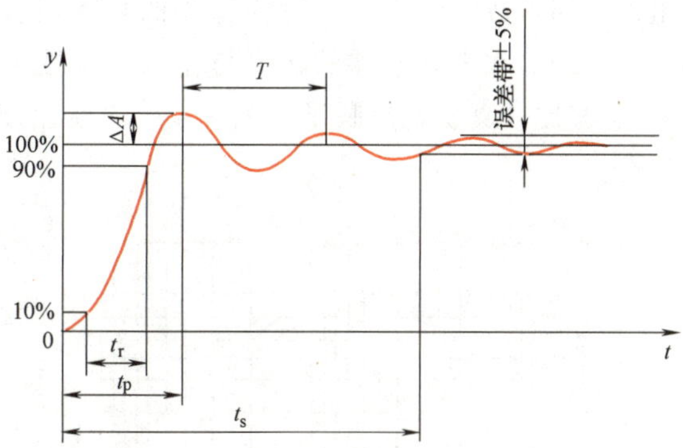

2. 频率响应特性

传感器对正弦输入信号的响应特性称为频率响应特性。在一定条件下，任何一个信号均可以分解为一系列不同频率的正弦信号。换言之，一个以时间为独立变量的时域信号，可变换成一个以频率为独立变量的频域信号，这可以从物理学中得到证明。所以，一个复杂的被测实际信号往往包含了许多种不同频率的正弦波成分。如果将正弦信号作为传感器的输入，然后测出它的响应，那么就可以对传感器在频域中的动态性能做出分析和评价。再具体一点讲，频率响应特性就是将频率不同而幅值相同的正弦信号输入传感器中，求其输出的正弦信号的幅值、相位与频率之间的相互关系。频率响应法就是从传感器的频率特性出发研究传感器的动态特性的方法。

图 2-26 二阶传感器阶跃响应的动态性能指标

（1）零阶传感器的频率响应特性　零阶传感器的传递函数为

$$H(s) = \frac{Y(s)}{X(s)} = k \qquad (2\text{-}67)$$

频率响应特性为

$$A(\omega) = \frac{1}{\sqrt{1+(\omega\tau)^2}} \tag{2-68}$$

$$H(j\omega) = k \tag{2-69}$$

由此可知,零阶传感器的输出和输入成正比,并且与信号频率无关。因此,零阶传感器无幅值和相位失真问题,具有理想的动态特性。电位器式传感器就是零阶传感器的一个例子。在实际应用中,许多高阶系统在变化缓慢、频率低时,都可以近似作为零阶系统处理。

(2)一阶传感器的频率响应特性 将一阶传感器传递函数中的 s 用 $j\omega$ 代替,即可得到频率特性、幅频特性、相频特性的表达式分别为

$$H(j\omega) = \frac{1}{\tau(j\omega)+1} \tag{2-70}$$

$$A(\omega) = \frac{1}{\sqrt{1+(\omega\tau)^2}} \tag{2-71}$$

$$\Phi(\omega) = -\arctan(\omega\tau) \tag{2-72}$$

图 2-27 为一阶传感器的频率响应特性曲线。由式(2-71)、式(2-72)和图 2-27 可以看出,时间常数 τ 越小,一阶传感器的频率响应特性越好。当 $\omega\tau \ll 1$ 时,$A(\omega) \approx 1$,$\Phi(\omega) \approx -\omega\tau$,表明传感器的输出与输入为线性关系,相位差与频率 ω 呈线性关系,输出 $y(t)$ 能够比较真实地反映了输入 $x(t)$ 的变化规律。因此,减小 τ 可以改善传感器的频率特性。

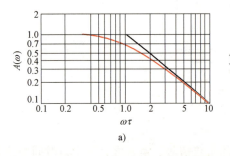
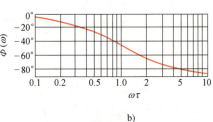

图 2-27 一阶传感器的频率响应特性曲线

a)幅频特性 b)相频特性

(3)二阶传感器的频率响应特性 将二阶传感器传递函数中的 s 用 $j\omega$ 代替,可得二阶传感器的频率特性、幅频特性、相频特性表达式分别为

$$H(j\omega) = \left[1-\left(\frac{\omega}{\omega_n}\right)^2 + 2j\zeta\frac{\omega}{\omega_n}\right]^{-1} \tag{2-73}$$

$$A(\omega) = \left\{\left[1-\left(\frac{\omega}{\omega_n}\right)^2\right]^2 + \left(2\zeta\frac{\omega}{\omega_n}\right)^2\right\}^{-\frac{1}{2}} \tag{2-74}$$

$$\varPhi(\omega) = -\arctan\left[\frac{2\zeta\dfrac{\omega}{\omega_n}}{1-\left(\dfrac{\omega}{\omega_n}\right)^2}\right] \qquad (2\text{-}75)$$

图 2-28 为二阶传感器的频率响应特性曲线。从式（2-74）、式（2-75）和图 2-28 可以看出，传感器频率特性的好坏主要取决于传感器的阻尼比 ζ 和固有频率 ω_n。当 $\zeta<1$、$\omega_n \gg \omega$ 时，$A(\omega) \approx 1$，$\varPhi(\omega)$ 很小，此时传感器的输出 $y(t)$ 再现了输入 $x(t)$ 的波形。通常固有频率 ω_n 与被测信号频率 ω 的关系为：$\omega_n \geqslant (3\sim5)\omega$。

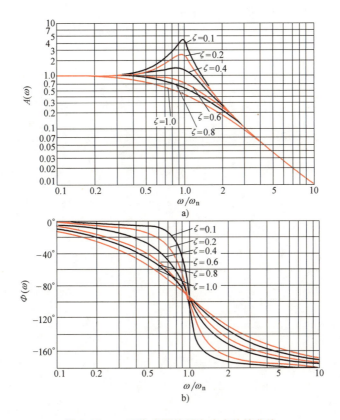

图 2-28 二阶传感器的频率响应特性曲线

a）幅频特性　b）相频特性

由以上分析可知，为了减小动态误差和扩大频率响应范围，一般可以通过提高传感器的固有频率 ω_n 来实现，但这样可能会使其他指标变差。因此，在实际应用中，应综合考虑各种因素来确定传感器的各个特征参数。

评价传感器频率响应特性的指标主要包括频带（传感器增益保持在一定值内的频率范围，即对数幅频特性曲线上幅值衰减 3dB 时所对应的频率范围，称为传感器的频带或通频带，对应有上、下截止频率）、时间常数 τ（用时间常数 τ 表征一阶传感器的动态特性，τ 越小，频带越宽）和固有频率 ω_n（二阶传感器的固有频率 ω_n 表征其动态特性）。

思考题与习题

1. 什么是电阻应变效应？金属电阻应变片主要由哪几部分组成？
2. 简要说明磁电式传感器的基本工作原理。
3. 霍尔式传感器的灵敏度与霍尔元件厚度之间有什么关系？
4. 为什么导体材料和绝缘体材料均不宜做成霍尔元件？
5. 简要说明正、逆压电效应及其应用。
6. 检定 2.5 级（即满度误差为 2.5%）、全量程为 100V 的电压表，发现 50V 刻度点的示值误差 2V 为最大误差，问该电压表是否合格？
7. 什么是传感器的静态特性？它有哪些性能指标？
8. 什么是传感器的动态特性？对于一阶传感器，其动态特性的主要技术指标是什么？

第3章

传感器信号采集与调理

3.1 概述

信号是传送信息的物理量或参数。例如,你的朋友告诉你以某种方式去完成某件事或做出某种反应,他的声音就是一个信号。朋友的声音称为激励,你的行为或反应称为响应,从激励到响应的计算(或转换)称为信号处理。

信号有许多种,它们可能是物理现象的测量结果,如地震波的传播、交通噪声的大小、电子电路中电压的变化和给水系统中压力的变化等。这些信号一般由数字计算机产生,如文本到语音的合成、电子音乐、计算机图表及合成图像。

信号处理的主要目的是消除和减少不希望的信号。不希望的信号在无线电信号中可能是电噪声,在交通噪声值测量中可能是60Hz(或50Hz)电源的正弦信号。交通噪声值在噪声检测器中是希望的信号,而在汽车语音通信系统中是不希望的信号。从信号处理的角度出发,信号必须可以被观测。在描述和处理信号时,信号的表示方法很重要。不管原始信号源是什么形式(机械的、电子的、多音的或是生物的),通常都要转化为适合进一步处理和观测的形式。

信号的基本表示中至少有一个自变量的函数。信号值作为自变量的函数,它的变化称为波形。自变量一般代表时间。其他变量可能是空间距离或一个数据矢量的参数。如磁带或光盘(CD)中记录的资料是一个信号,它可能是时间的函数,也可能是距离(磁带播放机数字显示器上所显示的距磁带开始处的距离)的函数,或是CD上歌曲数和CD上数字化信号记录槽位置的函数。

本书把信号定义为具有一个自变量的函数,该自变量包含一个现象的某种特性和本质的信息,一般假设为时间,即使它不是时间而是其他物理量时仍假设其为时间。

3.2 传感器信号分类及描述

3.2.1 信号的分类

为深入了解信号的物理实质,研究信号的分类是非常必要的。信号可以从观察角度、信号的特征及信号的应用场合进行分类。信号按其特征规律的分类如图3-1所示。

1. 确定性信号和非确定性信号

(1) **确定性信号** 能用确定的数学关系式来表达的信号称为确定性信号。确定性信号可以是周期的，也可以是非周期的。如集中质量的单自由度振动系统做无阻尼自由振动时的位移输出就是确定性信号。

（2）**非确定性信号** 不能用确定的数学关系式来表达的信号称为非确定性信号。如汽车在行驶过程中的振动、随风摆动的树叶的振动、海浪的高低起伏等，这些信号的幅值大小、最大幅值出现的时间等均无法用公式来计算和预测，其实际测量的结果每次也不相同，信号的这种性质称为随机性，具有这种性质的信号称为随机信号。

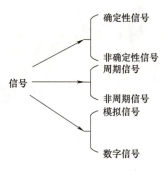

图 3-1 信号的分类

2. 周期信号和非周期信号

确定性信号又可以分为周期信号和非周期信号。

（1）**周期信号** 一个随时间变化的信号 $x(t)$，当满足关系式 $x(t)=x(t+nT)$ 时，称 $x(t)$ 为周期信号。其中，T 为周期信号的周期（s）；n 为周期信号的整周期数。

谐波信号是最简单、最基本的周期信号。一般的非谐波周期信号都能化成一些简单的谐波信号的叠加，其数学工具就是傅里叶级数。下面不加证明地给出傅里叶级数定理。

傅里叶级数定理：以 T 为周期的函数 $x(t)$，如果在 $[-T/2, T/2]$ 满足狄利克雷条件，即函数在 $[-T/2, T/2]$ 上满足：①连续或只有有限个第一类间断点（即左、右极限均存在但不相等的间断点）；②只有有限个极值点，那么在 $[-T/2, T/2]$ 上就可以展开成傅里叶级数。在 $x(t)$ 的连续点处，傅里叶级数的三角函数形式为

$$x(t) = \frac{a_0}{2} + \sum_{n=1}^{\infty}(a_n\cos n\omega_0 t + b_n\sin n\omega_0 t) \tag{3-1}$$

式中，$n=0, 1, 2, 3, \cdots$；ω_0 为角频率；a_0、a_1、b_1、$\cdots$ 为傅里叶系数，且

$$a_n = \frac{2}{T}\int_{-\frac{T}{2}}^{\frac{T}{2}} x(t)\cos n\omega_0 t \mathrm{d}t \tag{3-2}$$

$$b_n = \frac{2}{T}\int_{-\frac{T}{2}}^{\frac{T}{2}} x(t)\sin n\omega_0 t \mathrm{d}t \tag{3-3}$$

由式（3-2）和式（3-3）可知，傅里叶系数 a_n 和 b_n 均为 $n\omega_0$ 的函数，其中 a_n 为 n 或 $n\omega_0$ 的偶函数，b_n 为 n 或 $n\omega_0$ 的奇函数。

将式（3-1）中正、余弦函数的同频率项合并整理，可得信号 $x(t)$ 的另一种形式的傅里叶级数表达式为

$$x(t) = \frac{a_0}{2} + \sum_{n=1}^{\infty} A_n\cos(n\omega_0 t + \varphi_n) \tag{3-4}$$

其中

$$\begin{cases} A_n = \sqrt{a_n^2 + b_n^2} \\ \varphi_n = -\arctan\dfrac{b_n}{a_n} \end{cases} \tag{3-5}$$

式（3-4）清楚地表明，非谐波周期信号是由两个乃至无穷多个不同频率的谐波信号

叠加而成,各谐波成分所占的比值并不相同,工程上常用两种图形加以描述。以频率 ω 为横坐标、幅值 A_n 为纵坐标所做的图称为幅值谱图,它揭示了各频率成分幅值所占的比重。以频率 ω 为横坐标、相位 φ_n 为纵坐标所做的图称为相位谱图,它揭示了各频率成分的初相位情况。由于频率取值是离散的,所以周期信号的幅值谱和相位谱都是离散谱。频谱是构成信号 $x(t)$ 的各谐波分量的集合,它完整地表示了信号的频率结构,即信号由哪些谐波组成。

(2)**非周期信号** 能用确定的数学关系式表达,但取值不具有周期性的信号称为非周期信号。如指数信号、阶跃信号等都是非周期信号。

非周期信号 $x(t)$ 可以看成是由某个周期信号 $x_T(t)$ 当 $T\to\infty$ 时转化而来。为了说明这一点,假设周期为 T 的信号 $x_T(t)$,使其在 $\left[-\dfrac{T}{2},\dfrac{T}{2}\right]$ 之外按周期 T 延拓出去,如图 3-2 所示。

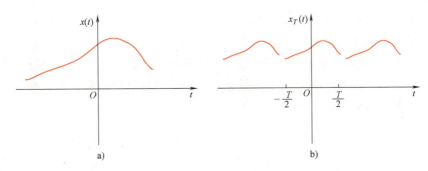

图 3-2 非周期信号与周期信号的关系

a) 非周期信号 b) 周期信号

其中,T 越大,$x_T(t)$ 与 $x(t)$ 相等的范围也越大,当 $T\to\infty$ 时,周期信号 $x_T(t)$ 便转化为非周期 $x(t)$,即

$$x(t)=\lim_{T\to\infty}x_T(t) \tag{3-6}$$

将式(3-4)代入式(3-6),并根据欧拉公式,得到其指数表达式为

$$x(t)=\lim_{T\to\infty}\frac{1}{T}\sum_{n=-\infty}^{\infty}\left[\int_{-\frac{T}{2}}^{\frac{T}{2}}x(\tau)\mathrm{e}^{-\mathrm{j}n\omega_0\tau}\mathrm{d}\tau\right]\mathrm{e}^{\mathrm{j}n\omega_0 t} \tag{3-7}$$

由于 $T=\dfrac{2\pi}{\omega_0}$,令 $X(\omega)=\int_{-\infty}^{\infty}x(\tau)\mathrm{e}^{-\mathrm{j}\omega t}\mathrm{d}\tau$,则式(3-7)可改写为

$$x(t)=\lim_{\omega_0\to 0}\frac{\omega_0}{2\pi}\sum_{n=-\infty}^{\infty}\left[X(\omega)\mathrm{e}^{\mathrm{j}\omega t}\right]_{\omega=n\omega_0} \tag{3-8}$$

式(3-8)右端可以看成是 $\dfrac{1}{2\pi}X(\omega)\mathrm{e}^{\mathrm{j}\omega t}$ 在 $(-\infty,\infty)$ 上对 ω 的积分,即

$$x(t)=\int_{-\infty}^{\infty}\frac{1}{2\pi}X(\omega)\mathrm{e}^{\mathrm{j}\omega t}\mathrm{d}\omega \tag{3-9}$$

将 $X(\omega)$ 代入式(3-9)中,可得

$$x(t)=\frac{1}{2\pi}\int_{-\infty}^{\infty}\int_{-\infty}^{\infty}\left[x(\tau)\mathrm{e}^{-\mathrm{j}\omega t}\mathrm{d}\tau\right]\mathrm{e}^{\mathrm{j}\omega t}\mathrm{d}\omega \tag{3-10}$$

若把 $\omega = 2\pi f$ 代入式（3-10），则可得

$$x(t) = \int_{-\infty}^{\infty} \int_{-\infty}^{\infty} [x(\tau) e^{-j2\pi f\tau} d\tau] e^{j2\pi f t} df \qquad (3-11)$$

式（3-11）称为信号 $x(t)$ 的傅里叶积分公式。

3. 模拟信号和数字信号

随着计算机技术的发展与应用，也可以从另一个角度把信号分为模拟信号和数字信号。按信号的取值特征，即根据信号的幅值及其自变量（时间 t）是连续的还是离散的，可将信号分成连续信号和离散信号两大类，具体如下：

根据信号的取值在时间上是否连续（不考虑个别不连续点），可以将信号分为时间连续信号和时间离散信号。如果信号在所讨论的时间段内的任意时间点都有确定的函数值，则称此类信号为时间连续信号，简称连续信号。连续信号的函数值可以是连续的，也可以是离散的，如图 3-3 所示。实际系统中存在的绝大多数物理过程或物理量，都是在时间和幅值上连续的量，这些连续量称为模拟信号。离散信号是在连续信号上采样得到的信号。离散信号虽然在时间上是离散的，但在幅值上还是连续的，如图 3-4 所示。如果进一步通过模/数（A/D）转换器，把幅值上连续的离散信号变换成数码（如二进制码）的形式，这个过程就称为量化过程。在时间上离散化、幅值上整量化的信号，称为数字信号。显然，数字信号是离散信号的一种特殊形式。

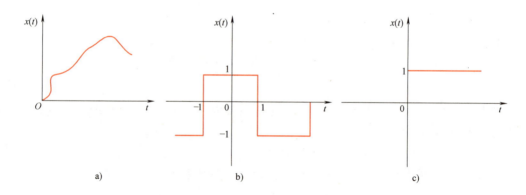

图 3-3 连续信号

a）模拟信号　b）矩形信号　c）单位阶跃信号

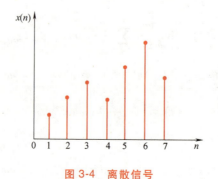

图 3-4 离散信号

3.2.2 信号的描述

信号可在时域和频域两个领域进行描述。

1. 时域描述

上述信号处理过程是一个信号加工处理系统，可用图 3-5 表示。

图 3-5 模拟信号数字处理系统的简单框图

由图 3-5 可知，在实现模拟信号的数字化加工处理过程中，为避免混叠效应的影响，在 A/D 转换电路前通常设置前置滤波器（或称反混叠滤波器）对模拟信号 $x_a(t)$ 进行前置滤波器滤波。滤除高频成分信号后，经 A/D 转换器转换为数字信号 $x(n)$，即可运用数字信号处理器对信号 $x(n)$ 进行处理，得到输出数字信号 $y(n)$。如果要求输出为模拟信号，则还需要将输出信号 $y(n)$ 经数/模（D/A）转换器转换为模拟信号，该模拟信号还要通过一个模拟滤波器（或称重构滤波器）滤除不需要的高频分量，平滑成所需的模拟输出信号 $y_a(t)$。

实际工程系统中并不一定要包括图 3-5 所示系统的所有组成部分。若系统只需数字输出，可直接以数字形式显示或打印，就不需要 D/A 转换器和输出滤波器；另外有一些系统的输入就是数字量，因而就不需要 A/D 转换器；如果系统的输入与输出都是数字量，就构成了纯数字系统，这类系统只需要数字信号处理器这一核心部分就可以了。

2. 频域描述

频域描述用来反映信号的频率组成及其幅值相角的大小。

一般来说，实际信号的形式通常比较复杂，直接分别说明各种信号在一个测试系统中的传输情形常常是困难的，有时甚至是不可能的。因此，常将复杂的信号分解成某些特定类型的基本信号之和，这些基本信号满足一定的数学条件，且易于实现和分析。常用的基本信号有正弦信号、复指数型信号、阶跃信号、冲激信号等。信号的频域描述即为将一个时域信号变换为一个频域信号，根据任务分析的要求将该信号分解成一系列基本信号的频域表达形式之和，从频率分布的角度出发，研究信号的结构及各种频率成分的幅值和相位关系。将一个复杂的信号分解为一系列基本信号之和，对于分析一个线性系统来说特别有利。这是因为这样的系统具有线性和时不变性，多个基本信号作用于一个线性系统所引起的响应等于各基本信号单独作用所产生的响应之和。此外，这些信号都属于同一种类型，如都是正弦信号，因此系统对它们的响应也都具有共同性。

采用时域法和频域法来描述信号和分析系统，完全取决于不同测试任务的需要。时域描述直观地反映了信号随时间变化的情况，频域描述则侧重描述信号的组成成分。时域和频域描述是从两个侧面观察事物本质特征的两种不同方法。但无论采用哪一种描述方法，同一信号均含有相同的信息量，不会因采取不同的方法而增添或减少原信号的信息量。

3.3 数字信号处理基础

在测试中所获得的各种动态信号包含着丰富的有用信息，信号的分析与处理过程就是对测试信号进行去伪存真、排除干扰从而获得所需的有用信息的过程。实际过程中测试的任务千变万化，信号处理与分析的方法也多种多样。测试信号的物理特性是千差万别的，但按其变化的特点来看可以分为两类：第一类是确定性信号，这类信号可以表示为确定的时间函数，可确定其任何时刻的量值，如正弦函数所描述的交流电信号；第二类是随机信号，这种信号波形的变化没有规律，在无限长时间内波形不会出现重复。然而，随机信号的许多统计特征量却往往是相对稳定的，或在进行有规律的变化。实际工程中多数测试信号为随机信号，因此随机信号的处理与分析是测试技术的重要内容。

测试信号中携带着人们所需要的有用信息。对信号进行分析，其目的是通过对信号的数学变换，改变信号的形式，以便识别、提取信号中有用的信息。将时域信号经过一定的数学处理，变换到频域进行描述，即进行频谱分析，是最常用的信号分析方法。测试过程就是信号的采集、分析、处理、显示和记录的过程，为了掌握由测试信号中获取有用信息的技术，需要学习测试信号及其描述方法。

3.3.1 时域采样和采样定理

采样定理描述了在一定条件下，一个连续时间信号完全可用该信号在等时间间隔上的瞬时值（或称样本值）表示。这些样本值包含了该连续时间信号的全部信息，利用这些样本值可恢复原信号。可以说，采样定理在连续时间信号与离散时间信号（或数字信号）之间架起了一座桥梁。数字信号的处理更为灵活、方便，在诸如数字信号处理、数字通信等领域应用广泛，其过程是先将连续时间信号转换为相应的数字信号，并进行加工处理，然后再将处理后的数字信号转换为连续时间信号。采样定理为连续时间信号与离散时间信号的相互转换提供了理论依据。

1. 时域采样

信号的采样是由采样器来实现的，采样器的作用如同一个开关，如图3-6a所示。开关每隔时间间隔 T 接通输入信号和接地各一次。显然，采样器的输出信号 $f_s(t)$ 只包含开关接通时间内输入信号 $f(t)$ 的一些小段，如图3-6e所示，这些小段是原信号的采样。如果每次开关的时间间断 T 都相同，则称为均匀采样。如果每次采样的时间间隔不同，则称为非均匀采样。在实际工作中采用均匀采样。

2. 时域采样定理

一个信号 $f(t)$ 的频谱受限于区间 $(-\omega_m, \omega_m)$，则信号 $f(t)$ 可用等间隔 T_s 的采样值确定。采样时间间隔 T_s 必须小于等于 $2/f_m$（其中 $\omega_m = 2\pi f_m$）。或者说，由时域采样定理可知，为了能从采样信号 $f_s(t)$ 中恢复原信号 $f(t)$，需要满足以下两个条件：由于 $f(t)$ 是带限信号，即 $f(t)$ 的频谱函数 $F(j\omega)$ 在 $|\omega|>\omega_m$ 处均为零，则采样频率不能过低，必须满足 $f_s \geq 2f_m$（或 $\omega_s \geq 2\omega_m$）。

第3章 传感器信号采集与调理

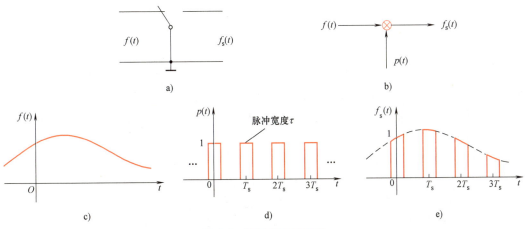

图 3-6 信号的时域采样

a)采样器 b)采样器等效模型 c)信号 $f(t)$ d)采样信号 $p(t)$ e)采样后的信号 $f_s(t)$

通常,将最低允许的采样频率 $f_s = 2f_m$ 称为奈奎斯特频率,将最大允许的采样间隔称为奈奎斯特间隔。

信号用不同采样频率进行采样后的信号频谱如图 3-7 所示。假定信号 $f(t)$ 的频谱 $F(j\omega)$ 的频带 $(-\omega_m, \omega_m)$,若以间隔 T 对 $f(t)$ 进行采样,采样后信号 $f_s(t)$ 的频谱 $F_s(j\omega)$ 是以 ω_s 为周期重复。

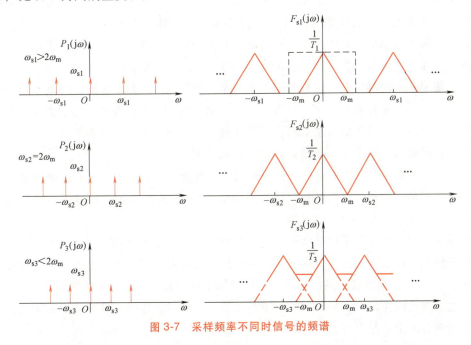

图 3-7 采样频率不同时信号的频谱

对于采样定理可从物理概念上做如下解释:由于一个频带受限(简称带限)的信号波形绝不可能在很短的时间内产生独立的、实质的变化,它的最高变化速度受最高频率分量 ω_m 的限制。因此,为了保留这一频率分量的全部信息,一个周期的间隔内至少采样两次,即必须满足 $\omega_s > 2\omega_m$ 或 $f_s \geqslant 2f_m$。

由图 3-7 可知，在满足采样定理的条件下，为了从频谱 $F_s(j\omega)$ 中无失真地选出 $F(j\omega)$，可用矩形函数 $H(j\omega)$ 与 $F_s(j\omega)$ 相乘，即

$$F(j\omega) = F_s(j\omega)H(j\omega) \tag{3-12}$$

实现式（3-12）的方法就是将采样信号 $f_s(t)$ 输入理想低通滤波器，滤波器的传递函数为 $H(j\omega)$，如图 3-8 所示。这样在滤波器的输出端即可得到频谱为 $F(j\omega)$ 的连续信号 $f(t)$，相当于从无混叠情况下的 $F_s(j\omega)$ 频谱中只取出 $|\omega| < \omega_m$ 的成分，从而恢复了 $F(j\omega)$，也即恢复了 $f(t)$。

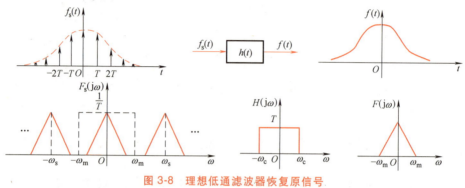

图 3-8 理想低通滤波器恢复原信号

以上从频域层面解释了由采样信号的频谱恢复连续信号频谱的原理，也可从时域层面直接说明由 $f_s(t)$ 经理想低通滤波器恢复原信号 $f(t)$ 的原理。应当指出的是，在实际工程中要做到完全无失真地恢复原信号 $f(t)$ 是不可能的，其主要原因如下：

首先，时间有限信号的频谱不可能分布在有限的频率范围内，故真正的带限信号是不存在的。但是，绝大多数实用信号的频谱幅度总是随着 ω 的增加而衰减，即信号大部分能量总是集中在有限频带内，可根据需要忽略某一频率 ω_m 以上的成分，将其看成是带限信号。因此，只要采样频率足够大，将两相邻频谱的间隔增大，频谱间的混叠即可忽略不计。在实际应用中，解决的方法是将信号首先通过一低通滤波器，滤除频率大于 ω_m 的信号，形成带限信号，这个滤波器就是防混叠低通滤波器。

要从 $f_s(t)$ 恢复出原信号 $f(t)$，必须采用理想低通滤波器，而理想低通滤波器是不可能实现的。实际的低通滤波器的幅频特性为如图 3-8 中的实线所示，这种滤波器在进入截止频率后不够陡直，存在一定的过渡。

实际的低通滤波器除了输出所需信号的频谱分量外，还夹杂着采样信号频谱中相邻部分的频率分量。在这种情况下，恢复的信号与原信号就有差别。解决的办法是通过提高采样频率 ω_s，或者选用阶数较高的滤波器，使得输出频谱只包含所需要的频谱。

总之，在实际应用中，只要采样频率足够高，滤波器的特性又具有一定的陡度，把原信号有效地分离出来是可行的。

3.3.2 频域采样和栅栏效应

1. 频域采样

根据时域与频域的对称性，可由时域采样定理直接推导出频域采样定理。频域采样定

理：若信号 $f(t)$ 是时间受限信号，它集中在 $(-t_m, t_m)$ 的时间范围内，若在频域中以不大于 $1/(2t_m)$ 的信号频率间隔对 $f(t)$ 的频谱 $F(j\omega)$ 进行频域冲激采样，则采样后的频谱 $F_s(j\omega)$ 可唯一地表示出原信号的频谱 $F(j\omega)$。

用频域冲激函数

$$\delta_{\omega_s}(\omega) = \sum_{k=-\infty}^{\infty} \delta(\omega - k\omega_s) \tag{3-13}$$

对信号 $F(j\omega)$ 进行采样，则采样后的信号频谱 $F_s(j\omega)$ 为

$$F_s(j\omega) = F(j\omega)\delta_{\omega_s}(\omega) = \sum_{k=-\infty}^{\infty} F(jk\omega_s)\delta(\omega - k\omega_s) \tag{3-14}$$

由

$$F\left[\sum_{k=-\infty}^{\infty} \delta(t - kT_s)\right] = \omega_s \sum_{k=-\infty}^{\infty} \delta(\omega - k\omega_s) \tag{3-15}$$

得

$$F^{-1}[\delta_{\omega_s}(\omega)] = \frac{1}{\omega_s} \sum_{k=-\infty}^{\infty} \delta(t - kT_s) \tag{3-16}$$

其中，$T_s = \dfrac{2\pi}{\omega_s}$。由时域卷积定理，采样后频谱 $F_s(j\omega)$ 对应的时域信号 $f_s(t)$ 为

$$f_s(t) = f(t) \frac{1}{\omega_s} \sum_{k=-\infty}^{\infty} \delta(t - kT_s) \tag{3-17}$$

式（3-17）表明，若时间有限信号 $f(t)$ 的频谱 $F(j\omega)$ 在频域中被间隔为 ω_s 的冲激序列采样，则被采样后频谱 $F_s(j\omega)$ 所对应的时域信号 $f_s(t)$ 以 T_s 为周期重复。频域采样过程及其时域中波形的变化如图 3-9 所示。

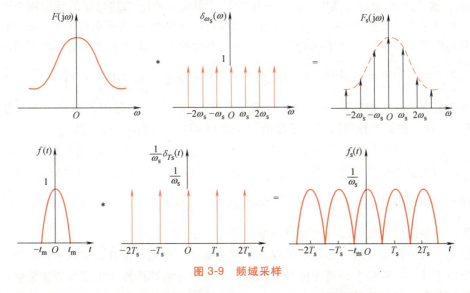

图 3-9 频域采样

不难理解频域采样，因为在频域中对 $F(j\omega)$ 进行采样，等效于 $f(t)$ 在时域中从重复形成的周期信号 $f_s(t)$ 中选出单个脉冲就可无失真地恢复出原信号 $f(t)$。通过频率采样，实现了频域中的连续频谱的离散化，这对于应用数字技术分析和处理频域信号有着重要的意义。

2. 栅栏效应

由以上对离散傅里叶变换（DFT）过程的分析可知，被分析信号 $x(t)$ 的频谱 $X(f)$ 经离散傅里叶变换计算之后，所得的 N 根谱线的位置是在 $f_k = k\dfrac{1}{T} = k\dfrac{f_s}{N}$（$k = 0，1，2，\cdots$）的地方，即仅在基频 $1/T$ 的整数倍频率点上才有其各个频率成分，所有那些位于离散谱线之间的频谱图形都得不到显示，不能知道其精确的值。换言之，若信号中某频率成分的频率 f_1 等于 k/T，即它与输出的频率采样点相重合，那么该谱线便可被精确地显示出来；反之，若 f_1 与频率采样点不重合，便得不到显示，所得的频谱会产生误差，上述现象称为栅栏效应，由栅栏效应产生的测量误差属于谱估计的偏度误差。

在离散傅里叶变换中，将两条谱线间的距离称为频率分辨率 Δf，谱线间距越小，频率分辨率便越高，被栅栏效应所漏掉的频率成分便越少。当被分析的时域信号长度 T_p（即窗宽 $T_p = NT$）和采样频率 f_s 被确定之后，频率分辨率 Δf 也被确定为

$$\Delta f = \frac{f_s}{N} = \frac{1}{T_p} \tag{3-18}$$

因此，对于工程信号来说，一旦根据其分析的频带确定最低采样频率 f_s 之后，为获得足够的频率分辨率，必须增加数据点数 N，由此导致计算机的计算量急剧增加。为解决这一问题，通常有不同的途径可以选择，如频率细化（Zoom）技术、Z 变换及现代谱分析等方法，但最有效的方法是在 DFT 技术基础上发展起来的快速傅里叶变换（FFT）算法，它可以大大节省计算的工作量。

然而，当数据点 N 增大，进而增加频率分辨率之后，是否就一定能得到精确的离散频谱结果呢？要回答这一问题，首先分析一个对余弦信号 $\cos 2\pi f_0 t$ 进行 DFT 的例子。图 3-10 为信号 $x(t) = \cos 2\pi f_0 t$ 的离散傅里叶变换过程。需要注意的是，原信号 $x(t)$ 在频域中位于 $\pm f_0$ 的一对对应谱线在经时窗截断之后，根据卷积定理其对应的频域图形已将窗函数的频谱平移，如图 3-10e 所示。显然，这种情况下的频率分辨率为 $1/T$，经频域采样后所得的离散谱线位于 k/T（$k = 0，1，2，\cdots$）的位置上，这些谱线将是对窗函数频谱的采样。若 $T = qT_0$，则频域卷积后将 sinc 函数的主瓣峰值移至 $\pm f_0$ 处，而在 $\left(f_0 \pm \dfrac{k}{q} f_0\right)$ 的其他点处均为零（$q \ne k$），这样频域采样所得谱线仅在 $\pm f_0$ 处有值，其他各处均为零，如图 3-10g 所示，这样便真实地反映了原信号的频谱。$T = qT_0$ 表示窗函数长正好为信号周期的整数倍，因此，将这种加窗截取称为整周期截取。反之，若 $T \ne qT_0$，如图 3-11a 所示，加窗后所得的频谱的主瓣峰值范围不在 $\pm f_0$ 处，如图 3-11b 所示，频域采样的结果将会使谱线不出现在主瓣峰值处，且在 $\left(f_0 \pm \dfrac{k}{q} f_0\right)$ 各频率点上也采样到了值，如图 3-11d 所示，从而造成泄漏，使最终的谱线不能真实地反映原信号的大小。

因此，对周期信号进行整周期截取是获取正确频谱的先决条件。理论上讲，对信号进行离散傅里叶变换的结果是将用窗函数截取的时域信号做周期性延拓。如果实施整周期截取，则截断的整周期信号经延拓之后仍为周期信号，没有产生任何畸变。但若不是整周期截取，被截断的信号经延拓之后在原先连续的波形上将产生间断点，从而造成波形畸变，不能再复现原来的信号，而对应的频谱亦将发生畸变。

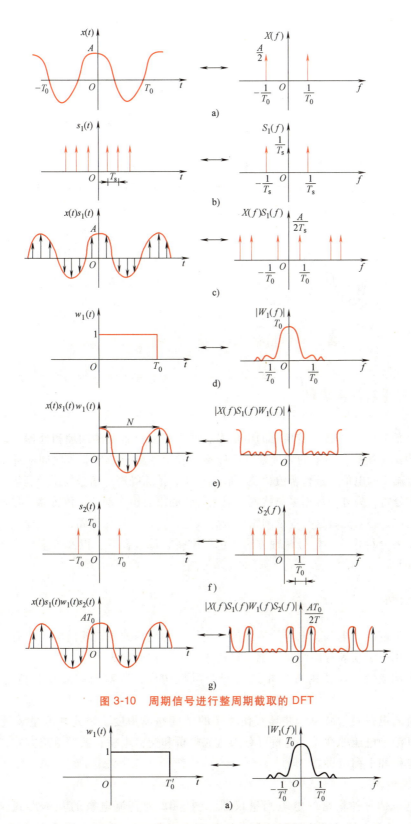

图 3-10　周期信号进行整周期截取的 DFT

图 3-11　周期信号进行非整周期截取的 DFT

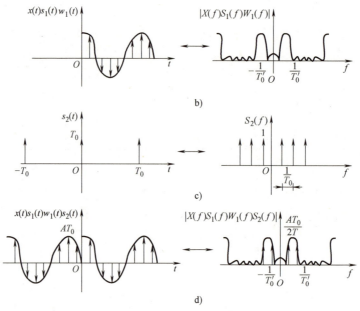

图 3-11 周期信号进行非整周期截取的 DFT（续）

3.4 传感器信号调理

被测试信号经过传感器转换成的电信号，通常需要进行某些调理和处理，以便提高信噪比。在测试系统中，信号的调理是处于传感器和信号分析处理装置之间的环节，其作用是对传感器输出的电信号进行幅值调整、形式转换、排除噪声、信号的预处理等，以利于信号的传送和分析。另外，数据采集技术是信息科学的重要组成部分，传感器信号送入计算机进行处理之前，必须先将这些连续的物理量离散化，并进行量化编码，从而变成数字量。

本节主要介绍常用的信号调理方法，包括电桥、滤波器等，以及数字化采样的基本原理与应用知识。

3.4.1 电桥

电桥是将电阻、电感、电容等参量的变化转换为电压或电流输出的一种测量电路。其输出既可以用指示仪表直接测量，也可以送入放大器进行放大。

在物理构成上，电桥由首尾相连的四个阻抗构成，其对角端分别为桥电源和输出电压。

由于桥式电路测量简单，并具有比较高的精度和灵敏度，因此在测量装置中广泛应用。按照其激励电压的性质，电桥可分为直流电桥和交流电桥；按照输出方式，电桥可分为不平衡电桥和平衡电桥。

1. 直流电桥

直流电桥是一种精密的电阻测量仪器。图 3-12 为直流电桥的基本形式。电阻 R_1、R_2、R_3、R_4 组成电桥的四个桥臂，在电桥的两个对角点 A 和 C 之间接入直流电源 U_0 作为电桥的激励电源，另外两个对角点 B 和 D 两端为输出电压 U_y。实际使用过程中，将电阻值随被测量变化的电阻式传感器元件（如电阻应变片等）作为电桥的一个或多个桥臂，通过测量输出端电压的变化值得到相应的输入阻值变化。

由电路相关知识可知，对于图 3-12 所示的电路结构，输入电压与输出电压之间的关系可以表示为

$$I_1 = \frac{U_0}{R_1 + R_2} \quad (3\text{-}19)$$

图 3-12　直流电桥

$$I_2 = \frac{U_0}{R_3 + R_4} \quad (3\text{-}20)$$

A、B 之间与 A、D 之间的电位差分别为

$$U_{AB} = I_1 R_1 = \frac{R_1}{R_1 + R_2} U_0 \quad (3\text{-}21)$$

$$U_{AD} = I_2 R_4 = \frac{R_4}{R_3 + R_4} U_0 \quad (3\text{-}22)$$

输出电压为

$$U_y = U_{AB} - U_{AD} = \left(\frac{R_1}{R_1 + R_2} - \frac{R_4}{R_3 + R_4} \right) U_0 = \frac{R_1 R_3 - R_2 R_4}{(R_1 + R_2)(R_3 + R_4)} U_0 \quad (3\text{-}23)$$

由式（3-23）分析可知，当输出等于零时，电桥处于平衡状态，此时应该满足以下条件：

$$R_1 R_3 - R_2 R_4 = 0 \quad (3\text{-}24)$$

式（3-24）即为直流电桥的平衡条件。当直流电桥中任何一个或多个电阻值发生变化时，会破坏电桥的平衡条件，使电桥输出电压发生变化。实际测量中，通过适当选取四个桥臂的电阻值，可以使得输出电压只与被测量引起的电阻变化量有关。在测试系统中，根据电桥连接方式的不同，可以将电桥分为单臂式电桥、双臂式电桥和全桥式电桥，如图 3-13 所示。

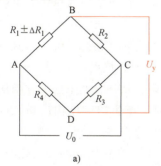
a)

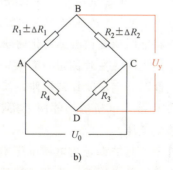
b)

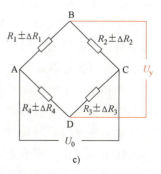
c)

图 3-13　直流电桥的连接方式

a）单臂式电桥　b）双臂式电桥　c）全桥式电桥

对于图3-13a所示的单臂电桥,工作过程中只有一个桥臂的电阻值 R_1 随被测量的变化产生 ΔR_1 的变化,此时电桥的输出电压为

$$U_y = U_{AB} - U_{AD} = \left(\frac{R_1+\Delta R_1}{R_1+\Delta R_1+R_2} - \frac{R_3}{R_3+R_4}\right)U_0 \quad (3\text{-}25)$$

为简化桥路,设计时通常使相邻两桥臂的电阻值相等。特别地,当四个桥臂电阻值均相等,即 $R_1 = R_2 = R_3 = R_4 = R_0$,且 $\Delta R_1 = \Delta R$ 时,输出电压可表示为

$$U_y = U_{AB} - U_{AD} = \frac{\Delta R}{4R_0 + 2\Delta R}U_0 \quad (3\text{-}26)$$

通常情况下,$\Delta R \ll R_0$,此时式(3-26)可以简化为

$$U_y = \frac{\Delta R}{4R_0}U_0 \quad (3\text{-}27)$$

由式(3-27)可知,单臂直流电桥的输出电压与激励电压成正比,且满足 $\Delta R \ll R_0$ 的条件下,输出电压也与 $\Delta R/R_0$ 成正比。类似地,对于图3-13b所示的双臂电桥接法,当 $R_1 = R_2 = R_3 = R_4 = R_0$,$\Delta R_1 = -\Delta R_2 = \Delta R$,且 $\Delta R \ll R_0$ 时,直流电桥的输出电压可近似表示为

$$U_y = \frac{\Delta R}{2R_0}U_0 \quad (3\text{-}28)$$

对于图3-13c所示的全桥接法,当 $R_1 = R_2 = R_3 = R_4 = R_0$,$\Delta R_1 = -\Delta R_2 = \Delta R_3 = -\Delta R_4 = \Delta R$,且 $\Delta R \ll R_0$ 时,直流电桥的输出电压可近似表示为

$$U_y = \frac{\Delta R}{R_0}U_0 \quad (3\text{-}29)$$

由式(3-27)~式(3-29)可知,对于直流电桥的不同连接方式,其输出电压均与激励电压成正比,只是相应的比例系数不同。

若定义直流电桥的电压灵敏度为

$$S = \frac{U_y}{\Delta R/R_0} \quad (3\text{-}30)$$

则单臂电桥、双臂电桥与全桥电桥的电压灵敏度分别为 $U_0/4$、$U_0/2$ 和 U_0。因此,直流电桥的接法不同,电压灵敏度也不同,全桥电桥的电压灵敏度最高,可以获得最大的输出。需要指出的是,进行上述分析时,两个相邻桥臂之间的电阻值是反向变化的(一个增大一个减小,如 $\Delta R_1 = -\Delta R_2$),此时输出电压的变化是相互叠加的;若两个相邻桥臂的电阻同向变化(同时增大或同时减小),则产生的输出电压的变化会相互抵消。这种性质称为直流电桥的和差特性。因此,在将电阻值随被测量变化而变化的电阻式传感元件接入直流电桥时,应保证连接正确。如采用电阻应变片测量悬臂梁的形变时,同时在悬臂梁的上、下表面各粘贴一个电阻应变片。此时,上应变片被拉伸,其电阻值增加,而下应变片被压缩,其电阻值减小。这两个应变片接入电桥的相邻两个桥臂时,产生的电压输出相互叠加,从而电桥可以获得最大的输出电压。

上述电桥工作于不平衡条件下,其缺点是当电源电压不稳定,或者环境温度变化时,都会引起电桥输出的变化,从而产生测量误差。为此,在某些情况下可以采用平衡电桥,如图3-14所示。假设被测量等于零时电桥处于平衡状态,此时指示仪表P及可调电位器

RP 指零。当某一桥臂随被测量变化时，电桥失去平衡。调节电位器 RP，改变电阻 R_5 的触点位置，可使电桥重新平衡，仪表 P 指针回零。电位器 RP 上的标度与桥臂电阻值的变化成比例，故 RP 的指示值可以直接表示被测量的数值。这种测量法的特点是在读数时仪表 P 始终指向零，称为零位测量法。

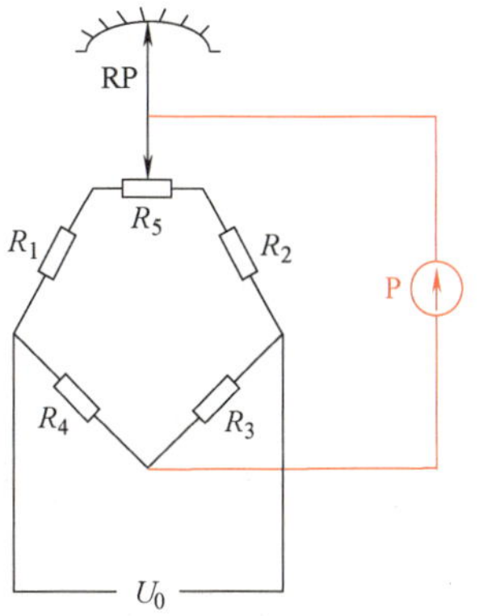

2. 交流电桥

交流电桥采用交流激励电压。电桥的四个臂可为电感、电容或电阻。因此，桥臂除了电阻外还包含电抗。如果阻抗、电流及电压都用复数表示，则关于直流电桥的平衡关系式在交流电桥中也可适用，即电桥达到平衡时必须满足

$$Z_1 Z_3 - Z_2 Z_4 = 0 \quad (3-31)$$

式中，$Z_1 \sim Z_4$ 为四个桥臂上的交流阻抗。

图 3-14 平衡电桥

交流电桥电路如图 3-15 所示。交流电桥可以用于测量随被测量变化而变化的各种交流阻抗，如电容量、电感量等。此外还可以测量与电容、电感有关的其他物理量，如互感、磁性材料的磁导率、电容的介质损耗、介电常数和电源频率等，其测量准确度和灵敏度都很高。当交流电桥的电压、电流及阻抗都用复数表示时，交流电桥的平衡条件可以表示为与直流电桥类似的形式。用指数形式表示为

$$Z_1 = Z_{01} e^{j\varphi_1} \quad (3-32)$$

此时，交流电桥的平衡条件可表示为

$$\begin{cases} Z_1 Z_3 = Z_2 Z_4 \\ \varphi_1 + \varphi_3 = \varphi_2 + \varphi_4 \end{cases} \quad (3-33)$$

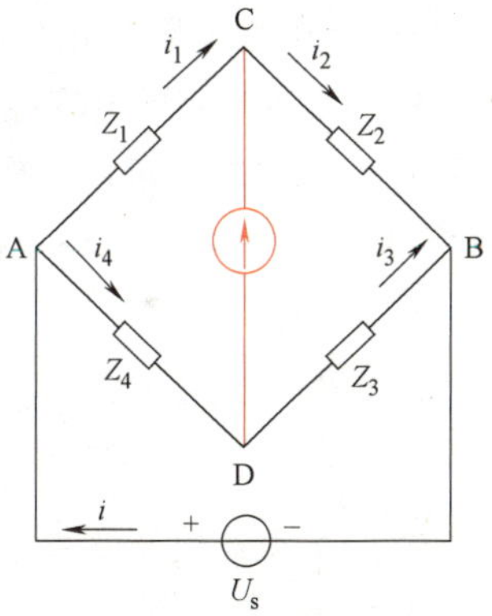

式中，$Z_1 \sim Z_4$ 为四个桥臂上的交流阻抗的模；$\varphi_1 \sim \varphi_4$ 为各阻抗的阻抗角，即各桥臂上电流与电压的相位差。当桥臂为纯电阻时，$\varphi = 0$；当桥臂为电感性阻抗时，$\varphi > 0$；当桥臂为电容性阻抗时，$\varphi < 0$。利用交流电桥的平衡条件，可以将电容式、电感式等传感器的电容量或电感量的变化转换成电压。当交流电桥平衡时，输出电压为零；当桥臂中的任意一个阻抗或多个阻抗随被测量的变化而变化时，交流电桥的平衡条件被破坏，输出电压不为零。

图 3-15 交流电桥

由式（3-33）可知，交流电桥的平衡必须满足两个条件：一是相对桥臂上阻抗模的乘积相等；二是相对桥臂上阻抗角之和相等。为满足交流电桥的平衡条件，交流电桥必须按照一定的方式合理配置桥臂的阻抗。如果用任意不同性质的四个阻抗组成一个电桥，则不一定能够调节到平衡。在很多交流电桥中，为了使电桥结构简单和调节方便，通常将交流电桥中的两个桥臂设计为纯电阻。如果相邻两臂接入纯电阻，则另外相邻两臂也必须接入相同性质的阻抗。如被测量 Z_x 接在图 3-15 所示的第一桥臂中，若两相邻桥臂 Z_2 和 Z_3 为纯电阻，即 $\varphi_2 = \varphi_3 = 0$，那么应有 $\varphi_4 = \varphi_x$。因此，若被测量 Z_x 为电容，则其相邻桥臂 Z_4 也必须是电容；若 Z_x 为电感，则 Z_4 也必须是电感。若相对桥臂接入纯电阻，则另外两相

对桥臂也必须为不同性质的阻抗。如相对桥臂 Z_2 和 Z_4 为纯电阻，即 $\varphi_2 = \varphi_4 = 0$，则 $\varphi_3 = -\varphi_x$。此时，如果被测量 Z_x 为电容，则其相对桥臂 Z_3 必须是电感，而如果 Z_x 为电感，则 Z_3 必须是电容。同时，交流电桥的平衡调节要比直流电桥的调节困难，必须反复调节桥臂上的参数，才能使电桥完全达到平衡。

按照一定的原则合理配置交流电桥四个桥臂上的阻抗，可以使交流电桥达到平衡。从理论上讲，满足平衡条件的桥臂的类型可以有许多种。但实际上可用的类型并不多，这是因为桥臂尽量不采用标准电感，由于制造工艺上的原因，标准电容的准确度要高于标准电感，并且标准电容不易受外磁场的影响。所以常用的交流电桥，不论是测量电感还是测量电容，除了被测桥臂之外，其他三个桥臂都采用电容和电阻。

另外，尽量使平衡条件与电源频率无关，这样才能发挥电桥的优点，使被测量只决定于桥臂参数，而不受电源电压或频率的影响。有些形式的桥路的平衡条件与频率有关，这意味着电源的频率不同将直接影响测量的准确性。

在调节电桥平衡的过程中需要反复调节，才能使辐角关系和幅模关系同时得到满足。通常将电桥趋于平衡的快慢程度称为交流电桥的收敛性。收敛性越好，电桥趋向平衡越快；收敛性差，则电桥不易平衡或者说平衡过程要很长，需要测量的时间也很长。电桥的收敛性取决于电桥臂阻抗的性质以及调节参数的选择。所以，收敛性差的电桥，由于平衡比较困难也不常用。实际常用的交流电桥形式主要有电容电桥、电感电桥和电阻电桥三种。

图 3-16 为常用的电容电桥。两相邻的桥臂分别为纯电阻 R_2 和 R_3，另外两相邻桥臂为 C_1 和 C_4，R_1 和 R_4 可以看作电容介质损耗的等效电阻。因此电容电桥可以用于测量电容变化和损耗角。电容电桥平衡的条件为

$$\begin{cases} R_1 R_3 = R_2 R_4 \\ \dfrac{R_3}{C_1} = \dfrac{R_2}{C_4} \end{cases} \quad (3\text{-}34)$$

图 3-17 为常用的电感电桥，两相邻的桥臂分别为电阻 R_2 和 R_3 与电感 L_1 和 L_4，其电桥平衡条件为

$$\begin{cases} R_1 R_3 = R_2 R_4 \\ L_1 R_3 = L_4 R_2 \end{cases} \quad (3\text{-}35)$$

图 3-18 为常用的电阻交流电桥。这种电阻交流电桥与电阻直流电桥的不同点在于：由于激励电压是交流电源，即使各桥臂为纯电阻，导线之间将不可避免地存在分布电容，

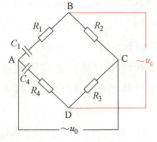
图 3-16 电容电桥

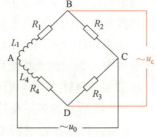
图 3-17 电感电桥

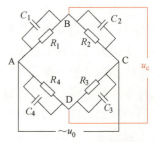
图 3-18 电阻交流电桥

这就相当于各桥臂上并联了电容,不再是纯电阻电桥。因此,除了电阻平衡外,还需要电容平衡。

对于交流电桥,其激励电源必须具有良好的电压波形与频率稳定性。如果电源电压波形包含了高次谐波,即使对于基波可以实现电桥平衡,对于高次谐波却未必平衡,交流电桥会出现具有高次谐波的电压输出。因此,一般采用音频交流电源(1~5kHz)作为交流电桥电源,这样外界工频不容易混入,而且后续交流放大电路也相对简单且没有零漂。

3. 带感应耦合臂的电桥

带感应耦合臂的电桥是将感应耦合的两个绕组作为桥臂而组成的电桥,一般有两种形式。图3-19a所示为用于电感比较仪中的电桥,感应耦合的绕组W_1、W_2与阻抗Z_3、Z_4构成电桥的四个臂。绕组W_1、W_2相当于变压器的二次绕组,这种桥路又称为变压器电桥。平衡时,指零仪P指零。另一种形式如图3-19b所示,电桥平衡时,绕组W_1、W_2的励磁效应互相抵消,铁芯中无磁通,所以指零仪P指零。以上两种电桥中的感应耦合臂可代以差动式三绕组电感传感器,通过它的敏感元件铁心,将被测位移量转换为绕组间的互感变化,再通过电桥转换为电压或电流输出。带感应耦合臂的电桥与一般电桥比较,具有较高的精度、灵敏度以及性能稳定等优点。

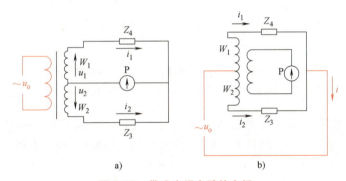

图3-19 带感应耦合臂的电桥
a)电桥1 b)电桥2

3.4.2 信号的放大与隔离

在测试系统中,传感器或测试装置的输出大部分都是较弱的模拟信号,一般都为mV级甚至μV级,不能用于直接显示、记录或A/D转换,必须用放大电路进行放大才能进行后续处理。

对测试技术中所应用的放大电路的要求:输入环节的测试信号没有干扰;放大电路的工作不受所接负载的影响;在需要的工作频带内符合不失真测试条件。在测试系统中,常采用运算放大器组成信号放大电路。

本节介绍几种常用的运算放大电路。

1. 典型运算放大器及其主要特性

运算放大器(以下简称运放)是使用最广泛的模拟电子器件,它是仪器放大器、滤波器及混合型模拟和数字式数据处理设备的基本单元。图3-20所示为运放的图形符号以及运放的电压传输特性。运放符号中的"+""-"分别表示运放的同相输入端和反相输入端,即当输入电压加在同相输入端和公共端之间时,输出电压和输入电压两者的实际方向相对于公共端而言是相同的;反之,当输入电压加在反相输入端和公共端之间时,输出电压和输入电压两者的实际方向相对于公共端而言是相反的。在运放中,通常把接地端(电位为零)作为公共端。实际上,在电路中接地端常取多条支路的汇合点,如仪器的底座、机壳等,输入电压、输出电压都以其为参考点。有时,电路中并不画出该接地端,但计算时要注意接地端始终存在。当在运放的输入端分别同时加上 u^+ 和 u^- 信号时,差动输入电压为 $u_d = u^+ - u^-$,输出电压 $u_o = A_u u_d$。由图 3-20b 运算放大器的输入-输出关系可以看出,运放的放大部分很窄,当输入电压较大时,运放的工作状态很容易进入饱和区,此时输出值保持不变。集成运算放大器可以构成具有各种特性的放大器。下面针对传感器信号的输出特点介绍几种常用的放大电路。

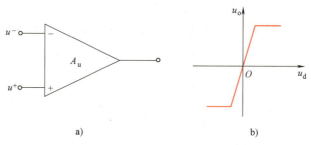

图 3-20 运算放大器及其电压传输特性

a) 运放的图形符号 b) 运放的电压传输特性

(1) 基本放大器 利用运算放大器可组成反相输入、同相输入和差分输入放大器。图 3-21 所示为反相放大器、同相放大器和差分放大器三种基本放大电路。

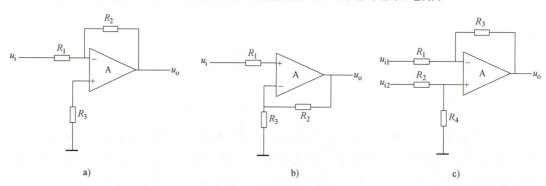

图 3-21 基本放大电路

a) 反相放大器 b) 同相放大器 c) 差分放大器

反相放大器的放大倍数 $A = -R_2/R_1$;同相放大器的放大倍数 $A = 1 + R_2/R_3$;图 3-21c 中,当 $R_1 = R_2$、$R_3 = R_4$ 时,差分放大器的放大倍数 $A = R_3/R_1$。

反相放大器的特性是输入阻抗低,容易对传感器形成负载效应;同相放大器的特性是输入阻抗高,但容易引入共模干扰;差分放大器的特性是不能提供足够的输入阻抗和共模抑制比。因此单个运算放大器构成的放大电路在传感器中很少直接采用。

（2）**仪器放大器** 对于输出阻抗大、共模电压高的输入信号，需要用到高输入阻抗和高共模抑制比的放大器。但差分放大器输入阻抗低，共模抑制比低，电阻参数对称性调整复杂，不适合作为传感器输出信号的差分放大。而仪器放大器可以对这类信号进行放大。图3-22所示为一种在小信号放大时广泛使用的仪器放大器电路，它由三个运算放大器组成。该图的右边部分，由集成放大器A_3和四个外接电阻组成典型的减法器，为了提高放大器的输入阻抗，在减法器的两个输入端分别接入两个电压跟随

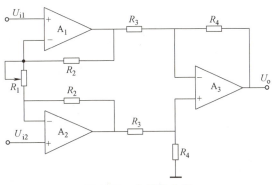

图3-22 仪器放大器

器，即图中R_1为无穷大的情况。集成运算放大器A_1、A_2接成射极跟随器的形式，形成输入阻抗极高的差分输入电路。两个射极跟随器之间的附加电阻R_1具有提高共模抑制比的作用，放大器增益由可变电阻R_1设定。

仪器放大器电路输出电压与差分输入电压之间的关系可表示为

$$U_o = \left(1 + \frac{2R_2}{R_1}\right)\frac{R_4}{R_3}(U_{i2} - U_{i1}) \qquad (3\text{-}36)$$

若选取$R_2 = R_3 = R_4 = 10\text{k}\Omega$，$R_1 = 100\Omega$，即可构成一个电路增益（$G$）为201倍的高输入阻抗、高共模抑制比的放大器。近年来，世界许多著名公司都推出了自己的集成仪器放大器，如美国Analog Devices公司（以下简称AD公司）推出的AD522、AD620等，美国Burr-Brown公司（以下简称BB公司）推出的INA114等。典型仪器放大器的共模抑制比可达130dB以上，输入阻抗可达$10^9\Omega$以上，电路增益可达1000。

（3）**可编程增益放大器** 可编程增益放大器是指放大电路的增益通过数字逻辑电路由程序来控制，简称为PGA（programmable gain amplifier）。其主要作用是在多回路或多参数检测系统中，由于各回路传感器信号的变化范围不尽相同，必须提供多种量程的放大器，才能使放大后的信号幅值变化范围一致，如果放大器的增益可以由计算机输出的数值信号控制，则可通过改变计算机程序来改变放大器的增益，使各输入通道均有最合适的放大增益，各通道或各参数的信号经放大器达到A/D转换器输入所要求的标准值，从而简化了系统的硬件设计和调试工作量。

图3-23为一种可编程增益反相放大器的基本原理示意图。$R_1 \sim R_4$组成电阻网络，$S_1 \sim S_4$为电子开关，当外加控制信号y_1、y_2、y_3、y_4为低电平时，对应的电子开关闭合，电子开关通过一个2-4译码器控制，当来自计算机I/O的x_1、x_2为00、01、10、11时，S_1、S_2、S_3、S_4分别闭合，电阻网络的R_1、R_2、R_3、R_4分别接入反相放大器的输入回路，得到四种不同的增益值。也可不用译码器，直接用计算机的I/O口控制y_1、y_2、y_3、y_4的状态，得到16个不同的增益值。

由以上分析可知，可编程增益放大器的基本思路是用一组电子开关和一个电阻网络相

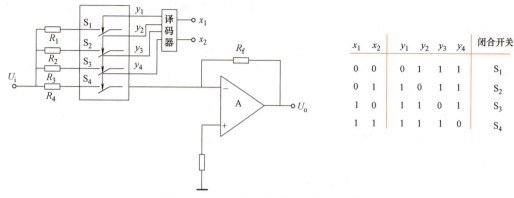

图 3-23 可编程增益反相放大器基本原理

配合来改变放大器的外接电阻值,以此调整和设置放大器的增益。用户可以根据实际应用,利用运算放大器、模拟开关、电阻网络和译码器组成形式不同、性能各异的可编程增益放大器。如果将运算放大器、电阻网络、模拟开关以及译码器等电路集成到一块芯片上,则可构成集成可编程增益放大器,如美国 AD 公司生产的 LH0084、LTC6915 等。

2. 信号的隔离

远距离信号传输常因两地信号和电源接地或者其他共同回路而引入很强的干扰,因此隔离是信号调理中很重要的环节。信号的隔离一方面切断了电路间的直接联系,另一方面又保证了信号的畅通。隔离放大器在实现输出电压和输入电压线性放大传输的同时,保证了输入信号和输出信号之间的电气隔离。

隔离放大器主要用于便携式测量仪器和某些测控系统中,它能在噪声环境下以高阻抗、高共模抑制能力传送信号。隔离放大器应用于生物医学测量中,可确保人体不受漏电流和高电压的危害;应用于工业中控制、自动化试验设备、电站等,可防止因故障而使电网电压对低压信号电路造成损坏。

通常隔离放大电路中采用的隔离方式主要有变压器耦合、电容耦合、继电器、光电耦合等。本节简要介绍变压器耦合、光电耦合隔离放大器及其放大电路。

(1) 变压器耦合隔离放大器 变压器耦合放大器是利用变压器一次侧和二次侧之间的电气隔离特性,将测量系统中接地点不同的各电路之间的电气连接隔离开来。此外,变压器还可以起到阻抗变换的作用,有利于实现噪声匹配。图 3-24 所示为变压器耦合隔离

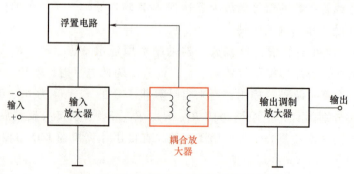

图 3-24 变压器耦合隔离放大器原理框图

放大器原理框图。图中被测信号经放大并调制成调幅波后,由变压器耦合,再经解调、滤波和放大后输出。变压器隔离具有一定的局限性。对于低频信号,要求变压器的电感要大,而这会导致变压器体积太大。而且由于变压器绕组之间的分布电容较大,所以不能对高频的地电位差噪声起到较好的隔离作用。在变压器一次和二次线圈之间装有接地的金属箔屏蔽层可以解决分布电容问题,但要注意屏蔽层必须适当接地才能有效。

采用变压器耦合的隔离放大器有美国 BB 公司的 ISO212、3656,以及美国 AD 公司的 AD202、AD204、AD210、AD215 等。

（2）光电耦合隔离放大器　光电耦合隔离放大器又称为光电耦合器,是一种将发光器件与受光器件相对设置并封装在同一外壳中的复合器件。其输入、输出之间用光进行联系,而电气完全绝缘,是一种具有独特性质和功能的固体器件。图 3-25 为光电耦合隔离放大器原理框图。它是将输入被测信号放大（也可载波调制）,并由光电耦合器中的发光二极管 VL 转换成光信号,再通过光耦合器中的光电器件（如光电二极管、光电晶体管等）转换成电压或电流信号,最后由输出放大器放大输出。

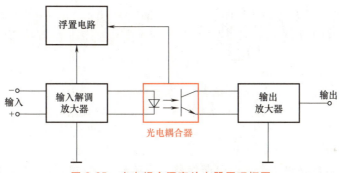

图 3-25　光电耦合隔离放大器原理框图

光电耦合器的输入阻抗很低,其值一般在 $100\sim1000\Omega$ 之间,而干扰源内阻一般很大,通常为 $10^5\sim10^6\Omega$。根据分压原理可知,这时馈送到光电耦合器输入端的噪声自然很小,即使有时干扰电压幅值较大,但因所提供的能量很小,形成的电流也很微弱。光电耦合器中的发光二极管只有通过一定强度的电流才能发光,光电晶体管也只在一定光源下才能工作,因此光电耦合器能很好地抑制干扰源。一般的光电耦合隔离器件成本很低,电路工艺设计也很方便。但是其信号传输关系是非线性的,因此只能用于数字信号。需要特别指出的是,在光电耦合器的输入部分和输出部分必须分别采用独立的电源,如果隔离的两端采用同一个电源,其隔离作用将失去意义。采用光电耦合隔离放大器有美国 BB 公司的 ISO100、ISO130、3650、3652 等。

3.4.3　信号的调制与解调

一些被测量,如力、位移等,经过传感器转换以后,常常输出的是一些缓变的电信号。从放大处理来看,这类信号除用直流放大外,目前较常用的还是先调制而后用交流放大。所谓调制就是使一个信号的某些参数在另一信号的控制下而发生变化的过程。前一信号称为载波,一般是较高频率的交变信号;后一信号（控制信号）称为调制信号。最后的输出是已调制波。已调制波一般都便于放大和传输。最终从已调制波中恢复出调制信号的过程,称为解调。实际上,许多传感器的输出就是一种已调制信号,因此调制-解调技术在测试领域中极为常用。

根据载波受调制参数的不同,调制可分为调幅(AM)、调频(FM)和调相(PM)。使载波的幅值、频率或者相位随调制信号而变化的过程分别称为调幅、调频或调相。这些被调制波相应地分别称为调幅波、调频波或调相波。图3-26所示为载波、调制信号、调幅波和调频波。

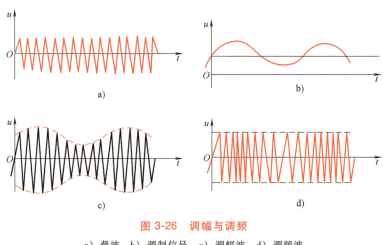

图 3-26 调幅与调频

a) 载波 b) 调制信号 c) 调幅波 d) 调频波

1. 调幅及其解调

(1) 原理 调幅是将一个高频简谐信号(载波)与测试信号(调制信号)相乘,使高频信号的幅值随测试信号的变化而变化。下面以频率为 f_0 的余弦信号作为载波进行讨论。

由傅里叶变换的性质可知,在时域中两个信号相乘,则对应在频域中这两个信号进行卷积。即

$$x(t)y(t) \rightleftharpoons X(f)*Y(f) \tag{3-37}$$

余弦函数的频域图形是一对脉冲谱线,即

$$\cos 2\pi f_0 t \rightleftharpoons \frac{1}{2}\delta(f-f_0) + \frac{1}{2}\delta(f+f_0) \tag{3-38}$$

一个函数与单位脉冲函数卷积的结果,就是将其图形由坐标原点平移至该脉冲函数处。所以,若以高频余弦信号作为载波,把信号 $x(t)$ 和载波信号 $y(t)$ 相乘,其结果就相当于把原信号的频谱图形由原点平移至载波频率 f_0 处,其幅值减半,如图3-27所示。即

$$x(t)\cos 2\pi f_0 t \rightleftharpoons \frac{1}{2}X(f)*\delta(f-f_0) + \frac{1}{2}X(f)*\delta(f+f_0) \tag{3-39}$$

所以调幅过程就相当于频谱"搬移"过程。

若把调幅波再次与原载波信号相乘,则频域图形将再一次进行"搬移",若用一个低

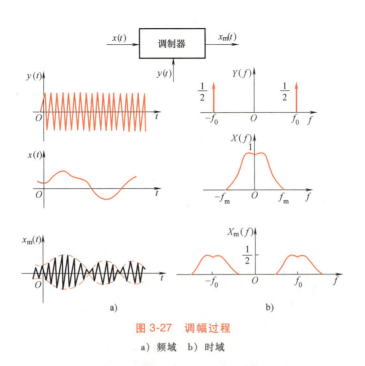

图 3-27 调幅过程
a) 频域 b) 时域

通滤波器滤去中心频率为 $2f_0$ 的高频成分,那么将可以复现原信号的频谱,这一过程称为同步解调。同步指解调时所乘的信号与调制时的载波信号具有相同的频率和相位。在时域分析中,有

$$x(t)\cos2\pi f_0 t\cos2\pi f_0 t = \frac{x(t)}{2} + \frac{1}{2}x(t)\cos4\pi f_0 t \tag{3-40}$$

低通滤波器将频率为 $2f_0$ 的高频信号滤去,可得到 $0.5x(t)$。由此可见,调幅的目的是为了使缓变信号便于放大和传输,解调的目的则是为了恢复原信号。广播电台将声音信号调制到某一频段,即便于放大和传送,也可避免各电台之间的干扰。在测试工作中,也常用调制-解调技术在一根导线中传输多路信号。由调幅原理可知,载波频率 f_0 必须高于原信号中的最高频率 f_m 才能使已调制信号仍保持原信号的频谱图形,不会重叠。为了减小放大电路可能引起的失真,信号的频宽 $2f_m$ 相对中心频率(载波频率 f_0)应越小越好。实际载波频率常至少数倍甚至数十倍于调制信号。

(2) **整流检波和相敏检波** 上面已经提及,为了解调可以使调幅波和原载波信号相乘,相乘后通过低通滤波,但相乘操作需要性能良好的线性乘法器。

若把调制信号进行偏置,叠加一个直流分量 A,使偏置后的信号都具有正电压,那么调幅波的包络线将具有原调制信号的形状,如图 3-28a 所示。将该调幅波 $x_m(t)$ 进行简单地整流、滤波就可以恢复原调制信号。如果原调制信号中有直流分量,则在整流以后应准确地减去所加的偏置电压。

若所加的偏置电压未能使信号电压都在零线的一侧,则仅对调幅波进行简单地整流并不能恢复原调制信号,如图 3-28b 所示。相敏检波技术的出现就是为了解决这一问题。

2. 调频及其解调

调频是利用信号电压的幅值控制一个振荡器,使振荡器输出的是等幅波,但其振荡频

率偏移量和信号电压成正比。当信号电压为零时，调频波的频率就等于中心频率；信号电压为正值时频率提高，为负值时则降低。所以调频波是随信号而变化的疏密不等的等幅波，如图 3-29 所示。

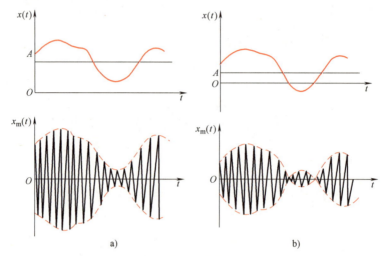

图 3-28 调制信号加偏置电压的调幅波

a）偏置电压足够大 b）偏置电压不够大

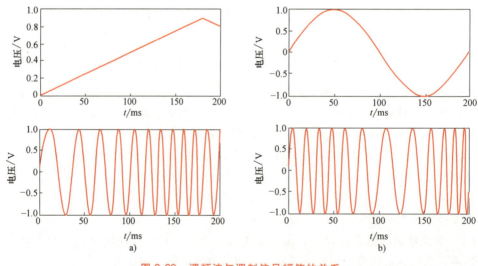

图 3-29 调频波与调制信号幅值的关系

a）锯齿波调频 b）正弦波调频

（1）**直接调频测量电路**　在被测电路小范围变化时，电容（或电感）的变化也有与之对应的、接近线性的变化。若将该电容（或电感）作为自激振荡器的谐振回路中的一个调谐参数，则电路的谐振频率为

$$f=\frac{1}{2\pi\sqrt{LC}} \tag{3-41}$$

如在电容式传感器中以电容作为调谐参数，对式（3-41）进行微分，可得

$$\frac{\partial f}{\partial C} = -\frac{f}{2C} \tag{3-42}$$

在 f_0 附近有 $C = C_0$，故

$$\Delta f = -\frac{f_0 \Delta C}{2C_0} \tag{3-43}$$

$$f = f_0 + \Delta f = f_0\left(1 - \frac{\Delta C}{2C_0}\right) \tag{3-44}$$

因此，回路的振荡频率将和调谐参数的变化呈线性关系，也就是说，在小范围内，振荡频率和被测量的变化呈线性关系。这种把被测量的变化直接转换为振荡频率的变化的电路称为直接调频式测量电路，其输出也是等幅波。

(2) **压控振荡器**　利用压控振荡器是一种常用的调频方法。压控振荡器的输出瞬时频率与输入的控制电压值呈线性关系。图 3-30 为采用乘法器的压控振荡器原理电路。A_1 为一个正反馈放大器，其输出电压受稳压管 u_w 钳制，M 为乘法器，A_2 为积分器，u_x 是正电压。假设开始时 A_1 输出为 $+u_w$，乘法器输出 u_z 为正电压，A_2 的输出端电压将线性下降。当降到比 $-u_w$ 更低时，A_1 翻转，输出将为 $-u_w$。同时乘法器的输出，也即 A_2 的输入也随之变为负电压，其结果是 A_2 的输出将线性上升。当 A_2 的输出到达 $+u_w$ 时，A_1 又将翻转，输出 $+u_w$。所以在常值正电压 u_x 下，压控振荡器的 A_2 输出频率一定的三角波，A_1 则输出同一频率的方波 u_y。乘法器 M 的一个输入端 u_y 幅值为定值，改变另一个输入值 u_x 就可以线性地改变其输出 u_z。因此，积分器 A_2 的输入电压也随之改变。这将导致积分器由 $-u_w$ 充电至 $+u_w$ 所需时间的变化。所以压控振荡器的振荡频率将和电压 u_x 成正比，改变 u_x 值就可达到线性控制振荡频率的目的。

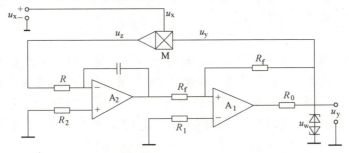

图 3-30　采用乘法器的压控振荡器原理电路

(3) **变压器耦合的谐振回路鉴频法**　调频波的解调又称为鉴频，是将频率变化恢复成调制信号电压幅值变化的过程。实现鉴频过程的方法很多，图 3-31 为采用变压器耦合的谐振回路鉴频方法，也是测试仪器常用的鉴频方法。

图 3-31a 中，L_1、L_2 为变压器耦合的一、二次线圈，它们和 C_1、C_2 组成并联谐振回路。输入等幅调频波 u_f，当其频率在回路的谐振频率 f_n 处时，线圈 L_1、L_2 中的耦合电流最大，二次输出电压 u_a 也最大。u_a 的频率与 u_f 保持一致，即调频波的频率，但 u_a 的幅值却不保持常值，其频率—电压特性曲线如图 3-31b 所示。通常利用特性曲线的亚谐振区近似直线的一段实现频率—电压变换。被测量（如位移）为零值时，调频回路的振荡频率 f_0 对应特性曲线上升部分近似直线段的中点。

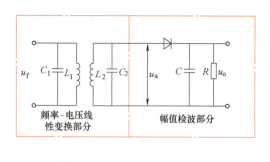 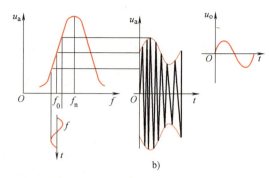

图 3-31 采用变压器耦合的谐振回路鉴频方法
a）鉴频器 b）频率—电压特性曲线

随着测量参量的变化，幅值随调频波频率近似线性变化，调频波 u_f 的频率则与测量参量保持近似线性的关系。因此，将 u_a 进行幅值检波就能获得测量参量变化的信息，且保持近似线性的关系。

调幅、调频技术不仅在一般检测仪表中广泛应用，而且是工程遥测技术的重要内容。工程遥测是对被测量的远距离测量，以现代通信方式实现信号的发送和接收。

3.4.4 滤波器

由传感器直接转换输出的信号不可避免地会存在不需要的干扰信号或者噪声信号，这些无用信号的存在会影响测试系统的精度。因此，将传感器的输出信号用于生产控制过程或科学研究等领域之前，需要滤除被测输出信号中的无用信号或噪声信号，也就是需要对测量信号进行滤波处理。

1. 滤波器概述

（1）滤波的定义　通常情况下，测量信号有多个频率分量，滤波是让被测信号中的有效信号通过而其他不需要的信号成分被抑制或衰减的过程。该过程通常由滤波器实现。

（2）滤波器的分类　滤波器按其所处理的信号性质可以分为：①模拟滤波器，即对连续的模拟信号进行运算处理的滤波器；②数字滤波器，即对离散的数字信号进行运算处理的滤波器。

无论是模拟滤波器还是数字滤波器，按其选频方式的不同都可以分为四类：①低通滤波器，即允许截止频率以下的频率成分通过而高于此截止频率的频率成分被衰减的滤波器；②高通滤波器，即只允许截止频率之上的频率成分通过的滤波器；③带通滤波器，即只允许某一频段范围内的频率分量通过的滤波器；④带阻滤波器，即选定频段内的频率被衰减或抑制的滤波器。以模拟滤波器为例，按选频方式不同划分的四类理想滤波器的幅频特性如图 3-32 所示。

2. 滤波器的作用

滤波是现代测试系统中的一个重要环节，滤波器的选频特性在测试过程中、信号的传输和分析中有着重要的作用。

滤波器可以将有用的信号与大量的干扰噪声分离开来，可以提高信号传输过程中的抗

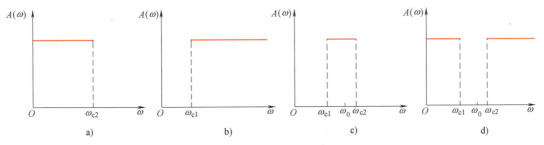

图 3-32 四类理想滤波器的幅频特性

a) 低通　b) 高通　c) 带通　d) 带阻

干扰性,提高信噪比。由于在测试过程中干扰信号总是与被测信号并存,因此信号检测与处理过程中一个重要的内容是解决滤波问题。滤波器还可以用来滤掉被测信号中不感兴趣的频率成分。如用低通滤波器滤掉调制波中的高频成分,从而得到低频的调制信号;在数字信号分析系统中,输入的模拟信号要进行抗混频滤波处理,将不感兴趣的高频成分滤掉,一方面可以提高分析精度,另一方面可以降低对分析仪器的性能要求。滤波器的另一个重要用途是对动态信号进行频谱分析,即通过分辨力高的窄带滤波器,从具有复杂频率成分的信号中分离出单一的频率分量,进行幅值和相位分析。

3. 滤波器的综合应用

工程中为得到特殊的滤波效果,通常将不同的滤波器进行串联或并联使用。

(1) 滤波器的串联　为加强滤波效果,在实际应用中,常将两个具有相同中心频率的(带通)滤波器串联,其合成系统总的幅频特性将是两滤波器幅频特性的乘积,从而使通带外的频率成分将大大衰减,改善了过渡带的性能。高阶滤波器便是由低阶滤波器串联而成。但系统的相频特性是串联的各滤波器相频特性之和,因此将增加相位的变化,也带来了明显的负载效应。为避免这些问题,最常用的方法就是采用有源滤波器,即将滤波网络与运算放大器结合是构造有源滤波器电路的方法。若需做进一步了解,请参考相关文献。

(2) 滤波器的并联　滤波器的并联常用于信号的频谱分析和信号中特定频率成分的提取。使用时常将被分析信号输入一组中心频率不同但增益相同的滤波器,各个滤波器的输出反映了信号中所含的各个频率成分。实现这样一组带通滤波器组可以有两种不同的方式。一种是采用中心频率可调的带通滤波器,通过改变滤波器的 RC 参数来改变其中心频率,使之追随所分析的信号频率范围。由于在调节中心频率的过程中,总希望不改变或不影响到如滤波器的增益、品质因数 Q 等参数,所以这种滤波器中心频率的调节范围是有限的,这就限制了其使用性能。其二是采用一组由多个各自中心频率确定的、其频率范围遵循一定规律相互连接的滤波器。为使各带通滤波器的带宽覆盖整个分析频带,它们的中心频率应能使相邻滤波器的带宽恰好相互衔接,如图 3-33 所示。通常的做法是使前一个滤波器的-3dB 上截止频率等于后一个滤波器的-3dB 下截止频率。另外,滤波器组还应该具有相同的放大倍数。

这里,带通滤波器的中心频率 f_0 可以根据滤波器的性质分别定义为上、下截止频率 f_{c1} 和 f_{c2} 的算术平均值或几何平均值。对于等带宽带通滤波器,其中心频率采用算术平均

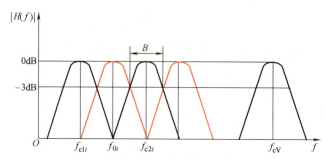

图 3-33 信号分析频带上带通滤波器的带宽分布

值的定义方法,即

$$f_0 = \frac{1}{2}(f_{c2}+f_{c1}) \tag{3-45}$$

对等比带宽带通滤波器,则采取几何平均值的定义方法,即

$$f_0 = \sqrt{f_{c2} f_{c1}} \tag{3-46}$$

带通滤波器的带宽 B 为上、下截止频率之差,即

$$B = f_{c2} - f_{c1} \tag{3-47}$$

带宽 B 与中心频率 f_0 的比值称为相对带宽或百分比带宽,即

$$b = \frac{B}{f_0} \times 100\% \tag{3-48}$$

品质因数 Q 与带宽 B 的乘积为谐振频率 f_0,即相对带宽 b 与品质因数 Q 成反比,品质因数越大,则相对带宽越小,滤波器的选择性就越好。

3.4.5 信号的显示与记录

显示和记录装置是测试系统的重要环节。人们总是通过显示器提供的示值和记录的数据来了解、分析和研究测量结果。在某些场合下,将被测信号记录存储起来,事后随时重放,供人或仪器做进一步处理和分析是测试工作的重要组成部分。现将最常用的显示和记录装置大致介绍如下。

1. 动圈式磁电指示机构

在许多指示和记录装置中,常采用图 3-34 所示的动圈式磁电指示机构。可转动线圈处于很强的均匀磁场中,信号电流 i 通过线圈所引起的电磁转矩将使线圈转动,直到电磁转矩与弹簧的弹性转矩平衡为止。此时转角 θ 与电流 i 成正比。动圈式磁电指示机构实质上是一个扭转型的二阶系统,完全可以采用二阶系统的有关理论进行分析。

动圈式磁电指示机构本质上是电流敏感装置,当用它来测量电压时,必须保持电路中电阻值的恒定。同时应注意,温度升高时,线圈电阻将增大、磁场强度和弹簧刚度将减小,前两者导致转角减小而后者却使转角增大。通常在电路中串接一个由锰铜合金制成的温度补偿电阻 R。温度变化时,温度补偿电阻 R 产生的影响正好抵消线圈电阻、磁场强度和弹簧刚度三方面所产生的综合影响。动圈式磁电指示机构也称为达松瓦尔机构,经过改进,可成为笔式记录仪和光线示波器的核心部分。当达松瓦尔机构的指针变成记录笔并加上一套走纸机构,就成为笔式记录仪。作为二阶系统而言,由于笔式记录仪"质量"(转动部件)较大,弹性刚度(游丝刚度)较小,因此其固有频率较低。目前常用的笔式记录仪,在笔尖幅值 10mm 范围内,最高工作频率可达 125Hz。

2. 光线示波器

在光线示波器中,达松瓦尔机构的转动部件变成振子,如图 3-35 所示。其中以张丝的弹性扭转变形代替原转轴和游丝的作用,用固定在张丝上并随之转动的反射镜的反射光线来代替指针。反射光线聚焦在匀速移动的感光纸上,实现信号的记录。线圈转角 θ 与记录纸上的记录高度 y 的关系为

$$y_\theta = y - y_0 = L[\tan(\alpha + 2\theta) - \tan\alpha] \tag{3-49}$$

式中,L 为反射镜与记录纸之间的距离;α 为线圈无转角时的反射角。

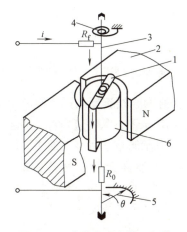

图 3-34 动圈式磁电指示机构

1—线圈 2—永久磁铁 3—转轴和支承
4—弹簧 5—指针 6—铁心

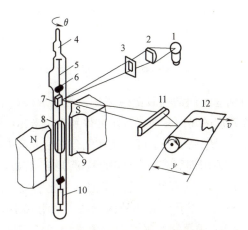

图 3-35 光线示波器工作原理

1—光源 2—圆柱透镜 3—光栅 4—振子 5—张丝
6—支承 7—反射镜 8—线圈 9—磁极 10—弹簧
11—圆柱透镜 12—感光纸及走纸机构

式(3-49)表明,y 和 θ 的关系是非线性的。但在 $\theta < 10°$ 时,可以近似表示为

$$y_\theta = 2L\theta / \sin^2\alpha \tag{3-50}$$

与达松瓦尔机构的原型相比,光线示波器的振子质量变小了,弹簧刚度相对变大,因而具有较高的固有频率,其工作频率可达到 4000Hz。

3. 伺服式记录仪

伺服式记录仪工作原理如图 3-36 所示。当待记录的直流信号电压与电位器的比较电压 u_b 不等时,则有 Δu 输出。该电压经调制、放大、解调后驱动伺服电动机,并通过传送带等传动机构带动记录笔进行直线运动,实现信号的记录;同时又使电位器滑动触头随之移动,改变 u_b 的大小。待 $u_b = u_r$ 时,Δu 为零,伺服电动机停止转动。随着信号电压 u_r 不断变化,记录笔也随之运动。如果电位器的比较电压 u_b 与其触头位移呈线性关系,则记录笔的移动幅值与 u_r 的幅值成正比。当记录纸在走纸机构的驱动下匀速移动时,将形成时间坐标,实现 u_r-t 曲线的记录。

根据伺服式记录仪的原理,也可实现两变量 x、y 之间关系曲线的记录。当记录仪备

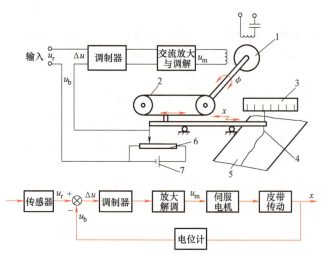

图 3-36 伺服式记录仪原理

1—伺服电动机　2—传送带　3—刻度板　4—记录笔　5—记录纸　6—电位器　7—标准电池

有两套相同的伺服记录系统,使记录仪产生两个互相垂直的直线运动或一个旋转运动、一个对应的径向移动,从而可得到直角坐标记录图或极坐标记录图,从构造来看,两运动均可由记录笔完成,也可由笔和纸分别完成其中的一种运动,从而形成多种型式的 X-Y 记录仪。

采用伺服式记录仪的优点是记录幅值准确度高,一般误差小于全范围的 0.2% ~ 0.5%。其主要缺点是只能记录变化缓慢的信号,一般都在 10Hz 以下。工业上大量的工况监测记录以及计算机外围设备中的笔式绘图仪也都采用伺服式记录仪。

4. 采用阴极射线管的信号显示和记录装置

目前以阴极射线管(CRT)为核心器件发展出了许多种信号显示和记录系统。阴极射线管是一种真空电子器件,由电子枪、偏转板和荧光屏等三大部分组成。电子枪发出的聚焦过的电子束,通过水平和垂直偏转板后撞击荧光屏。屏上的荧光材料受电子束撞击处将发出可见光线,呈现可见光点。在偏转板的作用下,电子束在屏上的撞击点将产生变动。尽管电子束迅速改变了撞击点,但荧光的余晖效应可以使光点保留一段时间,形成相对稳定的图形。总之,阴极射线管是利用电子束撞击荧光屏,使之呈现光点;通过控制电子束的强度和方向来改变光点的亮度和位置,令其按预定规律变化,而在荧光屏上显示预定的图像。

示波器是这类信号显示和记录系统中最常用的一种。它的最常见工作方式是显示输入信号的时间历程,即显示 $x(t)$ 曲线。在此工作方式下,水平偏转板由示波器内装的扫描信号发生器发出的斜坡电压来驱动,控制光点以恒速由左向右扫描,以显示时间的变化。垂直偏转板则与输入信号连接。

如果断开水平偏转板和扫描信号发生器的连接,而将水平偏转板和垂直偏转板分别和一个输入信号相连,便可实现两输入信号关系曲线的显示,也就是 X-Y 工作方式。此时所绘出的图形称为李沙育图。

示波器具有频带宽、动态响应好等优点,适于显示瞬态、高频和低频的各种信号。示波器可有多种功能的扩展,能实现多种灵活的应用,如多线迹、字符、图形等各种显示。

普通示波器可以通过专用照相机对显示的图形拍照,这样能充分发挥示波器的优点

（频带宽、动态响应好、功能多），并构成一种信号显示和记录方式。然而，相机快门和信号同步比较困难，也不易捕捉到感兴趣的信号，故需要有熟练的操作技能才能实现。

特殊的存储式 CRT 可长时间存留光屏上的示迹，直到得到抹迹的指令为止。存留持续时间可在几秒至几小时范围内调整。这种显示方式能让观察者从容观察、分析显示图形，选择感兴趣的图形并进行拍照。尽管各种 CRT 系统在信号显示领域中占据着统治地位，但已受到诸如液晶等扁平面板显示技术的严重挑战。

5. 数字式波形存储记录仪

图 3-37 所示为数字式波形存储系统原理框图。待记录的模拟信号经抗混叠滤波器后，经 A/D 转换器转换成数字信号并存储起来，需记录、显示时再将存储信号取出，经 D/A 转换器、波形重构滤波器滤波后恢复成原模拟信号。由于并非实时重放，因而可以适当改变重放速度（即改变时间比例尺）和信号幅值比例尺，从而可以充分展宽和放大波形，更能充分展示瞬态过程。

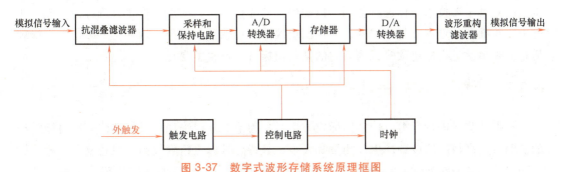

图 3-37 数字式波形存储系统原理框图

波形存储系统可作为一个单独仪器和记录仪联用，也可作为记录仪的一个部件。由这种技术构成的示波器可以用 *X-Y* 和 *X-T* 两种方式显示，既可以用快速读出显示在 CRT 上，也可以用慢速读出送往外接绘图仪绘图。数字式波形存储记录仪可以读出幅值和时间的数值，其精度远高于普通模拟 CRT 示波器的精度。

数字式波形存储记录仪的频率范围受 A/D 转换中采样频率的限制，其存储数据量受存储器大小的限制。目前能记录的最高频率已超过 100MHz。在 PC 上插入 A/D 卡，并配以相应软件，既可用于存储、显示波形，并可通过接口输出至打印、绘图设备。

3.5 传感器的标定与校准

任何一种传感器在装配完后都必须按设计指标进行全面严格的性能检定。使用一段时间以后（我国计量法规定一般为一年）或经过修理，也必须对主要技术指标进行校准，以便确保传感器的各项性能达到使用要求。传感器的标定，就是利用精度高一级的标准器具对传感器进行定度的过程，从而确定其输出量和输入量之间的对应关系以及不同使用条件的误差关系。在有些场合做测量时，必须把基本输入量的已知值送至传感器，并观察系统的性能。为了保证各种被测量量值的一致性和准确性，许多国家都建立了一系列对计量器具检定的组织、规程和管理办法。在我国，这些规程和管理办法由国家计量局、中国计量科学研究院和部、省、市计量部门以及一些大企业的计量站进行制定和实施。国家计量局制定和发布了力、长度、压力、温度等一系列计量器具规程，并于1985年9月公布了《中华人民共和国计量法》，其中规定：计量检定必须按照国家计量检定系统表进行。该计量检定系统表是建立计量标准、制定检定规程、开展检定工作、组织量值传递的重要依据。工程测试中传感器的标定，应在与其使用条件相似的环境下进行。为获得较高的标定精度，应将传感器（尤其是电容式、压电式传感器等）及其配用的电缆、放大测量电路等测试系统一起标定。根据系统的用途，输入量可以是静态的也可以是动态的，因此传感器的标定有静态标定和动态标定两种。但应注意，由于一个已知的动态源不能独立存在，因此，动态标定通常建立在静态标定的基础上。传感器标定是设计、制造和使用传感器的一个重要环节。任何传感器在制造、装配完毕后都必须对设计指标进行标定试验，以保证量值的准确传递。对新研制的传感器，必须进行标定试验，才能用标定数据进行量值传递，而标定数据又可作为改进传感器设计的重要依据。传感器在使用、存储一段时间后，也需要对其主要技术指标进行复测，以确保其性能指标达到要求，这个过程称为校准。实际上，校准和标定本质是一样的，对于出现故障的传感器，若经修理还可继续使用，修理后也必须再次进行标定试验，因为它的某些指标可能发生了变化。

3.5.1 传感器标定的分类

根据被测量进行分类，传感器标定方法可分为绝对标定法和相对标定法。绝对标定法的被测量由高精度的设备产生并测量其大小。其特点是标定精度较高，但较复杂。相对标定法（又称比较标定法）的被测量是用根据绝对标定法标定好的标准传感器来测量其大小。其特点是简单易行，但标定精度较低。

根据标定的内容，传感器标定可分为静态标定和动态标定。静态标定是确定传感器的静态指标，主要有线性度、灵敏度、迟滞和重复性等。动态标定是确定传感器的动态指标，主要有时间常数、自然振荡频率和阻尼比等。

3.5.2 标定与校准的方法

利用标准仪器对新研制或生产的传感器进行全面的技术检定和标度，称为标定。对传感器在使用中或存储后进行的性能复测，称为校准。标定和校准是对传感器系统性能包括灵敏度、线性度、重复性、频率动态响应等的综合评价。一般来说，对传感器进行标定时，必须以国家和地方计量部门的有关检定规程为依据，选择正确的标定条件和适当的仪器设备，按照一定的程序进行。标定和校准的基本方法如下：将已知的被测量作为待标定传感器的输入，同时用输出量测量环节将待标定传感器的输出信号进行测量并显示，对于待标定传感器本身包括后续测量电路和显示部分时，标定系统的输出量测量环节可以省略，对所获得的传感器输入量和输出量数值进行处理和比较，从而绘出一系列表征两者对应关系的标定曲线，进而得到传感器性能指标的实测结果。

1. 静态标定

静态标定是指在输入信号不随时间变化的静态标准条件下，对传感器的静态特性如灵敏度、线性度、迟滞、重复性等指标的检定。静态标定主要用于检验、测试传感器的静态特性指标。根据传感器的功能，静态标定首先需要建立静态标定系统，其次要选择与被标定传感器的精度相适应的一定等级的标定用仪器设备。

传感器的静态标定系统一般由被测物理量标准发生器、被测物理量标准测试系统、被标定传感器所配接的信号调节器和显示记录器等部分组成。

2. 动态标定

传感器输入标准的激励信号后，测出数据并绘出输出值与时间的关系曲线，将输出曲线与输入标准激励信号比较就可以标定传感器的动态响应、幅频特性、相频特性等。需要说明的是，一些传感器除了需要其静态性能指标满足要求以外，其动态特性也常常需要满足使用要求。因此，在进行静态校准和标定后还需要进行动态标定，确定它们的动态灵敏度和固有频率。动态标定常用的方法有绝对标定法和比较标定法，二者相比，绝对标定法具有精度高、可靠等优点，但要求设备精度高，标定时间长，而比较标定法的原理简单、操作方便，对设备的精度要求较低，所以应用广泛。

思考题与习题

1. 求正弦信号 $x(t) = x_0 \sin\omega t$ 的绝对均值 $|\mu_x|$ 和方均根值 $x_{\max}$。
2. 已知 $f(t) = \cos\left(4t + \dfrac{\pi}{3}\right)$，试求其频谱 $F(\omega)$。
3. 用电阻应变片接成全桥电路，测量某一构件的应变，已知其变化规律为 $\varepsilon(t) = A\cos 10t + R\cos 100t$，如果电桥激励电压 $u_0 = E\sin 10000t$，试求此电桥的输出信号频谱。
4. 调幅波是否可以看成是载波与调制信号的叠加？为什么？
5. 什么是滤波器的分辨力？它与哪些因素有关？

第4章

汽车动力控制系统传感器

4.1 概述

汽车动力传动系统主要包括发动机、离合器、变速器、传动轴、主减速器、差速器、半轴、车轮等零部件系统。图 4-1 所示为前置后驱汽车动力传动系统示意图。发动机输出的动力,先经过离合器,由变速器变矩和变速后,再经传动轴把动力传递到主减速器上,最后通过差速器和半轴把动力传递到驱动轮上。对于电动汽车,其电驱动系统由电动机驱动系统、能源系统和辅助子系统组成,如图 4-2 所示,电驱动系统是电动汽车的核心,其工作状况对电动汽车的性能及相关参数有着重要的影响,且其稳定运行也是电动汽车能够正常工作的前提条件。电动汽车的电机驱动系统由电动机、控制器和驱动器等构成,控制器通过控制加速踏板幅度、制动踏板幅度、车速等方式来进行电动机电压的输出控制,然后通过采集电动机的电压和电流以及电动机和 IGBT 模块的温度等反馈信号进行系统的过电流、过电压以及过热保护。

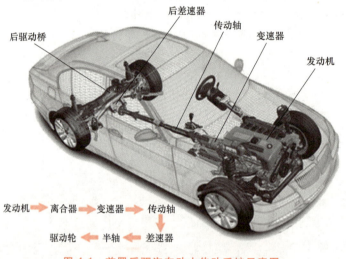

图 4-1 前置后驱汽车动力传动系统示意图

随着车载电控系统的增加,整个汽车电子控制系统正朝着一体化方向发展。通过发动机和自动变速器联合控制传动系统的功率流,来提高动力传动系统的控制精度,已经得到日益广泛的应用。汽车动力传动系统一体化控制原理如图 4-3 所示,驾驶人对车辆操作的信号和车辆其他电控系统对驱动功率的需求,通过动力传动系统控制单元(powertrain control unit,PCU)解析为对车辆系统的功率需求,根据优先级别通过对发动机输出转矩和变速器档位的控制实现传动系统输出功率的精确控制。

第4章 汽车动力控制系统传感器

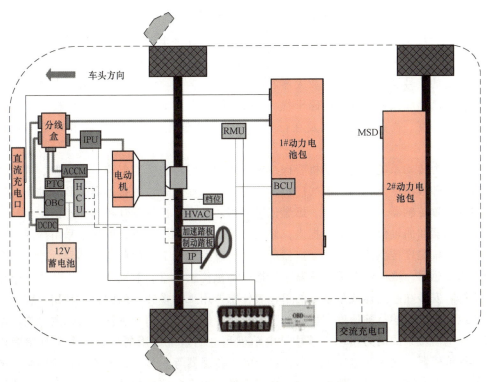

图 4-2　电动汽车电驱动系统原理示意图

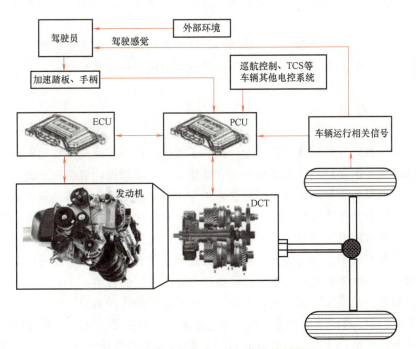

图 4-3　汽车动力传动系统一体化控制原理

汽车动力传动系统传感器是汽车电子控制系统的信息输入装置，它把汽车运行过程中的各种工况信息转换成电信号输入给电子控制单元。新汽车技术的出现和车辆的持续向电气化发展正在影响动力传动系统传感器及其配套电子产品的发展，使得动力传动系统传感器有可能成为汽车电气化领域的最大技术突破之一。在纯电动汽车中，对于电流和位置传感器的设计要求极为严格。为使动力传动系统传感器能够在恶劣的行车环境中可靠地运行，高精度的信号调节器和运算放大器的使用显得尤为重要。传感器信号调节器能够应对的挑战包括高温和振动条件、电磁干扰（EMI）保护等。动力传动系统传感器通常应具备低功耗、高精度、高灵敏度，以及在行车环境下的稳健性、抗电磁干扰和电磁兼容性等特性。

汽车动力传动系统中的发动机管理系统所用的传感器包括空气流量传感器、进气温度传感器、冷却液温度传感器、节气门位置传感器、加速踏板位置传感器、凸轮轴位置传感器、曲轴位置传感器、氧传感器、爆燃传感器等。其中，控制发动机喷油量的主信号由空气流量传感器和曲轴位置传感器提供；修正信号由氧传感器提供；附加信号由冷却液温度传感器和进气温度传感器提供。变速器所用的传感器包括节气门位置传感器、输入轴和输出轴转速传感器、液压油温度传感器、换档电动机传感器（位移传感器），以及空档位置传感器等。安装在差速器或半轴上的里程表传感器用来测量转动的圈数，利用里程表记数可有效地分析汽车的行驶速度和里程。车轮所用传感器为轮速传感器，用来测量汽车车轮转速。在电动汽车的动力传动系统中，电动机和电池系统所用的传感器主要有速度传感器、位置传感器、电流和电压传感器，以及温度传感器等。其中，位置传感器安装在电动机内部，起着测定转子磁极位置、为逆变器提供正确换向信息的重要作用；温度传感器主要包括检测电池温度的传感器、检测电动机温度的传感器，以及用于检测电池冷却系统温度的传感器等。

本章主要针对温度传感器、压力传感器、位置和转速传感器、流量传感器、气体传感器、爆燃传感器、电流和电压传感器的工作原理及应用进行详细介绍。

4.2 温度传感器

温度是表征物体冷热程度的物理量，反映了物体内部分子运动平均动能的大小。温度高时分子动能大，运动剧烈；温度低时分子动能小，运动缓慢。温度概念的建立是以热平衡为基础的。如果两个冷热程度不同的物体相互接触，必然会发生热交换现象，热量将由热程度高的物体向热程度低的物体传递，直至两个物体的冷热程度达到一致，处于热平衡状态，即两个物体的温度相等。可见，温度是一个内涵量，不是外延量。两个温度不能相加，只能进行相等或不相等的描述。温度的测量通常是利用一些材料或元件的性能随温度而变化的特性，通过测量该性能参数，从而达到检测温度的目的。

按照测温方法的不同，温度测量分为接触式和非接触式两大类。

1）接触式测温的特点是测温元件直接与被测对象相接触，两者之间进行充分的热交换，最后达到热平衡。这时，感温元件的某一物理参数的量值就代表了被测对象的温度值。接触测温的主要优点是直观可靠，缺点是被测温度场的分布易受感温元件的影响，接触不良时会带来测量误差；此外，温度太高和腐蚀性介质的存在，对感温元件的性能和寿命也会产生不利影响。

2）非接触测温的特点是感温元件不与被测对象相接触，而是通过辐射进行热交换，因此避免了接触测温的缺点，具有较高的测温上限。非接触测温热惯性小，可达1ms，因此可用于测量运动物体的温度和快速变化的温度。

汽车动力传动系统设有多个温度传感器，如进气温度传感器、冷却液温度传感器、燃油温度传感器、机油温度传感器和电池温度传感器等。

1）进气温度传感器安装在进气管上或空气流量计内。

2）冷却液温度传感器安装在发动机缸体水套或冷却液管路中，与冷却液接触，用来检测发动机的冷却液温度。

3）燃油温度传感器安装在燃油泵和燃油冷却器之间的回油管中，发动机电控单元利用燃油温度信号计算喷油始点和喷油量，该信号也用于控制燃油冷却泵开关。

4）自动变速器中的油温传感器安装在控制阀上。当变速器油温高于一定温度时，变矩器立即进入锁止工况，起到保护变速器的作用。

5）机油温度传感器用来检测发动机的机油温度，以保证发动机正常运转。

6）电池温度传感器为计算电池组剩余电量（SOC）、充放电比功率等提供实时的电池温度，检测和保护电池安全运行。

常用的温度传感器有热电偶式温度传感器、热电阻式温度传感器。

4.2.1 热电偶式温度传感器

热电偶式温度传感器利用导体或半导体材料的热电效应将温度的变化转换为电动势变化，是一种发电型的温敏元件，也是一种能量转换型温度传感器。因其具有结构简单、性能稳定、测温范围宽、测量准确度高、动态特性好，以及输出信号便于远距离传输、集中检测和自动记录等优点，被广泛应用于汽车温度测量。在高温环境的温度测量中，热电偶式温度传感器占有相当重要的地位。它可以用来检测-200~1600℃的温度，在特殊情况下，可检测2800℃高温或4K（-269.15℃）低温，是目前工业生产中应用最为广泛的接触式测温元件。

1. 热电偶式温度传感器的结构

热电偶都有两个热电极，贵金属热电偶电极直径大多为0.13~0.65mm，普通金属热电偶电极直径为0.5~3.2mm，其长度根据具体情况而定。热电偶的一个端点将两种或两种以上的热电偶材料用多种方法可靠地连接在一起，通常可以用铰接、焊接、镀层等方法实现。热电偶的结构主要是针对检测对象和应用场合的特征而设计，常见的结构形式有普通型热电偶、铠装热电偶和薄膜热电偶（片状、针状）等，如图4-4所示。

根据热电偶的工作原理，只要是两种不同的金属材料，都可以形成热电偶，但实际并非如此，因为许多导体不能满足工业在线测量的要求。为了保证热电偶使用的可靠性及足够的测量精度，一般热电偶材料应满足如下条件：在同样的温差下产生的热电动势大，且其热电动势与温度之间呈线性或近似线性的单值函数关系；耐高温、抗辐射性好，在较宽的温度范围内其物理、化学性能稳定，从而确保测量准确；电导率高、电阻温度系数和比热容小；热电特性稳定、复现性好、价格低廉。因此实际的热电偶材料并不多，但随着材料技术的发展会有一定的变化。

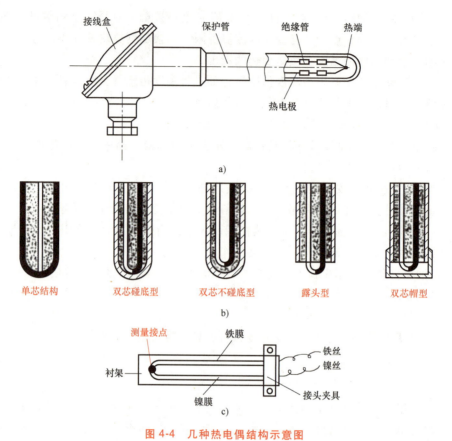

图 4-4 几种热电偶结构示意图
a）普通型热电偶 b）铠装热电偶工作端结构 c）铁-镍薄膜热电偶

2. 热电偶式温度传感器的工作原理

热电偶式温度传感器的工作原理是基于第 2 章介绍的热电效应原理，即受热时物体中的电子会随温度梯度从高温区向低温区移动，进而产生电流或电荷堆积。两种不同的导体或半导体分别为 A 和 B，组成一个闭合回路，如图 4-5a 所示。当 A 与 B 相接的两个接点温度 t 和 t_0 不同时，就会在回路中产生一个电动势 E_{AB}，此闭合回路就是热电偶。热电偶的两个连接点中，其中一点置于温度场中用来测量温度，此为热端，另一端为参考端，称为冷端，冷端与测量仪表相连。如果热端和冷端存在温差，测量仪表就可以测量出热端被测介质的温度。热电动势的大小是随着温度的变化而变化的，其变化关系为

$$E_{AB}(t,t_0) = E_{AB}(t,0) - E_{AB}(t_0,0)$$

式中，$E_{AB}(t,t_0)$ 是热电动势；$E_{AB}(t,0)$ 是温度为 t 时的接触电动势；$E_{AB}(t_0,0)$ 是温度为 t_0 时的接触电动势。

当构成热电偶的材料均匀时，热电动势的大小仅和材料的成分以及冷端热端的温差有关，与热电偶电极的几何尺寸无关。测量中通常要求冷端温度恒定，此时热电动势是被测温度 t 的单值函数。

热电偶的测量温度与线径有关，线径越粗，可以测量的温度越高，其在高温环境中的耐久性也越强。因此，在高温且较长时间进行温度测量时，应选用线径尽量粗的热电偶，

但随着线径变粗其响应时间会变慢。

(1) 测温方式 在使用热电偶进行实际测温时，根据不同的测量任务主要有以下几种测温电路。

1）测量单点的温度。图4-5为一个热电偶直接和显示仪表配用的测量单点温度的测量电路，A、B组成热电偶。热电偶在测温时，也可以与温度补偿器连接，转换成标准电流信号输出。

2）测量两点间温度差（反极性串联）。图4-6为测量两点间温度差（t_1-t_2）的一种方法。将两个同型号的热电偶配用相同的补偿导线，其接线应使两热电偶反向串联（A接A′，B接B′），从而使两热电动势方向相反，故输入显示仪表的是其热电动势差值，这一差值反映了两热电偶端的温度差。设回路总电动势为E_T，根据热电偶的工作原理，可得

$$E_T = E_{AB}(t_1,t_0) - E_{A'B'}(t_2,t_0) = E_{AA'}(t_1,t_2) \tag{4-1}$$

即以t_2为参考端温度，测量工作端t_1的值，实为t_1和t_2的差值。也可从中间温度定律的角度进行分析，得出相同的结论，其中中间温度为t_0。

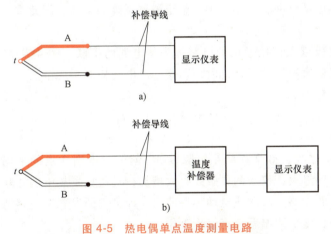

图4-5 热电偶单点温度测量电路

a) 普通测温线路 b) 带温度补偿器的测温电路

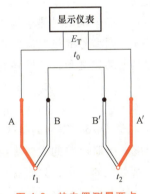

图4-6 热电偶测量两点温度差电路图

为了减少测量误差，提高测量精度，应保证两热电偶的冷端温度相同（t_0）。

3）测量多点的平均温度（同极性并联或串联）。有些大型设备，有时需要测量多点（两点或两点以上）的平均温度，可以通过将多个同型号的热电偶同极性并联或串联的方式来实现。

将多个同型号热电偶的正极和负极分别连接在一起的电路称为热电偶的并联。图4-7a为测量3点的平均温度的热电偶并联电路，将3个同型号的热电偶并联在一起，并在每一个热电偶电路中分别串联均衡电阻R。根据电路理论，当仪表的输入电阻很大时，并联测量电路的总电动势等于3个热电偶热电动势的平均值，因此回路中总电动势为

$$E_T = \frac{E_1+E_2+E_3}{3} = \frac{E_{AB}(t_1,t_0)+E_{A'B'}(t_2,t_0)+E_{A''B''}(t_3,t_0)}{3}$$

$$= \frac{E_{AB''}(t_1+t_2+t_3,3t_0)}{3} = E_{AB''}\left(\frac{t_1+t_2+t_3}{3},t_0\right) \tag{4-2}$$

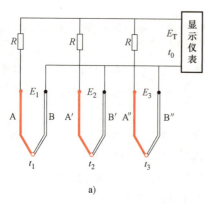 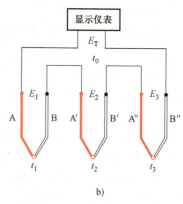

图 4-7 热电偶的测温电路
a)并联测温电路 b)串联测温电路

式中，E_1、E_2、E_3 为单个热电偶的热电动势。

热电偶并联时，若其中一个热电偶烧断，则不会中断整个测温系统的工作，因此难以察觉。

将多个同型号热电偶的正、负极依次连接形成的电路称为热电偶的串联。图 4-7b 是将 3 个同型号的热电偶的正、负极依次串接起来，此时，回路的总电动势等于 3 个热电偶的热电动势之和，即回路的总电动势为

$$E_T = E_1+E_2+E_3 = E_{AB}(t_1,t_0)+E_{A'B'}(t_2,t_0)+E_{A''B''}(t_3,t_0)$$
$$= E_{AB''}(t_1+t_2+t_3, 3t_0) \tag{4-3}$$

式（4-3）得到的是 3 点的温度之和，如果将结果再除以 3，就可以得到 3 点的平均温度。串联电路的主要优点是热电动势大，仪表的灵敏度大大增加，且避免了热电偶并联电路存在的缺点，只要有一个热电偶断路，总的热电动势将消失，即可立即发现有断路情况；缺点是只要有一个热电偶断路，整个测温系统将停止工作。

（2）消除或补偿冷端温度的方法 热电偶的测温原理表明：热电偶的热电动势是两个接点温度的函数差，只有当冷端温度保持不变时，热电动势才是被测热端温度的单值函数。由于热电偶的分度表是在冷端温度为 0℃ 时测得的，如果冷端温度不为零，则不能用测得的热电动势直接去查对应的分度表。但在实际测量时，冷端温度常随环境温度变化而变换，冷端温度 t_0 不能保持恒定，因而会产生测量误差。为了消除或补偿冷端温度的影响，常采用以下几种方法。

1）0℃ 冷端恒温法。将热电偶的冷端置于 0℃ 的恒温器内，保持 t_0 为 0℃。此时，测得的热电动势可以准确地反映热端温度变化的大小，直接查对应的热电偶分度表即可得到热端温度值的大小。此方法测量准确，但有局限性，一般适用于实验室测量。

2）冷端恒温法。将冷端置于其他恒温器内，使之温度保持恒定，避免由于环境温度的波动而引起误差。利用中间温度定律即可求出测量端相对于 0℃ 的热电动势为

$$E_{AB}(t,0) = E_{AB}(t,t_0)+E_{AB}(t_0,0) \tag{4-4}$$

冷端恒温法在热电偶与动圈式仪表配套使用时特别适用。可以利用仪表的机械调零点将零位调到与冷端温度相同的刻度上，相当于先给仪表输入一个热电动势 $E_{AB}(t_0, 0)$，

则仪表使用时所指示的值即为对应的温度值,也即实际测量的温度大小为 $E_{AB}(t,t_0)+E_{AB}(t_0,0)$ 的热电动势所对应的温度值。

3) 补偿导线法。当热电偶冷端离热端较近时,受其影响冷端温度将在很大范围内变化,此时直接采用冷端温度补偿法会变得困难,于是可用延引热电极的方法,将热电偶输出的热电动势传输到一定距离以外的显示仪表处。也就是将冷端移至温度变化比较平缓的环境中,再采用上述的补偿方法进行补偿。补偿导线可选用直径粗、导电系数大的材料制作,以减小补偿导线电阻的影响。采用导线补偿的热电特性和工作热电偶的热电特性相近,补偿导线产生的热电动势应等于工作热电偶在此温度范围内产生的热电动势,如图 4-8 所示。

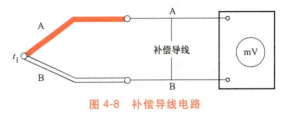

图 4-8 补偿导线电路

4) 冷端温度自动补偿法。冷端温度自动补偿法是用电桥的不平衡电压去消除冷端温度变化的影响,又称为电桥补偿法。如图 4-9 所示,在热电回路内接有一个不平衡电桥,其输出端串联在热电偶的回路中。R_1、R_2、R_3、R_w 为锰铜电阻,其电阻值几乎不随温度变化;R_{Cu} 为铜电阻,其电阻值随温度的升高而增大。电桥由直流稳定电源供电。

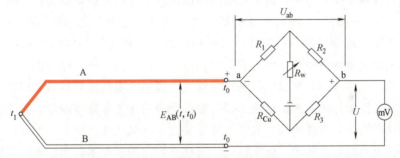

图 4-9 冷端温度自动补偿电路

当 $t_0=0℃$ 时,$R_1=R_2=R_3=R_{Cu}$,电桥处于平衡状态,电桥两端输出电压 $U_{ab}=0$,该温度称为电桥平衡点温度或补偿温度。此时补偿电桥对热电偶回路的热电动势没有影响。当 $t_0\neq0℃$ 时,热电偶的电动势值随之变化 ΔU_1;与此同时,R_{Cu} 的电阻值也随环境温度变化,使电桥失去平衡,则有不平衡电压 ΔU_2 输出。如果设计的 ΔU_1 与 ΔU_2 数值相等、极性相反,则叠加后相互抵消,因而起到冷端温度变化自动补偿的作用。这相当于将冷端温度恒定在电桥平衡点温度。

4.2.2 热电阻式温度传感器

热电阻式温度传感器利用金属导体或半导体的电阻率随温度变化的特性来进行温度测量,主要用于对温度和与温度有关的参量进行检测,其测温范围主要在中、低温区域(-200~850℃)。目前热电阻式温度传感器的测温范围正在向温度的上、下限延伸,可从低至几开尔文到高达上千摄氏度。热电阻具有测量范围宽、精度高、稳定性好等优点,在科研和生产中得到广泛的应用。热电阻测温元件可分为金属热电阻和半导体热敏电阻两大类。

1. 金属热电阻

(1) 金属热电阻式温度传感器的结构　金属热电阻式温度传感器由热电阻丝、电阻体支架、连接热电阻的引线、保护套管、绝缘瓷管、接线盒等组成，如图4-10所示。其中，电阻体是热电阻最主要的部分。金属热电阻的结构比较简单，一般将热电阻丝绕在云母、石英、陶瓷、塑料等绝缘骨架上，固定后在外面加上保护套管即可制成。

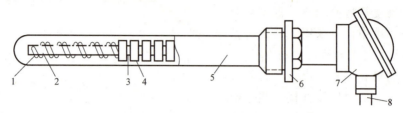

图 4-10　金属热电阻式温度传感器的结构示意图
1—热电阻丝　2—电阻体支架　3—引线　4—绝缘瓷管　5—保护套管
6—连接法兰　7—接线盒　8—引线孔

虽然各种金属材料的电阻率均随温度而变化，但作为金属热电阻材料，要求其电阻温度系数要大，以便提高热电阻的灵敏度；电阻率应尽可能大，以便在相同阻值下减小电阻体的尺寸；热容量要小，以便提高热电阻的响应速度；在整个测量范围内，应具有稳定的物理和化学性能；电阻与温度的关系最好接近于线性；应有良好的可加工性，且价格适中。根据上述要求及金属材料的特性，目前使用最广泛的金属热电阻材料是铂和铜。另外，随着低温和超低温测量技术的发展，已开始采用铟、锰、碳、铑、镍、铁等材料。

铂的物理、化学性能非常稳定，是目前制造金属热电阻的最好材料。铂热电阻温度传感器是目前复现性最好的一种温度传感器，被广泛应用于工业在线测量。铂热电阻具有检测精度高、稳定性好、性能可靠、复现性好等特点。在氧化性介质中，即使是在高温情况下铂热电阻仍具有稳定的物理、化学性能。其缺点是电阻温度系数小，电阻与温度呈非线性关系，在还原性介质中，尤其在高温情况下，铂热电阻易被从氧化物中还原出来的蒸气所玷污，使铂丝变脆，从而改变其电阻与温度之间的关系。因此，在高温下不宜在还原性介质中使用铂热电阻。另外，铂是贵金属，资源少，价格较高。

金属热电阻的结构随用途不同而各异。铜热电阻是一个铜丝绕组，其结构形式如图4-11a所示。铂热电阻一般由直径为0.05～0.07mm的铂丝绕在片形云母骨架上制成，铂丝的引线采用银线，其结构形式如图4-11b所示。对于热电阻丝在骨架上的绕制，应采用双向无感绕制法，以消除电感对测量的影响。另外，为了使热电阻丝免除腐蚀性介质的侵蚀和外来机械损伤，延长金属热电阻的使用寿命，一般其外面要设置保护套管。

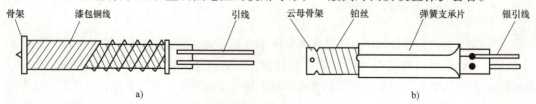

图 4-11　金属热电阻温度传感器
a) 铜热电阻结构形式　b) 铂热电阻结构形式

铠装热电阻由电阻体、引线、绝缘粉末及保护套管经整体拉制而成，在其工作端底部装有小型热电阻体，其结构形式如图 4-12 所示。与普通金属热电阻相比，铠装热电阻有以下优点：外形尺寸小，套管内为实体，响应速度快；抗振、可绕，使用方便，适于安装在结构复杂的部位。铠装热电阻的外径尺寸一般为 2~8mm，个别可制成 1mm。

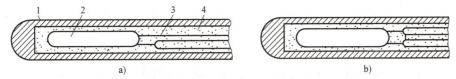

图 4-12 铠装热电阻的结构形式
a) 三线制热电阻 b) 四线制热电阻
1—不锈钢管 2—感温元件 3—内引线 4—氧化镁绝缘材料

（2）金属热电阻式温度传感器的工作原理 铂热电阻的精度与铂的纯度有关，铂的纯度通常用百度电阻比 $W(100)$ 表示，即

$$W(100) = \frac{R_{100}}{R_0} \tag{4-5}$$

式中，R_{100} 为 100℃时的电阻值；R_0 为 0℃时的电阻值。$W(100)$ 越高，表明铂的纯度越高。国际实用温标规定，作为基准器的铂电阻，$W(100)$ 不得小于 1.3925。目前的技术水平已做到 $W(100) = 1.3930$，与之相应的铂纯度为 99.9995%，工业用铂热电阻的 $W(100)$ 为 1.387~1.390。

铂热电阻的电阻值与温度之间的关系（即特性方程）如下：
当温度满足 -200℃ ≤ t ≤ 0℃ 时，有

$$R_t = R_0[1 + At + Bt^2 + C(t-100)t^3] \tag{4-6}$$

当温度满足 0℃ ≤ t ≤ 850℃ 时，有

$$R_t = R_0(1 + At + Bt^2) \tag{4-7}$$

式中，R_t、R_0 分别为温度在 t 和 0℃ 时的铂电阻值；A、B、C 为常数，对于 $W(100) = 1.391$，有 $A = 3.96847 \times 10^{-3}$/℃、$B = -5.847 \times 10^{-7}$/℃^{2}、$C = -4.22 \times 10^{-12}$/℃^{4}。

由特性方程可知，铂热电阻的电阻值与温度 t 和初始电阻 R_0 有关，R_0 值不同，R_t 与 t 的对应关系也不同。目前，国内工业用铂热电阻的 R_0 值有 10Ω 和 100Ω 两种，对应的分度号分别为 Pt10 和 Pt100。

由于铂热电阻价格昂贵，所以在一些测量精度要求不高且温度较低的场合，普遍采用铜热电阻进行温度的测量，其测量范围一般为 -50~150℃。在此温度范围内，铜热电阻的线性关系好，灵敏度比铂热电阻高，且材料容易提纯、加工，价格低廉，复现性能好。但是铜易于氧化，所以一般只用于 150℃ 以下的低温测量或在没有水分且无侵蚀性介质的情况下进行温度测量。与铂相比，铜的电阻率低，因此铜热电阻的体积较大。

在 -50~150℃ 的温度范围内，铜热电阻的电阻值与温度之间的关系为

$$R_t = R_0(1 + At + Bt^2 + Ct^3) \tag{4-8}$$

式中，R_0 为温度 0℃时的电阻值；R_t 为温度 t 时的电阻值；A、B、C 为常数，$A = 4.289 \times 10^{-3}$/℃，$B = -2.133 \times 10^{-7}$/℃^{2}，$C = 1.233 \times 10^{-9}$/℃^{3}。

由于 B 和 C 很小，所以在某些场合可以近似地表示为

$$R_t = R_0(1+\alpha t) \qquad (4-9)$$

式中，α 为铜的温度系数，$\alpha = (4.25 \sim 4.28) \times 10^{-3}/℃$。

由式（4-9）可知，铜热电阻与温度之间具有较好的线性关系。目前，国内工业用铜热电阻的 R_0 值有 50Ω 和 100Ω 两种，对应的分度号分别为 Cu50 和 Cu100，相应的分度表可查阅相关资料。

2. 半导体热敏电阻

（1）半导体热敏电阻式温度传感器的结构　热敏电阻是利用半导体的电阻值随温度显著变化这一特性制成的一种热敏元件。它是由某些金属氧化物，如 NiO、MnO_2、CuO、TiO_2 等，按一定比例混合研磨、成型、煅烧而成的半导体。改变这些混合物的成分配方比例就可以改变热敏电阻的温度范围、电阻值和温度系数。热敏电阻主要由敏感元件、引线和壳体组成。热敏电阻与热电阻相比，具有电阻值和电阻温度系数大、灵敏度高、体积小、结构牢固（能承受较大的冲击、振动）、热惯性小、响应速度快（适用于快速变化的测量场合）、使用方便、寿命长和动态特性好等优点，因此得到了广泛的应用。热敏电阻的测温范围一般为 $-50 \sim 350℃$，可用于汽车不同部位的温度测量。

常见的几种热敏电阻式温度传感器结构如图 4-13 所示。半导体热敏电阻包括正温度系数（PTC）、负温度系数（NTC）、临界温度系数（CTR）热敏电阻等几类。

图 4-13　常见的几种热敏电阻式温度传感器结构

热敏电阻式温度传感器按照结构形式可分为体形、薄膜形、厚膜形三种；按照工作方式可分为直热式、旁热式、延迟电路三种；按照工作温区分为常温区、高温区、低温区热敏电阻三种。热敏电阻式温度传感器可采用不同封装形式制成管状、片状、点状、杆状等各种形状的温敏元件，如图 4-14 所示，其引线一般是银线。

（2）半导体热敏电阻式温度传感器的工作原理　电阻与温度之间的关系是热敏电阻

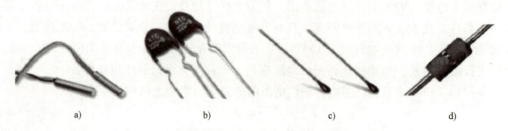

图 4-14　不同形状的热敏电阻式温度传感器
a）管状　b）片状　c）点状　d）杆状

的最基本特性，这一关系充分反映了热敏电阻的性质，当温度不超过规定值时，保持其原有的特性，超过时特性破坏。在工作温度范围内，应在微小工作电流下，使热敏电阻不存在自身加热现象。对于普通负温度系数热敏电阻，其电阻与温度之间的关系可表示为

$$R = A\mathrm{e}^{B/T} \tag{4-10}$$

式中，A 为与热敏电阻尺寸形状及其半导体物理性能有关的常数；B 为与半导体物理性能有关的常数；T 为热敏电阻的热力学温度。

若已知两个电阻值 R_1 和 R_2，以及相应的温度值 T_1 和 T_2，便可求出 A、B 两个常数为

$$B = \frac{T_1 T_2}{T_2 - T_1} \ln \frac{R_1}{R_2} \tag{4-11}$$

$$A = R_1 \mathrm{e}^{(-B/T_1)} \tag{4-12}$$

整理式（4-11），将电阻 R_1 作为自变量，R_2 作为固变量，其电阻-温度特性表达式可写为

$$R = R_1 \mathrm{e}^{(B/T - B/T_1)} \tag{4-13}$$

此时，如果电阻 R_1 和 R_2 已知，那么温度特性就可以是给定的。通常取 20℃（约为 298K）时的热敏电阻的阻值为 R_1，记作 R_{20}，并称它为标称电阻值，则式（4-13）可改写为

$$R = R_{20} \mathrm{e}^{(1/T - 1/298)B} \tag{4-14}$$

热敏电阻的电阻-温度特性曲线如图 4-15 所示。

热敏电阻的电阻温度系数 α_T 计算公式为

$$\alpha_T = \frac{1}{R}\frac{\mathrm{d}R}{\mathrm{d}T} = -\frac{B}{T^2} \tag{4-15}$$

由式（4-15）可知，热敏电阻的电阻温度系数也与温度有关。而且对于大多数热敏电阻，它的电阻温度系数为负值。通过控制材料成分，也可以制成具有正温度系数的热敏电阻。正温度系数热敏电阻的电阻-温度特性计算公式为

$$R = R_1 \mathrm{e}^{B(T - T_1)} \tag{4-16}$$

式中，R、R_1 分别为温度在 T、T_1 时的电阻值；B 为正温度系数，是与热敏电阻及其半导体物理性能有关的常数。

伏安特性表征热敏电阻在恒温介质下流过的电流 I 与其上电压降 U 之间的关系，如图 4-16 所示。当电流很小（$<I_a$）时，不足以引起自身加热，电阻值保持恒定，电压降与电流之间符合欧姆定律，所以图中 Oa 段为线性区。当电流 $I > I_a$ 时，随着电流增加，功率增大，产生自热，电阻值随电流增加而减小，电压降增加速度逐渐减慢，因而出现线性的正阻区 ab。电流增大到 I_m 时，电压降达到最大值 U_m。

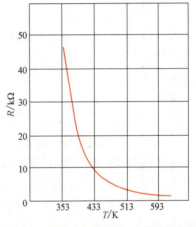

图 4-15 热敏电阻的电阻-温度特性曲线

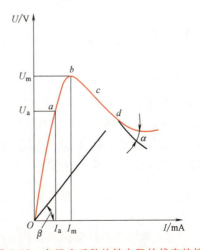

图 4-16 负温度系数热敏电阻的伏安特性

此后，电流继续增大时，自热更为强烈，由于热敏电阻的电阻温度系数大，电阻值随电流增加而减小的速度大于电压降增加的速度，于是就出现负阻区 bc 段。当电流超过允许值时，热敏电阻将被烧坏。上述特性即使对同一个热敏电阻，也会因散热状况的不同而变化。

研究伏安特性有助于正确选择热敏电阻的工作状态。对于测温、控温和温度补偿，热敏电阻应工作于伏安特性的线性区，即工作电流较小，这样就可以忽略自热的影响，使电阻值仅取决于被测温度。对于利用热敏电阻的耗散原理工作的场合，如测量流量和真空度，则热敏电阻应工作于伏安特性的负阻区。

图 4-17 所示曲线为热敏电阻的电流-时间特性曲线，表示在不同的外加电压情况下，电流达到稳定最大值所需的时间。从图中可以看出热敏电阻都有一段延迟时间，这是在自热过程中为达到新的热平衡状态所必需的，延迟时间反映了热敏电阻的动特性。适当选择热敏电阻的结构及相应的电路，可使延迟时间具有 0.001s 到几个小时的数值。对于一般结构的热敏电阻，其值可在 0.5~1.0s 之间。

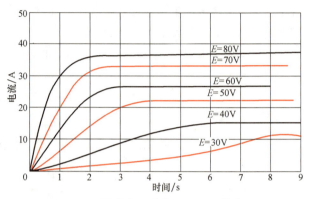

图 4-17 热敏电阻的电流-时间特性曲线

热敏电阻的主要参数如下：

1) 标称电阻值 R_H：指在环境温度为 25±0.2℃ 时的电阻值，又称冷态电阻值。

2) 电阻温度系数 α_T：温度变化 1℃ 时，热敏电阻阻值的变化率（%/℃）。它决定了热敏电阻在全部工作范围内对温度的灵敏度，对于负温度系数的热敏电阻其阻值随温度降低而迅速增大，即这种热敏电阻的测温灵敏度高，约为金属热电阻的 10 倍。

3) 耗散系数 H：使热敏电阻的温度上升 1℃ 所需要的功率（mW/℃）。它取决于热敏电阻的形状、封装形式及周围介质的种类。

4) 热容 C：热敏电阻温度变化 1℃ 时所需吸收或释放的热量（J/℃）。

4.3 压力传感器

压力传感器在汽车上应用广泛，很多压力传感器已经实体化。压力传感器主要以力学信号为媒介，把流量等参数与电信号联系起来，常用于发动机的进气压力、燃油压力、机油压力等参数的测量，将压力信号转化为电压信号输入给电控单元。

压力传感器主要检测各种特定条件下的相对压力、绝对压力和压差值。常用的压力传感器主要有电阻式压力传感器、电容式压力传感器、谐振膜式压力传感器。

4.3.1 电阻式压力传感器

1. 电阻式压力传感器的结构

电阻式压力传感器就是将应变片和敏感膜片等弹性元件结合在一起，利用应变片检测弹性元件的应变,实现压力检测的一类传感器。随着半导体技术的发展,由于硅材料显著的压阻效应,常使用成熟的集成芯片生产工艺,在硅片上制作出硅膜片,由扩散在硅膜片上的硅电阻构成应变片。这种膜片无迟滞现象,而且硅膜片拥有比不锈钢还好的屈服点和相当的弹性模量,还可以将相关的信号调理电路(如惠斯通电桥)集成在硅片上。

一种常用的电阻式压力传感器的结构如图4-18所示。敏感元件圆形平膜片采用单晶硅制作。基于单晶硅材料的压阻效应,利用微电子加工中的扩散工艺在硅膜片上制造所期望的压敏电阻。

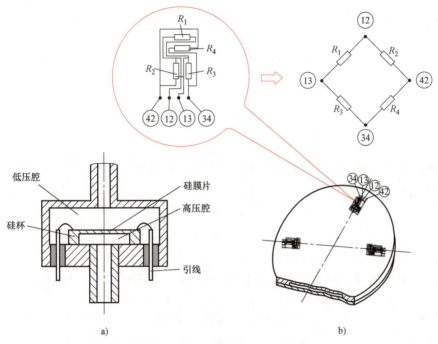

图 4-18 一种常用的电阻式压力传感器的结构

a) 结构图 b) 连接电路示意图

⑫、⑬、㉞、㊷—连接点

2. 电阻式压力传感器的工作原理

对于硅电阻式压力传感器,在传感器敏感结构的参数设计上,应重点考虑圆形平膜片的半径R与厚度H,以及圆形平膜片的边界隔离部分,即参数H_1和H_2。

考虑传感器感受最大被测压力差p_{max}时的情况,有以下结论。

在均布力p的作用下,圆形平膜片的法向位移为

$$w(r) = \frac{3p(1-\mu^2)}{16EH^3}(R^2-r^2)^2 = \overline{W}_{R,max}H\left(1-\frac{r^2}{R^2}\right)^2 \qquad (4-17)$$

$$\overline{W}_{R,max} = \frac{3p(1-\mu^2)}{16E}\left(\frac{R}{H}\right)^4 \qquad (4-18)$$

式中,$\overline{W}_{R,max}$为圆形平膜片的最大法向位移与其厚度的比值;E、μ分别为材料的弹性模量和泊松比。

圆形平膜片上表面的径向位移为

$$u(r) = \frac{3p(1-\mu^2)(R^2-r^2)r}{8EH^2} \quad (4\text{-}19)$$

圆形平膜片上表面的应变和应力分别为

$$\begin{cases} \varepsilon_r = \dfrac{3p(1-\mu^2)(R^2-3r^2)}{8EH^2} \\ \varepsilon_\theta = \dfrac{3p(1-\mu^2)(R^2-r^2)}{8EH^2} \\ \varepsilon_{r\theta} = 0 \end{cases} \quad (4\text{-}20)$$

$$\begin{cases} \sigma_r = \dfrac{3p}{8H^2}[(1+\mu)R^2-(3+\mu)r^2] \\ \sigma_\theta = \dfrac{3p}{8H^2}[(1+\mu)R^2-(1+3\mu)r^2] \\ \sigma_{r\theta} = 0 \end{cases} \quad (4\text{-}21)$$

由圆形平膜片的法向位移计算式（4-17）可知，在圆形平膜片的中心（$r=0$）处法向位移最大，其值为

$$W_{R,\max} = w(0) = \frac{3p_{\max}R^4}{16EH^3}(1-\mu^2) \quad (4\text{-}22)$$

式中，$p_{\max}$ 为传感器测量的最大压力差（Pa）。

由此可得圆形平膜片的最大法向位移与膜片厚度的比值为

$$\overline{W}_{R,\max} = \frac{3p_{\max}(1-\mu^2)}{16E}\left(\frac{R}{H}\right)^4 \quad (4\text{-}23)$$

由圆形平膜片上表面的应变计算式（4-20）可知，圆形平膜片上表面应变的最大绝对值为

$$\varepsilon_{r,\max} = \varepsilon_r(R) = \frac{3p_{\max}(1-\mu^2)R^2}{4EH^2} \quad (4\text{-}24)$$

由圆形平膜片上表面的应力计算式（4-21）可知，圆形平膜片上表面应力的最大绝对值为

$$\sigma_{r,\max} = \sigma_r(R) = \frac{3p_{\max}R^2}{4H^2} \quad (4\text{-}25)$$

4.3.2 电容式压力传感器

1. 电容式压力传感器的结构

一种典型的电容式压力传感器的结构原理如图 4-19 所示。图中上、下两端的隔离膜片与弹性敏感元件（膜片）之间充满硅油。弹性敏感元件（膜片）是差动电容变换器的活动极板。差动电容变换器的固定极板是在石英玻璃上镀有金属的球面极板。膜片在差压的作用下产生位移，使差动电容变换器的电容发生变化。因此通过测量差动电容变换器的

电容变化量就可以实现对压力的测量。

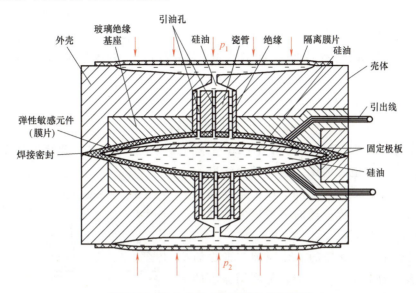

图 4-19 电容式压力传感器的结构原理

2. 电容式压力传感器的工作原理

作为敏感元件的圆形平膜片,其周边是固支的。由圆形平膜片的法向位移计算公式(4-17),可得在压力差 $p=p_2-p_1$ 作用下的法向位移公式为

$$w(r)=\frac{3p}{16EH^3}(1-\mu^2)(R^2-r^2)^2 \qquad (4-26)$$

式中,R、H 分别为圆形平膜片的半径(m)和厚度(m);E、μ 分别为材料的弹性模量(Pa)和泊松比;r 为圆形平膜片的径向坐标值(m)。

在不计边缘效应的情况下,平行极板间的电容为

$$C=\frac{\varepsilon A}{\delta} \qquad (4-27)$$

式中,δ 为平行极板间的距离(m);A 为极板间相互覆盖的面积(m²);ε 为平行极板间介质的介电常数(F/m)。由此可得在压力差 p 作用下,作为活动电极的圆形平膜片与上面的固定极板之间的电容量,可以表示为

$$C_{\text{up}}=\int_0^{R_0}\frac{2\pi\varepsilon r}{\delta_0(r)-w(r)}\mathrm{d}r \qquad (4-28)$$

式中,$\delta_0(r)$ 为压力差 $p=0$ 时,固定极板与活动极板(圆形平膜片)间的距离(m),这里假设上、下两个固定极板完全对称;r_0 为固定极板与活动极板对应的最大有效半径(m),一定有 $R_0 \leqslant R$。

类似地,活动电极与下面的固定极板之间的电容量可以表示为

$$C_{\text{down}}=\int_0^{R_0}\frac{2\pi\varepsilon r}{\delta_0(r)+w(r)}\mathrm{d}r \qquad (4-29)$$

C_{up} 与 C_{down} 构成了差动电容器组合形式。

关于圆形平膜片结构参数以及固定极板与活动极板（圆形平膜片）间的距离 $\delta_0(r)$ 的选择问题，这里不进行较深入讨论，但可以考虑一些基本原则：一方面，从测量的角度出发，为提高传感器的灵敏度，应适当增大单位压力引起的圆形平膜片的法向位移值；另一方面，为了保证传感器工作特性的稳定性、重复性和可靠性，应当限制法向位移值。

4.3.3 谐振膜式压力传感器

1. 谐振膜式压力传感器的结构

谐振膜式压力传感器的结构如图 4-20 所示。圆形平膜片是谐振弹性敏感元件，在膜片中心处安装激振电磁线圈。膜片的边缘贴有半导体应变元件以提取其振动。在传感器的基座上装有引压管嘴。传感器的参考压力腔和被测压力腔由膜片所分隔。

谐振膜式压力传感器的工作原理与谐振筒式压力传感器的工作原理一样，是利用振膜的固有频率随被测压力的变化来测量压力。

圆形平膜片以其固有频率振动，当被测压力变化时，圆形平膜片的刚度变化，导致固有频率发生相应的变化；同时，圆形平膜片振动使其边缘处的应力发生周期性变化，因而可通过半导体应变片来实现圆形平膜片的振动信号

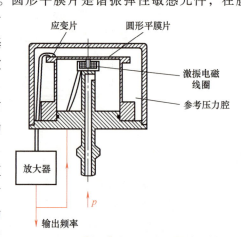

图 4-20 谐振膜式压力传感器的结构

的检测，并经电桥输出信号，送至放大电路。该信号一方面反馈到激振电磁线圈，以维持膜片振动，另一方面经整形后输出方波信号给后续测量电路。

谐振膜式压力传感器具有很高的精度，作为关键传感器应用于高性能超声速飞机上。与谐振筒式压力传感器相比，振动膜弹性敏感元件的频率和压力特性稳定性高、测量灵敏度高、体积小、质量小、结构简单，但加工难度稍大些。

2. 谐振膜式压力传感器的工作原理

作用于圆形平膜片上的压力 p 与所对应的固有频率 $f_{R,B1}(p)$ 之间的关系相当复杂，很难给出简单的解析模型。这里给出一个对应于圆形平膜片最低阶固有频率的近似计算公式：

$$f_{R,B1}(p) = f_{R,B1}\sqrt{1+Cp} \qquad (4\text{-}30)$$

$$f_{R,B1} \approx \frac{0.469H}{R^2}\sqrt{\frac{E}{\rho(1-\mu^2)}} \qquad (4\text{-}31)$$

$$C = \frac{(1+\mu)(173-73\mu)}{120}(\overline{W}_{R,\max})^2 \qquad (4\text{-}32)$$

式中，$f_{R,B1}$ 为压力为零时圆形平膜片的最低阶固有频率（Hz）；C 为与圆形平膜片材料、几何结构参数、物理参数等有关的系数（Pa^{-1}）；$\overline{W}_{R,\max}$ 为圆形平膜片大挠度变形情况下正中心处的最大法向位移与其厚度之比。

因此圆形平膜片最低阶固有频率的近似公式可表示为

$$f_{R,B1}(p) = \frac{0.469}{R^2}\sqrt{\frac{E}{\rho(1-\mu^2)}}\sqrt{1+\frac{(1+\mu)(173-73\mu)}{120}\left(\frac{W_{R,C}}{H}\right)^2 p} \qquad (4-33)$$

对于圆形平膜片，当载荷较大时（通常认为 $5 \leq \overline{W}_{R,\max} \leq 15$ 时属于大挠度变形），很难得出一个精确解，而采用不同方法可以得到不同的近似解析解。如在圆形平膜片大挠度变形情况下，采用摄动法求解，正中心处最大法向位移与其厚度之比 $\overline{W}_{R,\max}$ 的近似解析方程为

$$f_{\overline{W}_{R,\max}} = \frac{16E}{3(1-\mu^2)}\left(\frac{H}{R}\right)^4\left[\frac{W_{R,C}}{H}+\frac{(1+\mu)(173-73\mu)}{360}\left(\frac{W_{R,C}}{H}\right)^3\right] \qquad (4-34)$$

式中，$W_{R,C}$ 为圆形平膜片大挠度变形情况下正中心处的最大法向位移。

应当指出：计算圆形平膜片在不同压力下的最低阶固有频率 $f_{R,B1}(p)$ 时，应首先计算出压力 p 对应的圆形平膜片正中心处的最大法向位移 $W_{R,C}$。利用上述模型，基于被测压力范围与圆形平膜片适当的频率相对变化率，即可设计圆形平膜片的几何结构参数，即半径 R 和厚度 H。

4.4 位置和转速传感器

对于汽车控制系统而言，位置和转速是汽车旋转机构的工作指标，也是控制测量中技术指标的重要参数，如发动机转速、曲轴位置等。传感器稳定性对汽车发动机控制系统具有直接影响，也与自控技术性能直接相关。近年来，汽车信息化水平越来越高，位置和转速传感器得到广泛应用，也逐渐向智能化和集成化目标发展。位置和转速传感器主要用于检测节气门开度、曲轴位置、发动机转速、电动机角度位置和车轮转速等。

节气门位置传感器通常安装在节气门体上，可以将节气门开度、怠速工况、负荷大小、加减速等信号转换成电压信号送至 ECU，以便控制系统可以根据发动机的运行工况对其喷油量、点火提前角和自动变速器变速进行最优控制。

曲轴位置传感器用于检测曲轴的位置信号。由于各气缸中的活塞通过连杆与曲轴连在一起，所以曲轴位置传感器可以用来提供气缸中活塞位置的信息。通过检测活塞在发动机气缸中的运动位置，可以确定点火时刻的基准值。曲轴位置变化的速度就是发动机的转速，它决定了发动机每分钟旋转的转数（r/min），发动机转速是 ECU 中重要的输入变量之一，而这个转速信号相当于是通过计算曲轴位置信号获得的。尽管曲轴位置传感器发出的信号只是简单地表明曲轴的位置，但它在 ECU 中可以通过计算转换为发动机转速信号，因此曲轴位置传感器也被用作发动机转速传感器。

电动机角度位置传感器用于检测电动机转子的位置信息。检测转子位置的方式还有无位置传感器技术，它是通过测量电流、电压、磁链等物理量，并利用这些量与转子位置的关系间接获得转子位置信息。

车轮转速传感器用于检测车轮转速，并将其转换为电信号输入防抱制动系统（ABS）的 ECU，用于计算每个车轮的圆周速度，其主要作用是在汽车的制动控制和驱动控制方面。

里程表传感器,即车速传感器,通常安装在驱动桥壳或变速器壳内,用于计算汽车的车速,也为汽车仪表盘提供汽车行驶速度信号,ECU 结合该输入信号来控制发动机怠速,自动变速器的变矩器锁止,自动变速器换档和巡航定速等其他功能。

目前汽车使用的位置和转速传感器,根据其转速测量的工作原理,可分为磁脉冲式、磁电式、霍尔式、光电式、电容式等。

4.4.1 磁脉冲式位置传感器

1. 磁脉冲式位置传感器的结构

图 4-21 所示为一种磁脉冲式曲轴位置传感器的结构,主要由信号盘和传感器盒组成。信号盘是一个带有细齿的薄圆齿盘,用以产生信号,随被测件一起旋转。在信号盘的外缘,沿着圆周每隔 4°有 1 个齿,共有 90 个齿;并且每隔 120°布置 1 个凸缘,共有 3 个凸缘。安装在信号盘边沿的传感器盒是产生电信号的信号发生器。信号发生器内有三个在永久磁铁上绕有感应线圈的磁头,其中磁头②产生 120°信号,磁头①和磁头③共同产生曲轴 1°转角信号。磁头②对着信号盘的 120°凸缘,磁头①和磁头③对着信号盘的齿圈,彼此相隔 3°曲轴转角安装。信号发生器内有信号放大和整形电路,外部有四孔连接器,孔(1)为 120°信号输出线,孔(2)为信号放大与整形电路的电源线,孔(3)为 1°信号输出线,孔(4)为接地线。通过该连接器将曲轴位置传感器中产生的信号传递给 ECU。

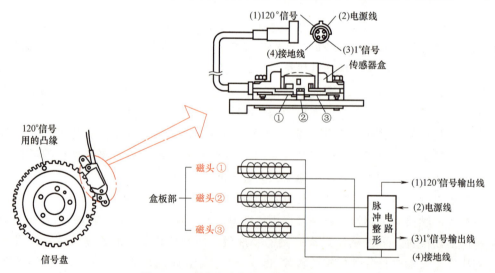

图 4-21 磁脉冲式曲轴位置传感器的结构

2. 磁脉冲式位置传感器的工作原理

当被测件转动时,信号盘的齿和凸缘引起感应线圈的磁场发生变化,从而在感应线圈里产生交变的电动势,经滤波整形后,变成脉冲信号,如图 4-22 所示。

当被测件旋转 1 圈,磁头②上产生 3 个 120°脉冲信号,磁头①和③各产生 90 个脉冲信号(交替产生)。由于磁头①和磁头③相隔 3°曲轴转角安装,而它们又都是每隔 4°产生 1 个脉冲信号,所以磁头①和磁头③所产生的脉冲信号相位差正好为 90°。将这两个脉冲信号送入信号放大与整形电路中合成后,即产生曲轴 1°转角信号,如图 4-23 所示。

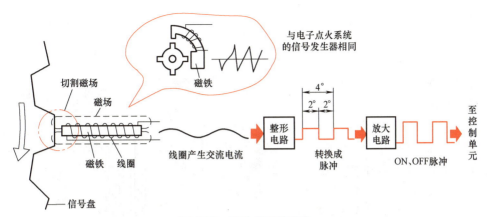

图 4-22 脉冲信号的产生

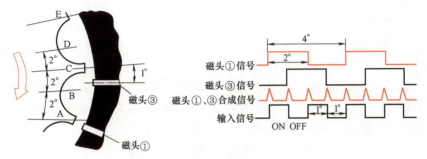

图 4-23 产生曲轴 1°转角信号的原理

产生 120°信号的磁头②安装在上止点前 70°的位置,如图 4-24 所示,故其信号也可称为上止点前 70°信号,即被测件在转动过程中,磁头②在各缸上止点前 70°位置均产生 1 个脉冲信号。

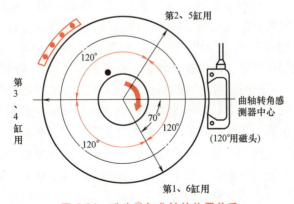

图 4-24 磁头②与曲轴的位置关系

4.4.2 磁电式转速传感器

1. 磁电式转速传感器的结构

磁电式转速传感器是利用电磁感应原理,将转速信号转换为感应电动势。这类传感器不需要外部供电电源,具有性能稳定、后续处理电路简单、输出阻抗较小等特点,并且有一定的频率响应范围，适用于扭矩、转速及振动测量。图 4-25 所示是一种磁电式转速传感器，由线圈、永久磁铁和软铁心等组成。如果在曲轴上安装由铁磁性材料制成的齿圈，比如按 60 个齿进行设计，并且在齿圈上连续少做 2 个齿（齿间间隙），把缺齿位置设定为曲轴的特定位置，那么磁电式转速传感器通过依次记录 58 个齿和 2 个缺齿，就能知道曲轴转角的位置。

2. 磁电式转速传感器的工作原理

以图 4-25 所示的磁电式转速传感器为例，这种磁电式转速传感器

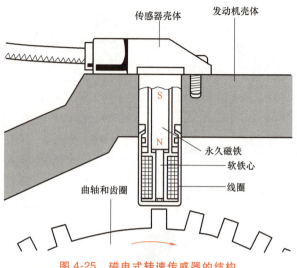

图 4-25　磁电式转速传感器的结构

其线圈和磁铁彼此不做相对运动，而是由运动物体（齿圈）来改变磁路的磁阻，从而引起通过传感器线圈的磁力线发生变化，使传感器线圈产生感应电动势。所以这类磁电式转速传感器也称为磁阻式转速传感器，有

$$e = -N\mathrm{d}\phi/\mathrm{d}t \tag{4-35}$$

式中，e 为感应电动势；N 为线圈匝线；$\mathrm{d}\phi/\mathrm{d}t$ 为磁通量的变化率。

以上面的磁电式转速传感器为例说明曲轴位置测量的工作原理：当曲轴齿圈转动时，作用在传感器上的磁通量发生变化，产生交流电压。随着曲轴转速的变化，齿轮转动时间间隔在变化，感应出的交流电电压的幅值也在变化；而发动机转速提高，感应交流电的幅值相应提高。只要发动机转速超过 20r/min，就会有足够幅值的交流电压信号。ECU 的信号处理电路将幅值不同的正弦电压信号转变为恒定的矩形电压信号波。

矩形电压信号波的每个齿侧给出一个输出中断，传递给 ECU。在这些输出信号中，波形间的缺齿间隙被记录下来。因为在该时刻，电压信号波的齿侧间距是此前和此后齿侧间距的 2 倍。这个大的齿侧间距对应的曲轴位置是第 1 缸活塞所处的特定位置。ECU 按照这个曲轴位置与曲轴同步。每个记录下的齿形的正向波形或负向波形均代表曲轴转过 3°。对于发动机点火信号来说，要求系统给出的角度应更小，因而会对每个齿形进行细分，也就是细化曲轴转角通过这样的细分就可以得到更加准确的点火提前角。

磁电式转速传感器的工作方式决定了其具有强抗干扰性，能够在烟雾、油气、水汽等环境中工作。磁电式转速传感器输出的信号强，测量范围广，对齿轮、曲轴、轮辐及表面有缝隙的转动体都可测量。磁电式转速传感器对于低速转动体测量效果相对差，且被测系统同频率振动，将造成传感器疲劳、寿命短。

4.4.3　霍尔式转速传感器

1. 霍尔式转速传感器的结构

在转动装置中，由于齿轮旋转使磁场发生变化，可导致磁通量产生规律性改变。因此，

利用霍尔元件可将转速信号转换为矩形脉冲信号。霍尔式转速传感器的特点是信号处理电路通常集成在同一封装中，无须外加信号处理电路。按照不同的输出信号形式，霍尔式转速传感器有开关型和线性型两种。前者输出高低电平的数字量，通过计数测量信号，常用于转速的测量；后者输出模拟量，其大小与磁场强度成正比，常用于电流和位移的测量。

开关型霍尔式转速传感器受制于磁性转子的结构，无法达到较高的检测精度。但其体积小、造价低，在某些工程应用中有不可替代的作用。若电动机控制需要更为精确的位置信息，可采用细分算法获取更为精确的位置信号。

线性型霍尔式转速传感器应用较为广泛，传感器的输出正比于磁场强度的电压，故能实时检测随转子位置变化的磁场，提取转子位置信号。线性型霍尔式转速传感器的结构原理如图 4-26 所示。

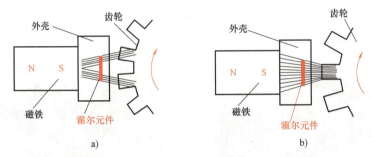

图 4-26 线性型霍尔式转速传感器的结构原理
a）磁力线分散 b）磁力线集中

2. 霍尔式转速传感器的工作原理

霍尔式转速传感器是将电流通入薄片状的霍尔元件，并施加垂直磁场产生的洛伦兹力使得载流子发生偏转运动，在垂直于电流和磁场方向的元件两侧将分别有电荷积聚，产生霍尔电场。霍尔电场阻止载流子的偏转运动，当霍尔电场产生的电场力与洛伦兹力相等时，电荷积累达到动态平衡，此时霍尔元件两个边缘产生电位差，称为霍尔电压。

霍尔式转速传感器的具体工作原理为：气隙磁场随转子转动呈正弦变化，线性霍尔式转速传感器将该信号输出，利用相关电路与算法对输出信号进行处理即可得到转子角度的信息。

矩形脉冲信号的周期与电动机的转速有以下关系：

$$n = \frac{60}{PT} \tag{4-36}$$

式中，n 为转速；P 为旋转 1 圈的脉冲数；T 为输出矩形脉冲信号的周期。

霍尔式转速传感器采用无接触方式，不但结构简单、成本低，而且在使用中无磨损、精度高、寿命长，不易发生故障。霍尔式转速传感器由于其独特的工作特性，可被封装在密闭环境中，适用于脏湿、粉尘等恶劣环境。为了确保霍尔式转速传感器的可靠性，通常使用具有不同输出特性的两个系统输出信号。同时，霍尔式转速传感器常常需要永磁体或者励磁才可以工作。因此，使用时需安装与转子同轴的含永磁体的位置检测装置，这在一定程度上增加了其体积。

4.4.4 光电式转速传感器

1. 光电式转速传感器的结构

光电式转速传感器以光电二极管原理为基础制造而成,可以对光强度的变化进行感应和接收。光电式转速传感器的结构如图 4-27 所示,由编码盘、光源、光电器件和旋转计数器等组成。编码盘由具有不同宽窄开口的两个圆环组成,将圆环展开成两个平行平板——增量板(主光栅)和绝对位置板(副光栅),增量板是均匀的缺口,用来计算增加量;绝对位置板具有定位功能,用来确定转动的起点,其缺口的排列是不均匀的。比较这两种信号就能确定起始位置,从而计算出移动的距离。编码盘可根据实际需求确定形状及制作工艺。若应用于开关磁阻电动机、无刷直流电动机等对实时位置信号要求不高的电动机,采用遮光片即可满足位置检测需要;若应用于永磁同步电动机等需转子实时位置信息的电动机,多采用光栅制作齿盘,增加转子位置的检测精度。

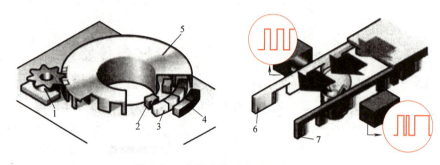

图 4-27 光电式转速传感器的结构

1—旋转计数器 2—光电器件 3—光源 4—光电器件 5—编码盘 6—增量板 7—绝对位置板

2. 光电式转速传感器的工作原理

光电式转速传感器的测量原理如图 4-28 所示。随着电机转子的转动,编码盘不断地遮挡或通过由 LED 发出的至光电器件的光线,使其输出高低电平,从而将转子的机械位置信号转化为电信号。

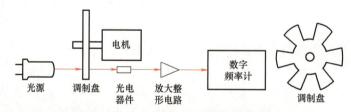

图 4-28 光电式转速传感器的测量原理

转速计算公式为

$$n = 60N/(Zt) \tag{4-37}$$

式中,Z 为圆盘上的缝隙数;n 为转速(r/min);t 为测量时间(s)。

与磁电式转速传感器相似,光电式转速传感器用光电编码盘代替旋转齿圈,用光电接收器代替电磁传感器,测量反射回来的光脉冲信号以得到相应的结果。其缺点是容易被电路的计数频率和条纹的最小分辨率所影响，从而无法保证测量精度。

4.4.5 电容式转速传感器

1. 电容式转速传感器的结构

电容式转速传感器是一种有可变参数的电容器，它将转速信号转换成电容量变化。如图 4-29 所示，电容式转速传感器是由一块转动极板和两块固定极板组成。

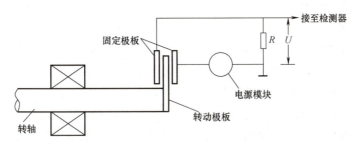

图 4-29　电容式转速传感器的结构

2. 电容式转速传感器的工作原理

在初始状态下，转动极板所在的位置就是电容最大的位置。转动极板旋转时，电容量会发生规律性变化，即电容量的变化速率反映了该转动极板转速的大小。因此，可通过交流激励等方式来计算转速。

旋转一定角度 θ 后的电容为

$$C = \frac{\varepsilon A}{d}\left(\frac{\pi-\theta}{\pi}\right) = C_0 - C_0 \frac{\theta}{\pi} \tag{4-38}$$

式中，C 为转动后的电容大小；ε 为电容的介电常数；A 为极板面积；d 为电容两极板之间的距离；C_0 为初始电容；θ 为转动角度。

电容式转速传感器是一种非接触电容式原理的精密测量仪器，除了具有一般非接触式仪器所共有的无摩擦、无磨损的特点外，还具有信噪比高、灵敏度高、零漂小、频响宽、非线性小、精度稳定性好、抗电磁干扰能力强和使用操作方便等优点。但其应用环境要求高，并且量程比较小。

4.5　流量传感器

汽车用流量传感器有空气流量传感器和燃料流量传感器两大类，分别安装在发动机中以测定空气流量和燃料流量。原来的化油器式发动机是由化油器来调节空气流量和燃料流量，流量传感器不是必须安装的。然而，近年来广泛普及的燃料喷射式发动机，是通过直接测量空气流量或测量吸气管负压与发动机转速的方式来推定空气流量，这类发动机必须配备空气流量传感器。另外，在化油器式发动机需要精密控制的场合，对于通过测量燃料流量进行反馈控制的试验，也需要有燃料流量传感器。

4.5.1 空气流量传感器

空气流量传感器（AFS）又称为空气流量计，根据测量对象的不同可分为体积流量型和质量流量型两种。空气流量传感器用于检测发动机进气量的大小，并将进气量信息转换为电信号输入ECU，进气量信号是ECU计算喷油时间和点火时间的主要依据。空气流量传感器按照结构型式可分为卡门旋涡式、叶片式、热线式、热膜式，前两种属于体积流量型，后两种属于质量流量型。

1. 卡门旋涡式空气流量传感器

（1）卡门旋涡式空气流量传感器的结构 卡门旋涡式空气流量传感器根据卡门涡街原理制成，是一种体积流量型传感器。所谓卡门涡街原理，是指在流体中放置一个圆柱状或三角状物体时，在这一物体的下游会产生两列旋转方向相反、并交替出现的旋涡。传感器中央设有一个锥体作为涡流发生器，涡流发生器前面设有蜂窝状整流网栅，以消除气流中的干扰涡流。根据检测方式不同，卡门旋涡式空气流量传感器又分为光电式和超声波式两种。

光电式卡门旋涡空气流量传感器主要由涡流发生器、反光镜、弹簧钢片、发光二极管、导压孔和光电晶体管等部分组成。发光二极管作为光源使用，而光电晶体管为光电转换器件。反光镜安装在弹簧钢片上，可随其一起振动。光电式卡门旋涡空气流量传感器的结构原理如图4-30所示。

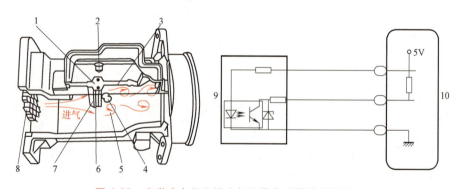

图4-30 光学式卡门旋涡空气流量传感器的结构原理
1—反光镜 2—发光二极管 3—弹簧钢片 4—光电晶体管 5—卡门旋涡
6—导压孔 7—涡流发生器 8—整流网栅 9—流量计内部电路 10—ECU

超声波式卡门旋涡空气流量传感器（简称超声波式流量传感器）的结构如图4-31所示，主要由超声波发射器、涡流稳定板、超声波信号发生器、涡流发生器、超声波接收器、信号处理电路等组成。

超声波式流量传感器设有两个空气通道，涡流发生器设在主空气通道上。设置旁通空气通道的目的是为了调节主空气通道的流量。因此，对于排气量不同的发动机，通过改变旁通空气通道截面积的大小，即可使用同一规格的空气流量传感器来满足流量检测的要求。涡流发生器由三角形锥体和若干涡流稳定板组成，其下游能够产生稳定的涡流。在涡流发生器的两侧设有超声波信号发生器、超声波发射器和超声波接收器，超声波信号发生器和超声波发射器用于产生和发射超声波信号，超声波接收器用于接收超声波信号，即超声波信号发生器将一定频率的交流电压加在压电元件（如压电陶瓷和压电晶体）上，使之产生机械振动，从而产生超声波；此超声波穿过空气涡流将机械振动加在超声波接收器的压电元件上，从而产生交变电压信号。在主空气通道的内壁上，粘贴有吸音材料，以防止超声波出现不规则反射现象而影响正常检测。在空气入口设有整流网栅，其作用是使吸入的空气在涡流发生器上游形成稳

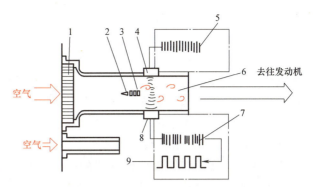

图4-31 超声波式卡门旋涡空气流量传感器的结构
1—整流网栅 2—涡流发生器 3—涡流稳定板 4—超声波发射器 5—超声波信号发生器 6—卡门涡流 7—与涡流数对应的脉冲信号 8—超声波接收器 9—信号处理电路

定的气流，从而保证产生稳定的涡流。集成控制电路对信号进行整形处理后向ECU输入方波信号，以便ECU运算处理。进气温度传感器和大气压力传感器信号用于修正进气量。

（2）卡门旋涡式空气流量传感器的工作原理

理论和实验研究表明，旋涡分离频率，即单位时间内由柱体一侧分离的旋涡数目 f 与流体速度 v 成正比，与柱体迎流面的宽度 d 成反比，即

$$f = Sr\frac{v}{d} \tag{4-39}$$

式中，f 为旋涡分离频率；Sr 为斯特劳哈尔数（无量纲），对于一定柱形在一定流量范围内是雷诺数的函数；v 为旋涡发生体两侧流速；d 为旋涡发生体迎流面宽度。

根据流体连续方程，用管道平均流速 $\bar{v}$ 换算，可得

$$f = Sr\frac{\bar{v}}{\left(1-\dfrac{4S_0}{\pi S}\right)d} \tag{4-40}$$

式中，$\bar{v}$ 为管道内平均流速；S_0 为迎流面面积；S 为管道截面面积。

在进行计算时将迎流面面积近似处理，可得流体的体积流量 q_V 为

$$q_V = S\frac{\left(1-\dfrac{4S_0}{\pi S}\right)df}{Sr} \tag{4-41}$$

对于卡门旋涡式空气流量传感器，空气流量与旋涡频率之间的关系为

$$q_V = kf \tag{4-42}$$

式中，q_V 为空气流量；f 为单列旋涡产生的频率；k 为比例常数，它与管道截面积、旋涡发生器迎流面面积有关。

由式（4-42）可知，体积流量与卡门旋涡式空气流量传感器的输出频率成正比。根据卡门涡流现象，只要能够测量出涡流发生后旋涡出现的频率，就可以测量出流体的流速与流量。

光学式卡门旋涡空气流量传感器的光电检测方式如图 4-32 所示。涡流发生器两侧的压力变化通过导向孔引向薄金属制成的反光镜表面，使反光镜振动。反光镜振动时，将发光二极管投射的光反射给光电晶体管，光电晶体管通过对反光信号的检测，即可求得旋涡的频率。

光学式卡门旋涡空气流量传感器的工作原理：首先，接通点火开关，发动机 ECU 输出电压信号，使发光二极管点亮，光线经反光镜射向光电晶体管，使其导通，从而向发动机 ECU 返回电压信号。

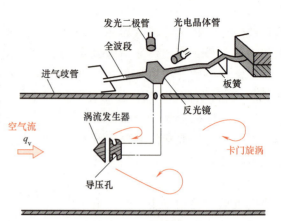

图 4-32 光电检测方式

其次，卡门涡流发生器外部呈锥形，安装在进气管道内，当有空气流过涡流发生器时，会在其背后不断地产生被称为卡门涡流的空气涡流。此时锥形体外围的空气压力会发生变化，压力变化的强弱与空气流量的大小成比例。最后，变化的气体压力通过导向孔引向反光镜的表面，使反光镜随弹簧钢片一起振动。反光镜一边振动，一边将发光二极管射来的光反射给光电晶体管，通过光电晶体管可以检测到卡门涡流的脉冲。光电晶体管受到光束照射时导通，不受光束照射时截止，光电晶体管导通与截止的频率与空气压力变化成正比，所以反光镜振动的频率与涡流发生的频率相等，而涡流发生频率与空气流速成正比。ECU 根据流量传感器的电压脉冲信号，可计算出实际的进气量，从而控制喷油器按照适宜的喷油脉宽和适当的顺序喷油。

超声波式卡门旋涡空气流量传感器的工作原理与光学式卡门旋涡空气流量传感器的工作原理大致相同，只是光学器件换成了声学器件，其工作原理如图 4-33 所示。当发动机运转时，超声波发生器发出的超声波通过超声波发射器不断向超声波接收器发出一定频率（40kHz）的超声波。当超声波通过进气气流到达声波接收器时，由于受到气流移动速度及压力变化的影响，接收到的超声波信号的相位（时间间隔）以及相位差（时间间隔之

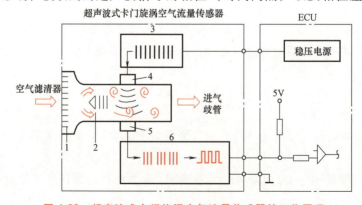

图 4-33 超声波式卡门旋涡空气流量传感器的工作原理

1—整流网栅　2—涡流发生器　3—超声波信号发生器　4—超声波发射器
5—超声波接收器　6—信号处理电路

差）会发生变化，于是集成控制电路可以根据相位或相位差的变化情况得到旋涡的频率。把旋涡的频率信号输入 ECU 后，ECU 就可以计算出实际进气量。

在日常生活中，常常会遇到这样的现象，当顺着风向人喊时，对方很容易听到；而逆着风向人喊时，对方就不容易听到。这是因为前者的空气流动方向与声波前进方向相同，声波被加速的结果，而后者是声波受阻后减速的结果。在超声波式卡门旋涡空气流量传感器中，同样存在这种现象，如图 4-34 所示。

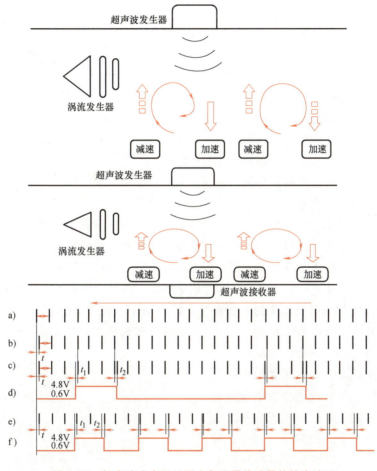

图 4-34 超声波式卡门旋涡空气流量传感器的输出波形

a）发射的超声波 b）无旋涡时接收到的超声波 c）低速时接收到的超声波
d）低速时传感器的输出波形 e）高速时接收到的超声波 f）高速时传感器的输出波形

超声波发生器之所以设定为 40kHz 的超声波，是因为在没有旋涡的通道上，发送的超声波与接收到的超声波信号相位和相位差完全相同，如图 4-34a、b 所示。当进气通道上有旋涡时，在接收到的超声波信号中，有的受加速作用而超前，有的受减速作用而滞后，如图 4-34c、e 所示，因此其相位和相位差就会发生变化。集成控制电路在信号相位超前时输出一个正向脉冲信号，在信号相位滞后时输出一个负向脉冲信号，从而表明了旋涡产生的频率，如图 4-34d、f 所示。进气量越多，旋涡频率越高，集成控制电路输出数字信号的频率就越高。把数字信号的频率输入 ECU 后，便可计算出实际进气量。

2. 叶片式空气流量传感器

(1) 叶片式空气流量传感器的结构　叶片式空气流量传感器也称为翼片式或翼板式空气流量计，是在 L 形电控燃油喷射系统中应用较早的空气流量计，也是一种体积流量型传感器。叶片式空气流量传感器的结构如图 4-35 所示，主要由叶片、回位弹簧、电位器以及外围信号处理电路等部分组成。当温度、静态气压不变时，汽车空气流量与气流动态压力成正比，气流动态压力大小即可反映空气流量大小。传感器叶片受进气气流的动态压力及回位弹簧的弹力共同作用，处于力矩平衡状态时旋转到某个角度。当进气量增大时，气流动态压力增大使得叶片偏转到另一个角度，回位弹簧的弹力相应地增大直到力矩重新平衡为止。同时，电位器的滑动触头随叶片偏转并改变电阻值，进而改变输出电压，检测输出电压即可得到空气流量。

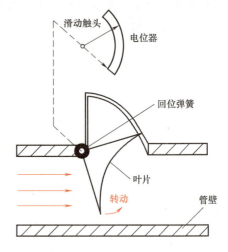

图 4-35　叶片式空气流量传感器的结构

有的叶片式空气流量传感器还有电动汽油泵开关，其作用是当点火接通而发动机不转动时，控制电动汽油泵不工作。一旦空气流量传感器中有空气流过时，此开关闭合，电动汽油泵才开始工作。叶片式空气流量传感器的优点是可靠性好、结构简单，测量精度不受电压波动的影响。但其进气阻力大、急加速响应较慢、外形尺寸较大、布置较为困难。

(2) 叶片式空气流量传感器的工作原理　叶片式空气流量传感器是以检测电位器的电位变化来测量空气流量的装置，它与空气流量传感器测量板同轴安装，能把因测量板开度变化而产生的滑动电阻值的变化转换为电压信号输入车载 ECU。叶片式汽车空气流量传感器实质上是将流动空气的流量转化为叶片的偏转量，再将偏转量转换为电位器的电阻值改变量，最终以电压形式输出，实现汽车空气流量测量。图 4-36 所示为叶片式空气流量传感器的工作原理。空气推力使测量板打开一个角度 α，当推开测量板的力和回位弹簧变形后的弹力平衡时，测量板便停止转动，与此同时随测量板同轴转动的电位器轴带动可变电阻滑动触头滑动。当测量板保持在某一开度时，就会使空气通道的面积保持一定，电位器的电阻值也保持一定，此时其测量端便将一定的信号电压输送到发动机 ECU，用于计算空气流量。图 4-36 中，V_B 为蓄电池

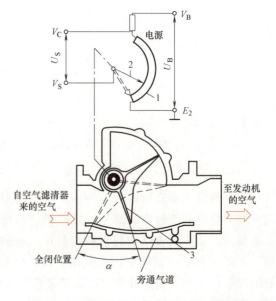

图 4-36　叶片式空气流量传感器的工作原理
1—电位器　2—电位器滑动触头　3—测量板

电压，E_2 为搭铁端，U_B 为 12V 电源电压，通常 V_C 为 5V 稳定电压，U_S 为信号电压，那么 V_S 为空气流量传感器输出电压。

3. 热线式空气流量传感器

（1）热线式空气流量传感器的结构

热线式空气流量传感器是一种质量流量型传感器。热线式空气流量传感器结构如图 4-37 所示，主要由热线电阻、温度传感器、集成电路和精密电阻等组成。热线电阻和温度补偿电阻（温度传感器）安装在主进气道中，集成电路板安装在取样区上方。进气管连接侧的防护网能够防止回火和阻止物体进入空气流量传感器。热线式空气流量传感器用于发动机进气量测量，能直接测量通过进气歧管进入发动机的空气质量，其主要元件是热线电阻。

热线式空气流量传感器内安装有热线电阻、铂丝、温度传感器和精密电阻，其局部结构如图 4-38 所示。热线式空气流量传感器中的加热元件是一根铂丝，直径约为 $70\mu m$。温度传感器集成在热线式空气流量传感器中，对吸入空气 q_M 的温度提供补充数据。当气流流过已被加热的铂丝时，会带有铂丝的热量，气流速度越高，从铂丝上带走的热量就越多，即铂丝上被带走的热量是一个变化值。热线式空气流量传感器就是利用电加热热线电阻，计算热量的变化从而将气流速度转换成电信号，经车载 ECU 处理后，最终实现空气流量数据的实时获取。此外，为了防止沉积在铂丝上的污染物引起零点漂移，在发动机停机前，铂丝被加热到烧灼温度（1000℃左右）并维持 1s，使沉积在铂丝上的杂物气化或爆裂，从而使铂丝得到净化。

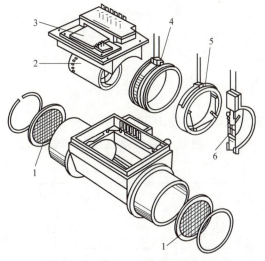

图 4-37　热线式空气流量传感器的结构

1—防护网　2—取样区　3—集成电路　4—精密电阻
5—热线支撑环　6—温度传感器

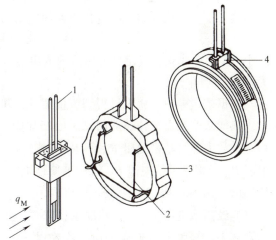

图 4-38　热线式空气流量传感器的局部结构

1—温度传感器　2—铂丝　3—热线支撑环　4—精密电阻

（2）热线式空气流量传感器的工作原理　热线式空气流量传感器的基础理论是热平衡原理，热线中的热产生应该等于热耗散。即在热线没有热传导的情况下，加热电流在热线中产生的热量应该等于流体所带走的热量。对于有限长的热线，在稳定情况下总的热耗散率为

$$H = Q_C + Q_K + Q_R \tag{4-43}$$

式中，H 为热线总的热耗散率；Q_C 为对流引起的热耗散率；Q_K 为热线对支杆的热传导引起的热耗散率；Q_R 为热线的热辐射引起的热耗散率。由于在大多数场合，热线与周围的流体温度差小于 300℃，辐射热 Q_R 可以忽略；且在热线的长细比很大的情况下（$l/d \to \infty$），热线对支架的热传导 Q_K 与 Q_C 相比可以忽略不计，所以，热线的热耗散主要是由对流引起。根据热线热耗散规律，Q_C 可以表示为

$$Q_C = \pi dhl(t_H - t_\infty) \tag{4-44}$$

式中，l 为热线长度（μm）；d 为热线直径（μm）；h 为对流换热系数 [W/(m²·℃)]；t_H 为热线温度（℃）；t_∞ 为流体温度（℃）。

引入无量纲数 Nu（Nusselt 数，$Nu = hl/\lambda_f$）及 King 公式 $Nu = A + BRe^{0.5}$，热线的总的热耗散率可以表示为

$$H = \pi d \lambda_f (A + BRe^{0.5})(t_H - t_\infty) \tag{4-45}$$

式中，λ_f 为流体热传导率；$Re = \rho_v d/\mu$。于是有

$$H = (a + b\sqrt{\rho_v})(t_H - t_\infty) \tag{4-46}$$

式中，a、b 为常数；ρ_v 为空气质量流速（g/s）。

热线单位时间内产生的焦耳热为

$$W = I_H^2 R_H \tag{4-47}$$

当达到热平衡时，即有

$$I_H^2 R_H = (a + b\sqrt{\rho_v})(t_H - t_\infty) \tag{4-48}$$

因此，当热线和空气的温度差（$t_H - t_\infty$）一定时，供给热线的电能就是空气质量流量的衡量尺度。热线式空气流量传感器的输出信号 E 可表示为

$$E = c + kq_m^n \tag{4-49}$$

式中，E 为热线式空气流量传感器的输出信号（V）；q_m 为空气质量流量（g/s）；c、k、n 为常数。

根据式（4-49）就可以得到流量信号，随后传递给车载 ECU。

热线式空气流量传感器的测量电路如图 4-39 所示。测量电路主要包括一个电桥电路和一个放大器，精密电阻 R_M 和 R_2 与热线电阻 R_H 及温度补偿电阻 R_K 组成惠斯通电桥电路。热线电阻 R_H 放在进气道内，当空气流经热线电阻 R_H 时，热线温度降低，电阻减小，导致电桥失去平衡。若要保持电桥平衡，就必须增加流经热线电阻 R_H 的电流，以恢复其温度和电阻值，精密电阻 R_M 两端的电压 U_M 也相应增加。流经热线电阻的空气量（质量、流量）不同，热线的温度变化量也不同，为保持电桥平衡，需增加或减少流经热线电阻 R_H 的电流，

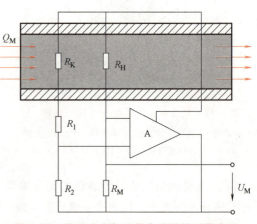

图 4-39　热线式空气流量传感器的测量电路

这就使得精密电阻 R_M 两端的电压 U_M 发生相应的变化。电压 U_M 信号与流入的空气量（质量、流量）成正比，将测量得到的电压 U_M 信号传递给车载 ECU，ECU 便可通过电压的变化测得空气流量。

4. 热膜式空气流量传感器

（1）**热膜式空气流量传感器的结构**　热膜式空气流量传感器是依据热传导和热耗散的原理制作的，气体的放热量或吸热量与该气体的质量成正比。热膜式空气流量传感器的结构主要包括电阻加热器和热敏电阻测温器。电阻加热器放置在管道中间作为热源使被测流体的温度升高。加热器两侧各放置一个热敏电阻测温器，用来检测加热器两侧的温度变化，上下游测温器、电阻加热器与外接的固定电阻组成测量电桥。如图 4-40 所示，在气体管路中，R_h 为加热电阻，它作为热源放置在管道中间，工作时使被测气体的温度升高。R_h 两侧各放置一个测温电阻 R_1、R_2，用来检测加热电阻 R_h 两侧的温度变化。R_1、R_2、R_h 与一个固定电阻 R_a 组成测量电桥。

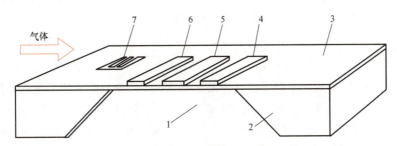

图 4-40　热膜式空气流量传感器的结构

1—隔热空腔　2—硅基片　3—横膈膜　4—下游的测温电阻 R_2　5—热敏加热电阻 R_h
6—上游的测温电阻 R_1　7—进气温度测试电阻 R_a

（2）**热膜式空气流量传感器的工作原理**　热膜的热平衡取决于三个因素，即气流、电流和热膜温度。建立热膜的热平衡有两种方案，一种是恒电流方案，即气流改变时热膜温度相应改变，以使得散失的热量不变；另一种是恒电阻方案，即恒温度方案，该方案气流改变时电流相应改变，使散失的热量也改变。

热膜电阻 R_h 单位时间内产生的焦耳热 W 为

$$W = I_h^2 R_h \tag{4-50}$$

在热膜传感器单元中，存在着多种形式的传热方式，包括强迫对流传热、自然对流传热、导热传热和辐射传热。由于热膜式空气流量传感器是通过测量因气体流动而造成的温度变化来反映气体的流量的，而且在大多数场合，热膜与周围的流体温度差小于 200℃，辐射热可以忽略，所以空气流动时产生的强迫对流传热对传感器热膜换热的影响最大，起主要作用。从传感器单元的表面通过强迫对流换热带走的热量 Q_{fc} 为

$$Q_{fc} = \alpha_m A (T_h - T_a) \tag{4-51}$$

式中，Q_{fc} 为强迫对流传热所产生的换热量；α_m 为强迫对流平均换热系数；A 为换热表面积；T_h 为传感器热膜的表面温度；T_a 为气流的温度。

当传感器结构尺寸确定后，换热表面积 A 是一常数，换热系数是空气流量的函数。对于层流边界层 $Re_m < 5 \times 10^5$，$0.6 < Pr_m < 50$ 时，流体流过热膜电阻，相当于流过平板时的

换热准则，即

$$Nu_m = 0.664\sqrt{Re_m}\sqrt[3]{Pr_m} \tag{4-52}$$

式中，Nu_m 为平均努塞尔数（Nusselt number），是反映换热壁面温度梯度的参数，$Nu_m = \alpha_m L/\lambda$；$Re_m$ 为平均雷诺数（Reynolds number），是反映流体流动状态的参数，$Re_m = \rho v L/\mu$；Pr_m 为平均普朗特尔数（Prantl number），是反映流体物性的参数，对于空气，$Pr_m = 0.700 \sim 0.711$。其中，L 为特征长度；λ 为导热系数；ρ 为空气的密度；v 为空气流速；μ 为空气的动力黏度。

经推导，强迫对流平均传热系数和流量的关系可用下式表示：

$$\alpha_m = \sqrt{\rho v}\sqrt{\frac{1}{L\mu}}\lambda\sqrt[3]{Pr_m} = \sqrt{\frac{M_a}{A_0}}\sqrt{\frac{1}{L\mu}}\lambda\sqrt[3]{Pr_m} = C\sqrt{M_a} \tag{4-53}$$

式中，A_0 为流量传感器有效流通面积；M_a 为流体的流量；C 为比例系数。

由于空气的导热系数和动力黏度在常用温度范围内变化不大，可近似认为是常数，故强迫对流平均传热系数与空气流量的平方根成正比。

因此，当达到热平衡时 $Q_{fc} = W$，联立式（4-50）、式（4-51）和式（4-53）有：

$$I_h^2 R_h = Q_{fc} = C\sqrt{M_a}A(T_h - T_a) \tag{4-54}$$

由此可看出在 T_a 一定的条件下，流体的流量 M_a 只是热膜电流和温度的函数，即 $M_a = f(I_h, T_h)$，只要固定 I_h 和 T_h 这两个参数中的任何一个都可以获得流量 M_a 与另一个参数的单值函数关系。①若电流 I_h 固定，则 $M_a = f(T_h)$，可根据热膜电阻温度 T_h 测量流量 M_a，这种工作方式即为恒流工作方式；②若保持热膜电阻温度 T_h 恒定，则 $M_a = f(I_h)$，可根据流经热膜电阻的电流 I_h 测量流量 M_a，这即为恒温工作方式。

恒流工作方式的基本测量电路如图 4-41 所示，U_1 为电桥放大，U_2 与 R_c 组成温度补偿及调零电路，U_3 为增益放大。

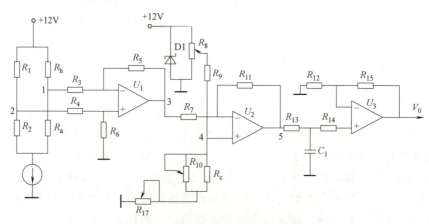

图 4-41 恒流方式基本测量原理图

电路的基本工作原理：将热膜电阻接入惠斯通电桥的一臂，流量信号经热膜电阻转变为电信号，电桥测量电路则将热膜电阻值的相对变化量转换为电桥的不平衡电压输出，送到电桥放大器的两输入端，再经过温度补偿、调零、滤波、放大，可得到 0～5V 标准电压。

当流过气道的空气流量减少或增加时,空气从热膜电阻带走的热量就相应变化,使热膜电阻的温度升高或降低。由于电阻温度与电阻阻值的关系为 $R_h = R_a[1+\beta(T_h - T_a)]$,其中 β 为电阻温度系数。因此空气流量减少或增加引起了热膜电阻的增大或减小。热膜电阻值的变化,表现为电桥不平衡电压的变化。不平衡电压经过放大、补偿,以标准电压信号输出。

恒流法测量下限低,在小流速范围内具有较高的灵敏度,由于恒流法受热膜电阻加热时间常数的影响,会产生响应滞后,所以不适合动态响应要求高的场合。

恒温工作方式的基本测量电路如图 4-42 所示。恒温控制是通过控制流经热膜电阻的电流大小,使热膜电阻温度 T_h 与冷却热膜电阻的流体温度 T_a 之差为定值,一般情况下应控制 $T_h - T_a = 100℃$。如图 4-42 所示,当加有电流的热膜电阻置于恒速流动或静止的空气中时,温度 T_h、R_h 保持不变,当空气流量变化时,热膜电阻的散热量发生变化,导致温度发生改变,电阻也相应变化,这种改变立即导致电桥偏离平衡,从而输出不平衡信号。这个信号经放大后反馈到电桥中,以抑制热膜电阻的温度改变,补偿热膜电阻的变化,从而使电桥恢复平衡。当空气流量增加时热膜电阻变冷,热膜电阻 R_h 降低,2 点的电位随之升高,$E_2 > E_1$,伺服放大器 U_1 输入端的差模电压增加,从而控制电路的输出电压 E 增加,即电桥电压增加,通过热膜电阻的电流增大,热膜电阻被重新加热,R_h 变大,当重新满足时,$E_1 = E_2$,电桥恢复平衡。这一过程是瞬时发生的,所以空气流量的增加就好像是电桥输出 E_1 的增加,而空气流量的降低也等于是电桥输出电压的降低。

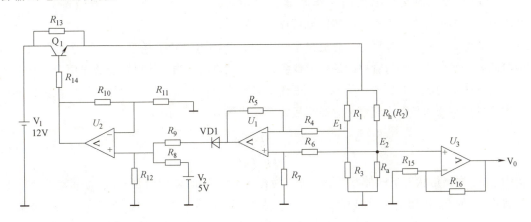

图 4-42 恒温方式基本测量原理图

图 4-42 中的电路主要由 4 部分构成。其中,U_1、R_4、R_5、R_6、R_7 构成模块 1——差分比例放大电路。该模块的作用为放大电桥的不平衡电压信号。U_2、R_{10}、R_{11}、R_8、R_{12} 构成模块 2——同向比例运算放大电路。该模块有两个作用:一是为电路提供初始平衡点,当流量为零时,通过调节 R_{10} 使电桥电路的 E_1、E_2 两点的电压差为零,电桥总电流在 70mA 左右;二是当流量不为零时,对模块 1 的输出信号进行再次放大,使电桥迅速恢复平衡。R_1、R_3、$R_h(R_2)$、R_a 构成模块 3——惠斯通电桥。U_3、R_{15}、R_{16} 构成模块 4——同向比例运算放大电路。该模块的作用是放大传感器的输出信号。

4.5.2 燃料流量传感器

燃料流量传感器被用于测量单位时间内流过管道截面的燃料体积。按照测量原理的不同，燃料流量传感器主要分为转子式流量传感器、差压式流量传感器和涡街式流量传感器。

1. 转子式流量传感器

（1）转子式流量传感器的结构　转子式流量传感器的内部结构如图 4-43 所示。转子式流量传感器由两部分组成，即从下向上逐渐扩大的测量管和置于测量管中可以沿管的中心线上下自由移动的转子。此外，组合阀式转子流量传感器还包括一个针型流量调节阀，且在流量调节阀和测量管之间有一段直管，外径与转子相当，与测量管下端内径相差不大，流体在此直管与测量管的连接处相对于测量管内的压降较小。因此，此处流体压力较其他位置更接近于转子前的压力，因而在流量传感器下端和针型流量调节阀之间的直管段上布置有一个新测点。

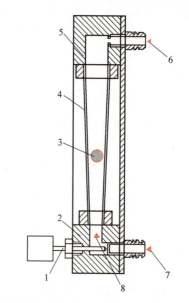

图 4-43 转子式流量传感器的内部结构
1—针型流量调节阀　2—下基座　3—转子
4—测量管　5—上基座　6—上端测点
7—阀前测点　8—新测点

（2）转子式流量传感器的工作原理　测量时，被测流体从测量管下端流入，流体的流动冲击着转子，并对它产生一个向上的作用力；当流量足够大时，作用力将转子托起，并使之升高。同时，被测流体流经转子与测量管壁间的环形缝隙，从上端流出。当流体对转子的作用力恰好等于转子在流体中的质量时，转子受力处于平衡状态而停留在某一高度，此处转子所对应的刻度即为流量传感器的示数。流量传感器测量的实际流量 Q_S 可表示为

$$Q_S = Q_N \sqrt{\frac{p_N T_S \rho_N Z_S}{p_S T_N \rho_{SN} Z_{SN}}} \tag{4-55}$$

式中，Q_S 为测量状态下的体积流量；Q_N 为标准状态下的体积流量；p_N 为标定介质在标准状态下的绝对压力（101325Pa）；T_N 为标定介质在标准状态下的热力学温度（293.15K）；ρ_N 为标定介质在标准状态下的密度；p_S 为被测介质在测量时的绝对压力；T_S 为被测介质在测量时的热力学温度；ρ_{SN} 为被测流体在标准状态下的密度；Z_{SN} 为被测流体在标准状态下的压缩系数；Z_S 为被测流体在 p_S、T_S 下的压缩系数。

2. 差压式流量传感器

（1）差压式流量传感器的结构　差压式流量传感器的结构如图 4-44 所示，传感器的左端为燃油入口，右端为燃油出口，阀体中间位置即为内嵌的标准喷嘴。图中，2 和 8 位置分别为喷嘴的前、后引油口，分别引入不同压力的被测流体进入高压腔 3 和低压腔 6，在两个腔体之间安装圆形平膜片，并在膜片上粘贴光纤布拉格光栅（FBG）传感器，用于测量敏感膜片两侧流体的压力差。通过 FBG 解调仪检测 FBG 中心波长的变化量，就可以

计算出系统中被测流体的流量大小。同时，为了监测液压管路中的压力是否超出流量传感器的许用范围，在靠近差压式流量传感器的燃油入口处，设置了测压孔1，相应的传感器也采用FBG封装方法的压力传感器。结合压力检测的特点，采用将弹性膜片受压力的形变转换为FBG轴向应变的方式进行流体的压力测试。

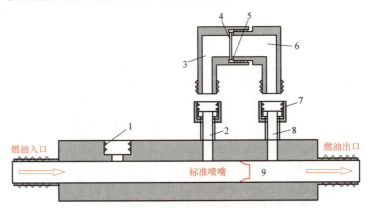

图4-44 差压式流量传感器的结构

1—测压孔　2—喷嘴前引油口　3—高压腔　4—FBG　5—圆形平膜片
6—低压腔　7—穿线接头　8—喷嘴后引油口　9—阀体

（2）**差压式流量传感器的工作原理**　被测流体通过标准喷嘴形成的节流口后由于压力损失将在标准喷嘴两侧产生压力差，通过在标准喷嘴两侧设置引油口，使压力差作用在平面膜片上，并使粘贴在膜片上的FBG产生形变，从而通过检测FBG的波长变化实现被测流体流量的测量。

由于液压系统中的液压油可视为不可压缩流体，流体的体积流量 Q_v 与经过喷嘴后两侧产生的压力差 Δp 之间的关系应为

$$Q_v = \frac{A_0}{\sqrt{1-\beta^4}} \sqrt{\frac{2}{\rho} \Delta p} \tag{4-56}$$

式中，A_0 为喷嘴的横截面积；β 为喷嘴的直径比；ρ 为流体密度。A_0、β 和 ρ 均为常量，因此流量 Q_v 与喷嘴产生的压差 Δp 之间存在着确定的数学关系。

根据小挠度平面膜片的应变原理，圆形平膜片两侧存在压差 Δp 时，可以得到平面膜片表面中心位置的应变值为

$$\varepsilon = \frac{3\Delta p}{8\delta^2 E}(1-\nu^2)R^2 \tag{4-57}$$

式中，δ 为膜片厚度；E 为膜片材料的杨氏模量；ν 为泊松比；R 为膜片的半径。FBG沿膜片直径方向粘贴在中心位置。

由于FBG的敏感栅区长度通常为8~10mm，而FBG栅区各点受到的应变并不相同，因此FBG所受到的平均应变可等效为

$$\varepsilon = K\frac{3\Delta p}{8\delta^2 E}(1-\nu^2)R^2 \tag{4-58}$$

式中，K 为系数，其值与膜片尺寸、FBG粘贴位置有关。当FBG只受平面膜片应变 ε 的

作用时,光纤布拉格(Bragg)波长的偏移量为

$$\Delta\lambda = K\frac{3}{8\delta^2 E}(1-\nu^2)R^2(1-P_e)\lambda_B\Delta p \tag{4-59}$$

式中,P_e 为光纤的有效弹光系数;λ_B 为 Bragg 中心反射波长。式(4-59)即为 FBG 压差传感器的特性方程。可以看出,Bragg 波长的偏移量 $\Delta\lambda$ 与压差 Δp 之间呈线性关系。考虑到采用标准喷嘴作为节流元件时流量 Q_v 与压力差 Δp 之间的关系式(4-56),与式(4-59)联立可得

$$\Delta\lambda = K\frac{3\rho(1-\nu^2)(1-P_e)(1-\beta^4)R^2\lambda_B}{16\delta^2 EA_0^2}Q_v^2 \tag{4-60}$$

式(4-60)为内嵌标准喷嘴 FBG 流量传感器的 Bragg 波长偏移量 $\Delta\lambda$ 与被测体积流量 Q_v 之间的数学关系式,是差压式流量传感器进行测量的理论依据。

3. 涡街式流量传感器

(1) 涡街式流量传感器的结构 涡街式流量传感器的探头结构如图 4-45 所示,主要由导流管旋涡发生体、压电晶体探头等部件组成。

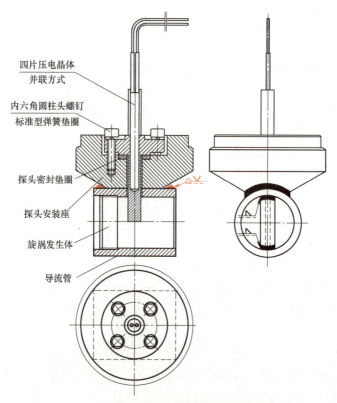

图 4-45 涡街式流量传感器的探头结构

涡街式流量传感器测量流量的理论基础是卡门涡街原理,即在流动的流体中安装一个非线性三角柱体(旋涡发生体),当流体沿旋涡发生体绕流时,会在旋涡发生体下游交替地分离释放出不对称但有规律的两列旋涡,只有当两列旋涡之间的距离 h 和同列的两旋涡之间的距离 L 之比满足 $h/L=0.281$ 时,所产生的涡街才是稳定的。

涡街式流量传感器是一种广谱流量传感器，可用于大多数蒸汽、气体和液体流量的计量、测量和控制，且具有较好的通用性、高稳定性、高可靠性、无移动部件、结构简单、故障率低等特点。同时，因其流量测量系统简单、易于维护，涡街式流量传感器具有相对经济的优势。

（2）涡街式流量传感器的工作原理　涡街式流量传感器也称为旋涡流量传感器或卡门涡街流量传感器，其设计原理为图4-46所示的卡门涡街原理。

针对燃料流量的测量，涡街式流量传感器是利用流体振荡原理来测量流量的。流体在管道中经过涡街流量变送器时，在三角柱的旋涡发生体后上下交替产生正比于流速的两列旋涡，旋涡的释放频率与流过旋涡发生体的流体平均速度及旋涡发生体的特征宽度有关。Sr为斯特劳哈尔数，它也是雷诺数的函数，二者的关系表示为

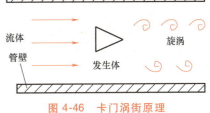

图4-46　卡门涡街原理

$$Sr = F(1/Re) \quad (4-61)$$

当雷诺数Re为$10^2 \sim 10^5$时，Sr的值约为0.2。测量中要尽量满足流体的雷诺数在此范围内，此时旋涡频率的计算公式为

$$f = \frac{0.2v}{d} \quad (4-62)$$

式中，d为旋涡发生体特征宽度。

涡街式流量传感器通过测量旋涡频率可以计算出流过旋涡发生体的流体平均速度v，再由$q = vA$可以求出流量q，其中A为流体流过管道的横截面积。

4.6　气体传感器

4.6.1　氧传感器

氧传感器安装在汽车排气管上，用以检测排气中氧气的浓度，计算排气中的空燃比。由于混合气的空燃比一旦偏离理论允许范围，三元催化剂对CO、HC和NO_x的净化能力将急剧下降，故对于安装三元催化转化器的汽车，必须通过氧传感器检测排气中氧气的浓度，并将废气空燃比反馈信号传递给车载ECU。车载ECU根据反馈信号调节燃油喷射系统的喷油量，使空燃比控制在理论允许的范围之内，所以氧传感器广泛应用于电子控制的燃油喷射系统中。按照制造材料，常见的氧传感器有二氧化锆氧传感器和二氧化钛氧传感器两大类。

1. 二氧化锆氧传感器

（1）二氧化锆氧传感器的结构　二氧化锆氧传感器的结构如图4-47所示，包括二氧化锆管、电极、弹簧、电极座、导线和气孔等部件，此外为防止二氧化锆管损坏，二氧化锆氧传感器安装有带孔护罩。由图4-47可见，二氧化锆电解质将传感器分成两个室：内侧为参比室，通入参比气；外侧为测量室，通入待测气。在电解质的两侧分

别涂制了两个电极,分别称为参比电极与测量电极,其作用是参与电极反应产生电动势微电流。

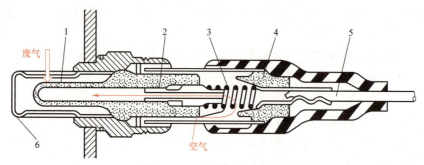

图 4-47 二氧化锆氧传感器

1—二氧化锆管 2—电极 3—弹簧 4—绝缘体 5—信号输出导线 6—保护套管

(2) 二氧化锆氧传感器的工作原理 二氧化锆氧传感器是采用氧化锆固体电解质组成的氧浓度差电池来测氧的,其核心构件是二氧化锆固体电解质,二氧化锆固体电解质由多元氧化物组成。常用的电解质以 ZrO_2 为基体,Y_2O_3 为稳定剂。典型的二氧化锆传感器构型为 $Pt—P''_{O_2}|ZrO_2\text{-}Y_2O_3|P'_{O_2}—Pt$ 电池结构,其中 Pt 表示两个铂电极,它涂制在二氧化锆电解质的两侧,两种氧分压为 P''_{O_2} 和 P'_{O_2} 的气体分别通入电解质的两侧,P''_{O_2} 为参比气,如通入空气(20.6% O_2);P'_{O_2} 为待测气,如汽车尾气。

在高温下,由于二氧化锆电解质是良好的氧离子导体,上述电池便是一个典型的氧浓度差电池。在这种浓度差电池中,电极反应过程可分为五步进行(在 P''_{O_2} 边半电池中)。

第 1 步:$\frac{1}{2}O_2(P''_{O_2},气流中) \rightleftharpoons \frac{1}{2}O_2(Pt 电极上)$ 吸附在 Pt 电极上;

第 2 步:$\frac{1}{2}O_2(Pt 电极上) \rightleftharpoons O(Pt 电极上)$;

第 3 步:$O(Pt 电极上) \rightleftharpoons O(Pt\text{-}ZrO_2 界面上)$;

第 4 步:$O(Pt\text{-}ZrO_2 界面上) + V''_0 \rightleftharpoons O_0 + 2e''$;

第 5 步:$2e'' + 2e'(Pt 电极上) \rightleftharpoons 0$;

其中,V''_0 为氧离子空穴,O_0 为晶格中的氧离子,e'' 为电子空穴,e' 为电子。同样在 P'_{O_2} 边半电池中发生与上述五步相反的电极过程。因此上述氧浓度差电池的电极反应为

$$\begin{cases} \frac{1}{2}O_2(P''_{O_2}) + V''_0 \rightleftharpoons O_0 + 2e'' \\ O_0 \rightleftharpoons \frac{1}{2}O_2(P'_{O_2}) + V''_0 + 2e' \\ \frac{1}{2}O_2(P''_{O_2}) \rightleftharpoons \frac{1}{2}O_2(P'_{O_2}) \end{cases} \quad (4\text{-}63)$$

其电动势由能斯特方程给出,即

$$E = \frac{RT}{4F}\ln\frac{P''_{O_2}}{P'_{O_2}} \quad (4\text{-}64)$$

式中，R 为气体常数；T 为电池的热力学温度（K）；F 为法拉第常数。

式（4-64）是在理想状态下导出的，必须具备以下 4 个条件：

1）两边的气体均为理想气体。

2）整个电池处于恒温恒压系统中。

3）浓度差电池是可逆的。

4）电池中不存在任何附加电动势。

式（4-64）即为二氧化锆氧传感器的理论方程。由于参比气氧含量 P''_{O_2} 已知，因此测得 E 值后便可求得待测气氧含量 P'_{O_2} 值。

二氧化锆氧传感器安装于排气管中，二氧化锆的管内、外表面均涂有薄薄的一层铂，铂既起到电极的作用，又具有催化的作用。铂能使排气中的氧气与一氧化碳、碳化氢等发生反应，减少排气中的氧含量，使外侧铂表面的氧几乎不存在，提高了传感器的灵敏度。二氧化锆管内侧通大气，并且保持氧浓度不变，外侧直接与氧浓度较低的排气相接触。工作时，在高温排气作用下，氧气发生分离，由于二氧化锆管内侧的氧离子浓度高，氧在两个电极表面有氧浓度差，氧离子就从浓度高的一侧向浓度低的一侧流动，从而产生电动势，所以二氧化锆氧传感器实际为一种容量较小的化学电池。当混合气稀（空燃比大）时，排气中的氧含量高，传感器元件内、外侧氧浓度差小，其两侧电极之间产生的电压很低（接近于 0V）；当混合气浓（空燃比小）时，排气中几乎没有氧气，传感器元件内、外侧氧浓度差很大，其两侧电极之间产生的电压高（约 1V）。此外，需要注意的是在理论空燃比附近，二氧化锆氧传感器输出电压信号值有一突变，如图 4-48 所示。

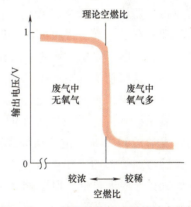

图 4-48　二氧化锆氧传感器的输出特性

二氧化锆氧传感器的输出特性与排气温度有关，其工作温度在 300℃ 以上。当排气温度低于一定值（约 300℃）时，氧传感器的输出特性不稳定，因此氧传感器一般都安装在排气温度较高的位置。为了保证氧传感器具有合适的工作温度，有些汽车上还装有排气温度传感器，当排气温度传感器的信号达到一定值后，控制单元才根据氧传感器的信号进行空燃比反馈修正。

2. 二氧化钛氧传感器

（1）二氧化钛氧传感器的结构　二氧化钛氧传感器的结构如图 4-49 所示，主要由二氧化钛元件、金属保护管、金属外壳、陶瓷绝缘材料、导线、陶瓷元件组成。此外，二氧化钛氧传感器一般配有加热元件，以满足传感器正常的工作温度。二氧化钛氧传感器属于电阻型氧传感器，主要利用半导体材料二氧化钛制成，二氧化钛的电阻值随排气中氧含量的变化而变化，因此二氧化钛氧传感器相当于一个可变电阻，其电阻值与混合气浓度（过量空气系数）的关系如图 4-50 所示。混合气稀时，二氧化钛呈低阻状态；混合气浓时，二氧化钛呈高阻状态；在理论混合气附近（过量空气系数约为1），电阻值产生突变。二氧化钛氧传感器和二氧化锆氧传感器的主要区别是二氧化锆氧传感器是将排气中氧含量的变化转化为电压的变化；二氧化钛氧传感器则是将排气中氧含量的变化转化为电阻的变化。

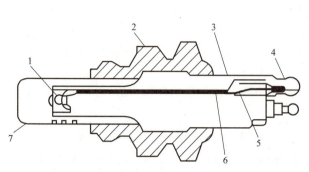

图 4-49　二氧化钛氧传感器的结构

1—二氧化钛元件　2—金属外壳　3—陶瓷绝缘材料
4—接线头　5—陶瓷元件　6—导线　7—金属保护管

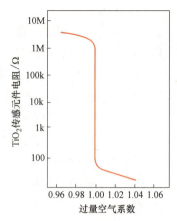

图 4-50　二氧化钛氧传感器传感元件
电阻与过量空气系数的关系

（2）二氧化钛氧传感器的工作原理　二氧化钛氧传感器的测量电路如图 4-51 所示。ECU 内部的稳压电路向氧传感器提供一个稳定的工作电压（一般为 5V），分压电阻串接在传感器电路中，二氧化钛作为可变电阻，其上的分压即可作为氧传感器的信号电压输入 ECU，OX 连接单片机，作为信号的输入线。混合气稀时，二氧化钛阻值小，信号电压也小；混合气浓时，二氧化钛阻值高，信号电压也大。此外，为了给二氧化钛氧传感器提供合适的工作温度，一般通过发动机 ECU 根据进气量和发动机转速来控制氧传感器加热器的工作电流。当发动机负荷较低时，其排气温度也低，ECU 将增入加热器的工作电流；反之，负荷较高时，则减小加热器的工作电流，从而使二氧化钛氧传感器始终保持良好的工作状态。

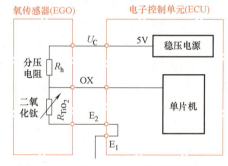

图 4-51　二氧化钛氧传感器的测量电路

4.6.2　全范围空燃比传感器

1. 全范围空燃比传感器的结构

全范围空燃比传感器主要由感应单元、气体扩散障碍层、扩散通道、加热器、参考腔和测试腔等组成，具有寿命长、热应力效果好、气体流通紧密等特点，其结构如图 4-52 所示。全范围空燃比传感器的感应单元由两个铂电极以及电极间的二氧化锆固态电解质共同构成。空燃比传感器的基本结构同氧传感器类似，二者的主要区别在于氧传感器有保护罩，而空燃比传感器的传感元件多了一个特殊设计的、用以限制空气扩散的阻力层。另外，空燃比传感器还有一个封闭的空气腔。

2. 全范围空燃比传感器的工作原理

由图 4-52 可知，尾气从扩散通道与扩散障碍层扩散到测试腔，与感应单元阴极（外

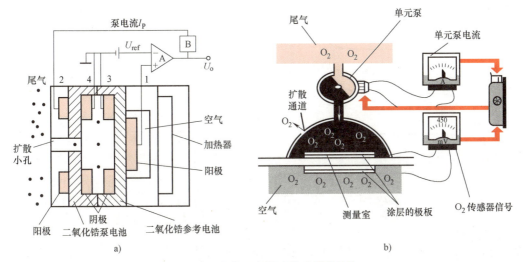

图 4-52 全范围空燃比传感器的结构
a) 结构 b) 结构示意

电极）接触，空气与感应单元阳极（内电极）接触。当感应单元离子导电活性最强时，即传感器内部温度约为780℃时，在感应单元内、外电极上施加泵电压 U_p（$0<U_p<1.5V$），将发生氧化还原反应，反应方程式为

$$\begin{cases} 外电极（阴极）：O_2+4e^-\rightarrow 2O^{2-} \\ 内电极（阳极）：2O^{2-}\rightarrow O_2+4e^- \end{cases} \tag{4-65}$$

由式（4-65）可知，氧气在外电极上获得电子生成氧离子，氧离子通过二氧化锆电解质层转移到内电极，氧离子在内电极上丢失电子生成氧气。此时，测试腔内的氧气被泵出到外界，形成泵电流 I_p。泵电流的方向决定氧气的泵入、泵出，其大小决定空燃比的大小。泵电流的大小与氧离子的迁移速率成正比，而氧离子的形成速率由氧气扩散到阴极的流量决定，计算公式为

$$I_p=\frac{4FdC_{O_2}}{dt}=4F\left(-\frac{D_{O_2}QdC_{O_2}}{dt}\right) \tag{4-66}$$

式中，dC_{O_2}/dt 为扩散障碍层中的氧气浓度梯度，决定氧气扩散流量；D_{O_2} 为氧气有效扩散系数；Q 为有效横向扩散系数。当温度一定时，泵电流随着泵电压的增加而增加，外电极上的氧气分子浓度逐渐降低，继续增大泵电压，泵电流不再增大，此时阴极氧分子浓度减小为0，泵电流成为极限电流 I_L，与尾气中的氧气浓度成正比，即

$$I_L=4FD_{O_2}Q/(LC_{O_2}) \tag{4-67}$$

式中，C_{O_2} 为尾气中的氧气浓度；L 为扩散障碍层的有效扩散长度。

全范围空燃比传感器 I_p-U_p-A/F 关系曲线如图4-53所示，输出特性曲线如图4-54所示。

调节加热器温度稳定在780℃，保证氧离子活性达到最大，此时待测尾气先后经过扩散通道与扩散障碍层进入测试腔，与参考腔内空气形成浓度差，产生能斯特电动势 E_s，测量 E_s 并与参考能斯特电压 U_r(450mV) 进行比较，通过相应控制算法计算出需要施加的泵电压 U_p，控制测试腔内的氧气泵入或泵出，使 E_s 稳定在设定值（450mV），保持测

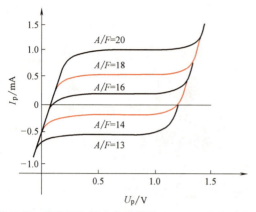

图 4-53 全范围空燃比传感器的 I_p-U_p-A/F 关系曲线

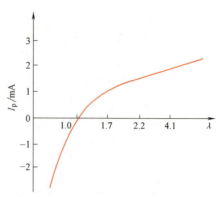

图 4-54 全范围空燃比氧传感器的输出特性曲线

试腔内氧浓度恒定。根据 E_s 可知可燃混合气的浓稀状态。当 E_s>450mV 时，为浓状态，外界氧气泵入到测试腔，形成反向极限电流；当 E_s<450mV 时，为稀状态，测试腔中氧气泵出，形成正向极限电流；当 E_s = 450mV，测试腔与参考气体腔室氧气浓度相同，极限电流为 0。由此可知，极限电流 I_L 的大小与方向可反映可燃混合气的空燃比与浓稀状态。图 4-54 所示为全范围空燃比氧传感器的输出特性曲线，根据特性曲线可知，当相对空燃比 λ>1 时，泵电流 I_p 大于 0，并随 λ 增大而增大；当相对空燃比 λ<1 时，泵电流 I_p 小于 0，并随 λ 增大而减小。由于在 λ>1 和 λ<1 时，λ 与 I_p 均具有良好的非线性关系，因此全范围空燃比氧传感器能够准确测量很大范围尾气的空燃比。使用外部检测电路测量回路中的泵电流 I_p，根据 I_p 与 λ 的非线性关系可得出 λ 或空燃比大小，并将 λ 或空燃比以 0~5V 标准模拟信号发送到发动机 ECU，以完成空燃比的闭环控制。

4.6.3 烟尘浓度传感器

1. 烟尘浓度传感器的结构

在汽车车厢内，因乘客吸烟或从车外侵入灰尘等造成车内空气污染，将严重危害人体健康，因此，必须安装空气净化器以保持空气清新。烟尘浓度传感器就是与这种空气净化器配套使用的装置。当通过烟尘浓度传感器感知烟尘存在时，就会使空气净化器自动运转。没有烟尘时就会使空气净化器自动停止工作，从而达到使车内空气始终保持清新的目的。

烟尘浓度传感器的结构如图 4-55 所示。它由发光器件、光电器件和信号处理电路等组成，主要依据光电检测原理和光在烟尘中传播时发生散射和反射的特性。发光二极管能发射红外光线，而光电晶体管对红外光线比较敏感，对其他光线不灵敏，所以可避免可见光的干扰。烟尘浓度的变化使光电传感器接收光

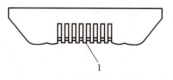
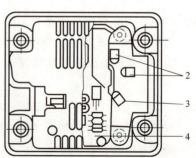

图 4-55 烟尘浓度传感器的结构

1—烟雾进口　2—光电器件
3—发光器件　4—电路部分

第4章 汽车动力控制系统传感器

强度也发生变化,随后,信号处理电路将光信号转化成ECU可识别的电信号。

2. 烟尘浓度传感器的工作原理

烟尘浓度传感器的工作原理是基于光在粉尘中的特性。当光通过介质时,一部分光被介质吸收,另一部分光被散射,余下部分按原传播方向继续前进,没有一种介质(真空除外)对任何波长的电磁波是完全透明的。假设当光经过厚度为 x 的均匀介质的吸收层后,光强由 I_0 减少为 I。根据朗伯定律:$I = I_0 e^{-kx}$,其中 k 为吸收系数,它是波长的函数。

当光通过气体中的尘粒时,由于粉尘粒子的不均匀结构破坏了次波的相干性而产生廷德尔散射。当平行光通过厚度为 x 的粉尘介质时,光强由 I_0 减弱为 I。由于吸收和散射的影响,有 $I = I_0 e^{-kx-hx}$,其中 h 为散射系数。

与普通光源相比,红外光沿一条直线传播,发散角很小;红外光的谱线单一,相干长度可达数百米;并且由于红外光束细,其功率密度特别大。基于上述特点,红外光适合用作测量烟尘传感器的光源。

烟尘浓度传感器的工作原理如图4-56所示。通过烟尘浓度传感器的开口缝隙,空气能够自由流动,同时发光二极管产生肉眼看不到的间歇红外光,在空气中没有烟雾的情况下,红外光照射不到光电器件上,电路不工作;当空气中出现烟雾,并且烟雾进入烟尘浓度传感器时,烟雾粒子使间歇的红外光漫反射进入光电器件,经信号处理电路处理后,将探测到的烟雾信号转化为电信号,传给ECU,此时ECU判定烟雾存在,便启动空气净化器鼓风机的电动机开始工作。同时,为防止烟尘浓度传感器受外部干扰而引起误动作,传感器内部采用了脉冲振荡电路,即使射入相同波长的红外光,因脉冲周期不同,传感器也不会判断有烟雾。另外,传感器内部还设有定时、延时电路,即使没有烟雾,鼓风机一旦动作起来,也只能在连续运转2min后停止工作。

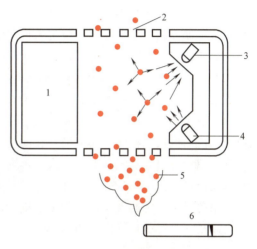

图4-56 烟尘浓度传感器的工作原理

1—工作电路 2—细缝 3—光电器件
4—发光二极管 5—烟雾粒子 6—香烟

4.6.4 NO$_x$ 传感器

1. NO$_x$ 传感器的结构

NO$_x$ 传感器的结构如图4-57所示,主要包括两个腔室、两个泵室、四个电极和一个加热元件组成。传感器元件是由二氧化锆(ZrO$_2$)制成的,ZrO$_2$ 的特点是,如

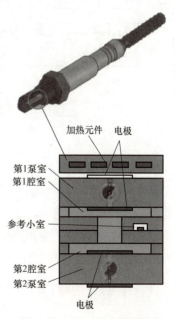

图4-57 NO$_x$ 传感器的结构

果对它施加电压,则可使负的氧离子从负电极迁移至正电极,相当于气泵将氧气从一侧泵入另一侧,因此,俗称为氧气泵。

2. NO_x 传感器的工作原理

NO_x 传感器的检测原理也是以氧气测量为基础,并且可以从一个宽带 λ 探针上检测到氧气含量。NO_x 传感器工作过程可以分为两个阶段:

(1)确定第一腔室中的 λ 数值　如图 4-58a 所示,一部分废气流入第一腔室中。由于废气中的氧气残留量与参考小室中的氧气残留量不同,就能在电极上测量出一个电压,氮氧化物传感器控制单元将此电压设定为恒定值 450mV,这相当于空气/燃油比 $\lambda = 1$。如果偏离此数值,氧气被泵出或者泵入,使 450mV 的电压保持恒定。

(2)确定第二腔室中的氮氧化物残留量　如图 4-58b 所示,不含氧气的废气从第一腔室进入第二腔室,废气中的氮氧化物分子被一个特殊的电极分裂成氮气和氧气。因为第二腔室内部电极和外部电极上电压被调整至恒定值 450mV,所以氧气泵必须通入电流,使氧离子从内部电极迁移到外部电极。在此过程中,氧气泵流动的电流表示的是第二腔室中的氧气残留量。因为氧气泵的电流大小与废气中的氮氧化物成正比,为此就能够确定氮氧化物的残留量。

如果超过了一定的氮氧化物阈值,氮氧化物存储式催化转化器的存储空间就会用完,这时会启动一个氮氧化物再生周期。

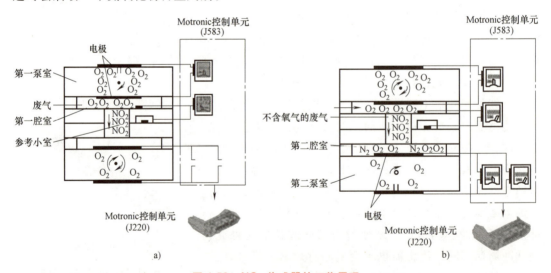

图 4-58　NO_x 传感器的工作原理

a)确定第一腔室中的 λ 数值　b)确定第二腔室中的氮氧化物残留量

4.7　动力控制系统的其他传感器

4.7.1　爆燃传感器

爆燃传感器是汽车电喷发动机控制系统中的重要组成部件,其主要功能是向汽车发动机 ECU 输送电压信号，这些电压信号由压电陶瓷元件接收发动机振动转换而来，通过对电压信号的分析处理，遏制或者减弱爆燃，进而实现对爆燃的控制，提高发动机的工作效率。爆燃传感器按照检测原理的不同又分为共振型和非共振型爆燃传感器。

1. 共振型压电式爆燃传感器

（1）共振型压电式爆燃传感器的结构　共振型压电式爆燃传感器的结构如图 4-59 所示，主要由压电元件、振荡片、基座、O 形密封圈、壳体等部分组成，爆燃传感器内部设有振荡片，并固定在基座上。压电元件紧固在振荡片上。传感器固有振动频率与发动机爆燃时的振动频率相同，因此产生谐振，输出电压信号最大，无须使用滤波器即可识别爆燃。

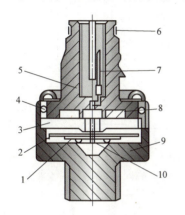
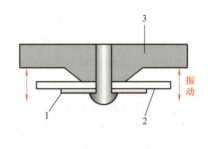

图 4-59　共振型压电式爆燃传感器的结构

1—压电元件　2—振荡片　3—基座　4、6—O 形密封圈　5—连接器
7—接头　8—密封剂　9—壳体　10—引线端头

（2）共振型压电式爆燃传感器的工作原理　共振型压电式传感器的共振频率与发动机爆燃时的频率相匹配。爆燃时利用发动机振动频率与传感器的固有频率一致的特点，通过产生共振来检测爆燃强度。要实现谐振，传感器内部需要设有共振体，使共振体的共振频率与爆燃频率协调一致。当振荡片的固有频率与被测发动机爆燃振动特征频率一致时，振荡片将产生的共振，并作用在压电元件上，压电元件将压力信号转化成电信号，从而输出最大的谐振输出电压，其输出特性曲线如图 4-60 所示。爆燃传感器的固有频率与发动机的爆燃振动特征频率息息相关，爆燃传感器固有频率的设计和输出信号的带通滤波处理都是基于爆燃振动特征频率，而发动机爆燃振动特征频率与燃烧室的尺寸以及缸内声速有关，该频率值的计算可以依据 Draper 实验室的特性频率公式，即

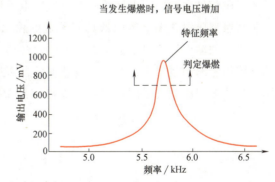

图 4-60　共振型压电式爆燃传感器的输出特性曲线

$$f_{m,n} = \frac{c\rho_{m,n}}{\pi B} \tag{4-68}$$

式中，$f_{m,n}$ 为特征频率值；c 为声速；$\rho_{m,n}$ 为振动模型系数；B 为气缸直径；m、n 为轴向和径向系数。

根据式（4-68）可以确定发动机爆燃振动特征频率，进而得到所需的振荡片的频率。共振型压电式爆燃传感器的优点是输出电压非常高，电路不需要滤波。此外，该传感器的静电电容值比较高，即使有干扰，传感器的输出电压也非常稳定。

2. 非共振型压电式爆燃传感器

（1）非共振型压电式爆燃传感器的结构
非共振型压电式爆燃传感器根据加速信号来判断发动机的爆燃强度，其结构如图 4-61 所示，该传感器主要包括同极性相向对接的两个压电元件和一根螺钉固定于壳体上的配重平衡块。

（2）非共振型压电式爆燃传感器的工作原理 压电式非共振型爆燃传感器的外边缘元件为一相对较重的平衡块，其惯性相对较大，因此平衡块与底座之间会产生相对运动，夹在其间的压电陶瓷就会受到正比于加速度的交变惯性力作用，压电效应使得压电元件的上下表面产生交变的束缚电荷，与此同时在上下表面均粘贴电极，

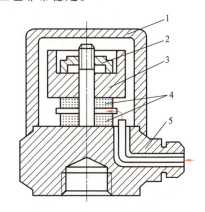

图 4-61　非共振型压电式爆燃传感器的结构
1—壳体　2—弹簧　3—配重平衡块
4—压电元件　5—基座

其将感应出等量的自由电荷输出。当被测体的振动频率远小于传感器的固有频率时，传感器的输出电荷（电压）与作用力成正比，亦即与试件的加速度成正比。具体而言，当发动机工作时，安装在发动机缸体上的爆燃传感器内部的配重平衡块因受振动影响而产生加速度信号，与配重平衡块直接接触的压电元件就会感应到压力的变化。即配重平衡块先将加速度信号作用于压电元件使之感受到压力信号，随后压电元件再将压力信号转换成电压信号，电压信号由两个同极性相向对接的压电元件的中央输出并最终传递给车载 ECU。

非共振型压电式爆燃传感器具有平缓的输出特性，即使位于爆燃发生时的频域范围内，传感器的输出信号也不会很大。因此，必须将反映发动机振动频率的电压信号送至能识别爆燃信号的滤波器中，通过滤波处理后，再进行是否有爆燃信号的产生及爆燃强度的判别。非共振型压电式爆燃传感器的输出信号及过滤后的信号特性如图 4-62 所示。非共

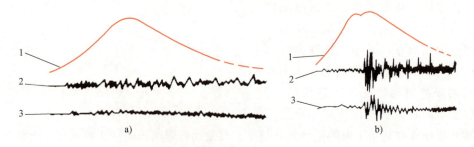

图 4-62　非共振型压电式爆燃传感器的输出信号及过滤后的信号特性
a）无爆燃　b）有爆燃
1—气缸压力　2—传感器输出信号　3—过滤后的输出信号

振型压电式传感器的检测频率范围为 0~10kHz,可检测具有宽频带的发动机振动频率。非共振型压电式爆燃传感器安装在不同发动机时,只需调整滤波器的过滤频率即可使用,不需要另外更换传感器,这也是非共振型压电式爆燃传感器的突出优点。

4.7.2 电流传感器

电流传感器是一种能感受被测电流信息的检测元件,将检测感受到的电流信息按一定规律转换成为符合特定标准需要的电信号或其他所需形式的信息输出,以满足信息的传输、处理、存储、显示、记录和控制等要求。依据测量原理的不同,电流传感器主要分为分流器、电磁式电流传感器、电子式电流传感器等。其中电磁式电流传感器结构简单可靠,寿命较长,便于维护,且价格较低,应用广泛。本节主要介绍电磁式电流传感器。

1. 电磁式电流传感器的结构

闭环式霍尔电流传感器是典型的电磁式电流传感器,其基本结构如图 4-63 所示,包括二次补偿绕组、霍尔元件、磁心和放大电路等部件。二次补偿绕组能大幅度提升闭环式霍尔电流传感器的性能。放大电路接收霍尔元件的输出,并放大为电流信号提供给二次补偿绕组,二次补偿绕组在磁心中产生的磁场与一次电流产生的磁场在气隙处大小相等、方向相反,抵消一次侧磁场,形成负反馈闭环控制电路。若二次电流过小,产生的磁场不足以抵消一次侧磁场,则放大电路将输出更大的电流,反之,放大电路输出电流减小,从而维持气隙处的磁场平衡。若一次电流发生变化,气隙处磁场平衡被破坏,负反馈闭环控制电路同样会调节二次输出电流,使磁场重新达到平衡。宏观上讲,气隙处将一直维持零磁通,保持磁平衡。

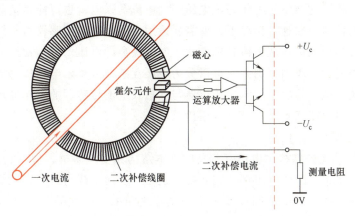

图 4-63 闭环式霍尔电流传感器的结构

2. 电磁式电流传感器的工作原理

如图 4-64 所示,零磁通霍尔电流传感器的一次电流 I_1 在磁心中产生的磁场 B_1 与二次电流 I_2 产生的磁场 B_2 相平衡,从而使四个霍尔元件 H 始终保持零磁通的工作状态。霍尔元件在感应到磁场的不平衡后,产生霍尔电压 U_H,经过比例放大和积分调节后,转换为 PWM 信号用于驱动功率放大电路,再由功率放大电路提供相应占空比大小的电压,最终形成二次补偿电流 I_2。一次电流与生成的补偿电流呈线性关系,通过测量补偿电流就可以

测得原生电流的大小。此外，在整个传感器系统稳定时，一次侧和二次侧的磁场始终保持平衡，即有

$$N_1 I_1 = N_2 I_2 \quad (4\text{-}69)$$

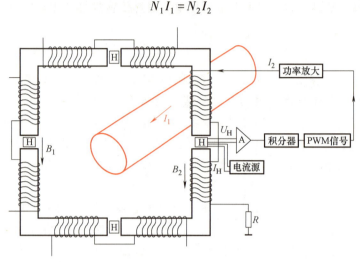

图 4-64　闭环式霍尔传感器的工作原理

4.7.3　电压传感器

电压传感器是能感受被测电压并转换成可用输出信号的传感器。在各种自动检测、控制系统中，常常需要对高速变化的交、直流电压信号进行跟踪采集，对于比较复杂的电压波形进行频谱分析。这类信号可能是高电压、大电流等强电，也可能是负载能力很差的弱电或幅值很小的信号。在这种情况下，就需要采用合适的电压传感器对不能直接测量或不匹配的电压信号进行采集，从而得到标准化、电气隔离的电压信号。常用的电压传感器根据其不同的工作机理和应用范围大致可以分为电压互感器、霍尔电压传感器及光纤电压传感器等几种主要类型。其中霍尔电压传感器与电磁式电流传感器的工作原理相同，不再赘述。本节主要介绍电压互感器和光纤电压传感器。

1. 电压互感器

（1）电压互感器的结构　电压互感器的基本结构和变压器很相似，它也有两个绕组：一次绕组和二次绕组。两个绕组都装在或绕在铁心上。两个绕组之间以及绕组与铁心之间是绝缘的，从而使两个绕组之间以及绕组与铁心之间都有电气隔离。电压互感器在运行时，一次绕组 N_1 并联接在线路上，二次绕组 N_2 并联接仪表或继电器。因此在测量高压线路上的电压时，尽管一次绕组中的电压很高，但二次绕组中的电压却是低压，从而可以确保操作人员和仪表的安全。

电容式电压互感器的结构如图 4-65 所示，主要由电容分压器和电磁单元两大部分组成。电容分压器又包括高压电容、中压电容、一次接线端、外置式金属膨胀器和电容分压器套管。电磁单元又可细分为补偿电抗器、阻尼器、电磁单元箱体、端子箱和中间变压器。电容分压器由高压电容和中压电容串联组成，系统一次电压经电容分压器后产生中间电压，中间电压一般为 10~20kV。补偿电抗器用于调整一、二次电压的相位关系，补偿

电容分压器容抗，减小综合内阻抗，提高电容式电压互感器的负荷能力。目前我国制造的 YDR 型电容式电压互感器准确度已提高到 0.5 级，在 110kV 及以上中性点直接接地系统中得到了广泛的应用。

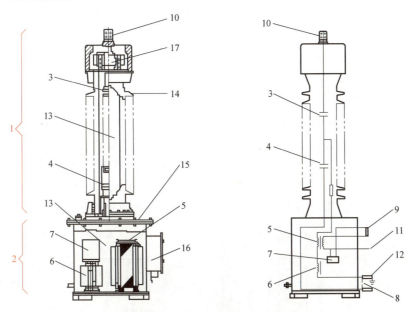

图 4-65 电容式电压互感器的结构

1—电容分压器　2—电磁单元　3—高压电容　4—中压电容　5—中间变压器　6—补偿电抗器　7—阻尼器　8—电容分压器低压端对地保护间隙　9—阻尼器连接片　10——次接线端　11—二次输出端　12—接地端　13—绝缘油　14—电容分压器套管　15—电磁单元箱体　16—端子箱　17—外置金属膨胀器

（2）电容式电压互感器的工作原理　如图 4-66 所示，电容器分成主电容 C_1 和分压电容 C_2 两部分。设一次侧的相对地电压为 U_1，则 C_2 上的电压为

$$U_{C2} = U_1 C_1 / (C_1 + C_2) = K U_1 \tag{4-70}$$

式中，K 为分压比，且 $K = C_1/(C_1 + C_2)$，改变 C_1 和 C_2 的值，可得到不同的分压比。

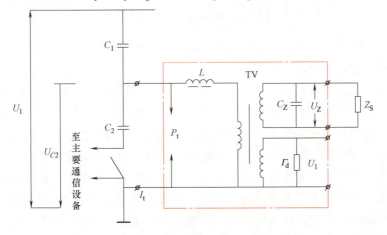

图 4-66 电容式电压互感器的分压原理

由于 U_{C2} 与一次电压 U_1 成正比，故测得 U_{C2} 即可得到 U_1。此外，为了补偿由于负载效应引起的电容分压器的容抗电压降，使二次电压随负载的变化而减小，在中间回路中串接有电抗器，设计时使回路等效容抗和感抗值基本相等，以便得到规定的负荷范围和准确的电压信号。在中间变压器二次侧的一个绕组上接有阻尼器，可以有效抑制铁磁谐振。电容式电压互感器工作时，通过电容分压器的分压，将一次电压 U_1 分压后得到的中间电压 U_{C2}（一般为 10~20kV）通过中间变压器降为 100V 的电压，从而为电压测量及继电保护装置提供电压信号。

2. 光纤电压传感器

（1）光纤电压传感器的结构　光纤电压传感器的结构如图 4-67 所示，它由光纤、准直透镜、起偏器、检偏器、1/4 波片、BGO 晶体等组成。各组件的具体功能如下：准直镜将来自光源 LED 的光束准直成平行光进入起偏器；起偏器将来自 LED 的光变成线偏振光；1/4 波片则能引入 90°附加相移；BGO 晶体产生电光效应和敏感电压；检偏器将椭圆偏振光变成线偏振光；耦合透镜将经电压调制的光耦合进输出光纤中。

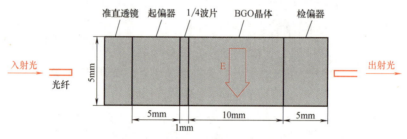

图 4-67　光纤电压传感器的结构

（2）光纤电压传感器的工作原理　光纤电压传感器是基于 BGO（$Bi_4Ge_3O_{12}$）晶体和泡克尔斯效应（pockels effect）的体调制型光学电压互感器。工作时由 LED 产生一个中心波长为 850nm 的光波，通过光纤传至安装在高压侧的光学电压传感头。光首先进入起偏器变成线偏振光，然后经 1/4 波片变成圆偏振光，当光经过光电晶体时，在电场的作用下变成椭圆偏振光，经检偏器后又变成线偏振光；其输出光强可以表示为

$$I = \frac{1}{2}I_0\left(1 + \frac{\pi U_m}{U_\pi}\sin\omega t\right) = \frac{1}{2}I_0(1 + \Gamma_m\sin\omega t) \qquad (4-71)$$

式中，I 为输出光强；I_0 为输入光强；$\Gamma_m = \pi U_m/U_\pi$ 为调制度；$U_m\sin\omega t$ 为被测电压。显然输出光强中含有被测电压的信息。

光纤电压传感器的输出光由光纤传至远方的信号处理电路。PIN 管用来实现光电转换，将光信号变成电信号，再由模拟电路将信号进行滤波、放大等处理，最后信号进入数字电路和微处理器进行处理，得到被测电压。光纤电压传感器采用非金属晶体作为传感头，光纤作为传感介质，使电网与测量电路能有效隔离，从而避免了二次短路的危险。

泡克尔斯调制型光纤电压传感器是以 BGO 晶体和泡克尔斯效应为基础而制造的偏振调制型传感器。首先，光纤中传输的光经偏振器成为线偏振光，当线偏振光通过 BGO 晶体时，外加电场的作用使晶体发生泡克尔斯效应，使线偏振光的空间方向偏转，从而通过检偏器测出光强的变化，就可以求出被测电压的大小。按照调制方式的不同，泡克尔斯调

制型光纤电压传感器又可以分为横向调制、纵向调制两种，如图4-68所示，二者的区别是电场的施加方向。采用纵向调制的光纤电压传感器，其优点是半波电压只与晶体的电光性能有关，而与晶体尺寸无关，可以通过增加晶体的长度来增加相互作用长度，以此增加电光效应。但纵向调制下，必须在晶体的两端面上蒸涂透明电极，不仅增加了工艺的复杂性和生产成本，还增加了光学损耗，降低了灵敏度。另外，采用纵向调制的传感器，不能或很难采用电容分压结构，其线性动态范围小，不适合用于电压较高的场合。而采用横向调制的光纤电压传感器，测量范围为10V~40kV，测量精度为0.5%~1%。

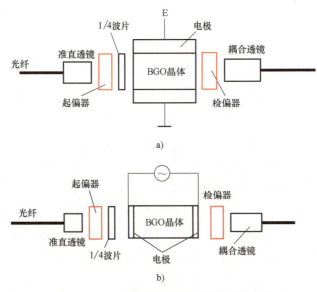

图 4-68　泡克尔斯调制型光纤电压传感器
a）横向调制　b）纵向调制

思考题与习题

1. 热电偶的测温原理是什么？其具体应用有哪些？
2. 简述压力传感器的类型及其在汽车上的应用。
3. 简述位置传感器的类型及其在汽车上的应用。
4. 简述空气流量传感器的分类，并说明卡门旋涡式空气流量传感器的原理。
5. 简述氧传感器的功能、类型以及全范围空燃比传感器的结构。
6. 简述爆燃传感器的分类。
7. 简述电流传感器和电压传感器的分类。

第5章

汽车底盘控制系统传感器

5.1 概述

包括传感器在内的电子控制系统在汽车底盘技术中的广泛应用极大地改善了汽车的主动安全性。随着现代传感技术和电控技术的发展，各种汽车底盘电控系统相继问世并得到广泛应用，如动力驱动系统的牵引力控制系统（traction control system，TCS）；悬架控制系统的主动侧倾控制（active roll control，ARC）、主动悬架（active suspension，AS）、连续阻尼控制（continuous damping control，CDC）；动力转向系统的电动助力转向（electric power steering，EPS）、四轮转向（four wheel steering，4WS）、主动前轮转向（active front steering，AFS）；制动系统的防抱制动系统（anti-lock braking system，ABS）、电子稳定性控制（electronic stability control，ESC）；智能化驾驶辅助系统的自适应巡航控制（adaptive cruise control，ACC）、车道线保持辅助（lane keeping assistance，LKA）等。

汽车底盘控制系统框图如图5-1所示。系统中的传感器用于牵引力控制系统、悬架控制系统、动力转向系统、防抱制动系统等底盘控制系统中。要求底盘控制系统传感器能提供精确的信号，同时还能适应恶劣的环境，以便驾驶人能安全舒适地驾驶汽车。这些传感器尽管分布在不同的系统中，但其工作原理与动力控制系统中相应的传感器类似。而且，随着汽车电子控制系统集成化程度的提高，以及CAN-BUS技术的广泛应用，同一传感器不仅可以给动力控制系统提供信号，也可以为底盘控制系统提供信号。比如，变速器控制系统传感器主要有车速传感器、加速/制动踏板位置传感器、加速度传感器、节气门位置传感器、发动机转速传感器、冷却液温度传感器、油温传感器等；防抱制动系统用传感器主要有轮速传感器和车速传感器等；悬架控制系统用传感器主要有车速传感器、节气门位置传感器、加速度传感器、车身高度传感器、横摆角速度传感器、转向盘转角传感器等；动力转向系统用传感器主要有车速传感器、发动机转速传感器、转矩传感器、油压传感器等。从中可以看到，有多个同一传感器出现在多个控制系统中。其中冷却液温度传感器、油温传感器、油压传感器与车速传感器、发动机转速传感器、节气门位置传感器、转向盘转角传感器分别在第4.2、4.3和4.4节中已有详细介绍，此处不再赘述。本章主要针对加速/制动踏板传感器、角速度传感器、加速度传感器、转矩传感器和车身高度传感器的工作原理及其应用进行详细介绍。

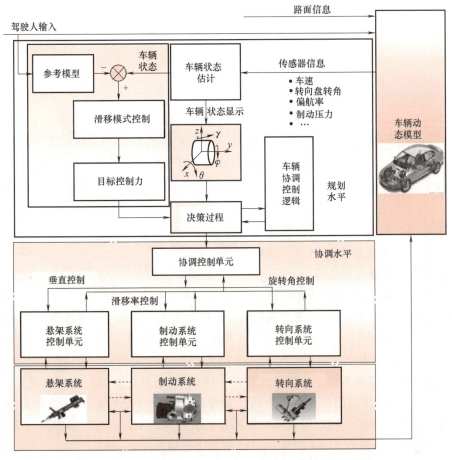

图 5-1 汽车底盘控制系统框图

5.2 加速/制动踏板传感器

目前采用的电子加速/制动踏板，主要由踏板机械结构、踏板位置传感器及线路和相关附件组成。汽车加速/制动踏板传感器主要用来测量踏板位置，不只应用在发动机管理系统（engine management system，EMS）中，也应用于汽车底盘控制系统中的变速器控制单元（transmission control unit，TCU）中。对于纯电动汽车，电子加速踏板通过位置传感器采集当前踏板位置信号传送给整车控制器进行运算处理后，通过 CAN 总线发送给电动机控制器进而精确控制电动机的输出转矩。加速/制动踏板位置传感器安装于驾驶室内的加速/制动踏板模块中，由其感知并检测踏板的位置信息并进而转变为电信号传递给变速器控制单元，使电控装置控制换档点和液力变矩器锁止，在确保动力性的基础上，具有最佳燃油经济性。根据结构原理不同，加速/制动踏板传感器主要分为接触式和非接触式两种。下面分别介绍以电位器式踏板传感器为代表的接触式踏板传感器和以霍尔式踏板传感器为代表的非接触式踏板传感器。

5.2.1 电位器式踏板传感器

1. 电位器式踏板传感器的结构

为最大程度保证信号的可靠性,在加速/制动踏板模块处往往装设两个加速/制动踏板位置传感器。以大众车系某车型为例,其将两个踏板传感器命名为 G79 和 G185,技术上称为冗余系统。变速器控制单元通过两个踏板传感器提供的信号来识别加速/制动踏板当前的位置。

图 5-2 所示为电位器式踏板传感器的结构。两个传感器为滑动触头传感器,安装在同一根轴上,滑动触头传感器的电阻和传送至变速器控制单元的电压随着踏板位置的变化而变化。

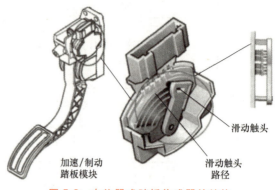

图 5-2 电位器式踏板传感器的结构

电位器式踏板传感器以分压电路原理工作,起始电压均为 5V,考虑到系统的可靠性和安全性,每个传感器都有独立的电源、搭铁和信号线,如图 5-3a 所示。输出信号为电压信号,在相应数据块中显示为百分数,起始电压 5V 显示为 100%。

为了信号的可靠性和功能自测试的需要,在 G185 上另外安装有串联电阻 R,因此两个加速/制动踏板传感器的电阻特性不同,如图 5-3b 所示。工作时,G185 电阻是 G79 电阻的 2 倍;电阻特性的不同,导致两个传感器输出特性的不同,G79 输出信号为 G185 的 2 倍,G79 的输出范围为 12%~97%,G185 的输出范围为 4%~49%。

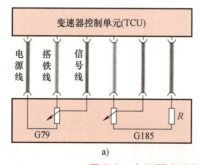 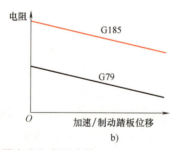

图 5-3 电位器式踏板传感器电路和电阻特性
a) 电路 b) 电阻特性

2. 电位器式踏板传感器的工作原理

电位器式传感器本质上是有一个滑动触头的滑动变阻器,包括固定阻值的电阻部件和可移动的电刷两部分。电位器式传感器的组成结构简单,性价比高,适用范围广,对应用条件、环境要求较低,被测量与输出之间函数关系简单。

总体来说,电位器式踏板传感器基于变阻电位器原理,采用厚膜电阻或导电塑料制成,电阻基体与电刷相对运动,通过采样经电刷传输出来的电压分压值来判断电刷的滑动位置，最终判断转动角度。

一般的电位器式传感器的工作原理：将机械位移、压力或加速度等变量转换为与之呈一定函数规律的电刷滑动，电位器的输出与电刷滑动触头的移动位移成正比，因此通过测量电位器输出电压就可以得到待测量。对电位器式传感器输入电压激励 U_m，则输出端电压为 U_o，如图 5-4 所示，假定全长为 x_m 的电位器电阻值为 R_m，其电阻值沿长度的分布是均匀的，则当滑动触头由 A 向 B 移动 x_1 后，输出电压与电阻阻值变化的关系为

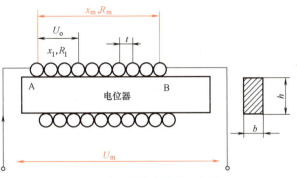

图 5-4　电位器传感器的工作原理

$$U_o = \frac{R_1}{R_m} U_m \tag{5-1}$$

若电位器截面长和宽分别为 b、h，导线横截面积为 A，绕线节距为 t，导线电阻率为 ρ，绕线总匝数为 n，则

$$R_m = \frac{\rho}{A} 2(b+h) n \tag{5-2}$$

$$x_m = nt \tag{5-3}$$

其电阻灵敏度 S_R 和电压灵敏度 S_U 分别为

$$S_R = \frac{R_m}{x_m} = \frac{2(b+h)\rho}{At} \tag{5-4}$$

$$S_U = \frac{U_m}{x_m} = I \frac{2(b+h)\rho}{At} \tag{5-5}$$

如图 5-5 所示，电刷在电位器的线圈上移动时，线圈一匝一匝地变化，电刷与一匝线圈接触的过程中，虽有微小位移，但电阻值并无变化，因而输出电压也不会改变，在输出特性曲线上对应地出现平直段；当电刷离开一匝线圈而与下一匝线圈接触时，电阻突然增加一匝阻值，因此特性曲线相应出现阶跃段。电刷每移过一匝线圈，输出电压便阶跃一次，因此共产生 n 个电压阶跃，其阶跃值即主要分辨脉冲为

$$\Delta U_m = \frac{U_m}{n} \tag{5-6}$$

实际上，在电刷从 j 匝移到 $(j+1)$ 匝的过程中，必定会使这两匝线圈短路，于是电位器的线圈总匝数从 n 匝减小到 $(n-1)$ 匝，这样总阻值的变化就使得在每个电压阶跃中还产生一个小电压阶跃。这个小电压阶跃即次要分辨脉冲为

$$\Delta U_a = U_m \left(\frac{1}{n-1} - \frac{1}{n} \right) j \tag{5-7}$$

$$\Delta U = \Delta U_m + \Delta U_a \tag{5-8}$$

主要分辨脉冲和次要分辨脉冲的延续比，取决于电刷和导线直径的比。若电刷的直径

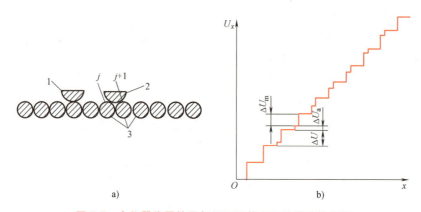

图 5-5 电位器线圈的局部剖面及其实际阶梯特性曲线

a) 局部剖面 b) 阶梯特性

1、2—电刷 3—导线

太小,尤其使用软合金时,会促使形成磨损平台;若直径过大,则只要有很小的磨损就将使电位器有更多的匝短路,一般取电刷与导线直径比为 10,即可获得较好的效果。

工程上常把图 5-5 中所示的实际阶梯曲线简化成如图 5-6 所示的理想阶梯曲线,这时,电位器的电压分辨率定义为在电刷行程内,电位器输出电压阶梯的最大值与最大输出电压 U_m 之比。对于具有理想阶梯特性的线绕电位器,电压分辨率为

$$e_{ba} = \frac{U_m/n}{U_m} = \frac{1}{n} \times 100\% \qquad (5-9)$$

由图 5-6 可知,在理想情况下,特性曲线每个阶梯的大小完全相同,则通过每个阶梯中点的直线即为理论特性曲线,阶梯曲线围绕它上下跳动,从而带来一定的误差,这就是阶梯误差。电位器的阶梯误差 δ_j 通常以理想阶梯特性曲线对理论特性曲线的最大偏差值与最大输出电压值的百分数表示,即

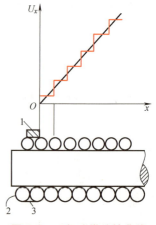

图 5-6 理想阶梯特性曲线

1—电刷 2—电阻线 3—短路线

$$\delta_j = \frac{\pm U_m/(2n)}{U_m} = \pm \frac{1}{2n} \times 100\% \qquad (5-10)$$

阶梯误差和分辨率的大小都是由绕线电位器本身的工作原理所决定的,是一种原理性误差,它决定了电位器可能达到的最高精度。在实际设计中,为改善阶梯误差和分辨力,需增加匝数,即减小电阻线直径或增加骨架长度(如采用多圈螺旋电位器)。

考虑到汽车踏板需要不停地动作,所以对旋转寿命的要求特别高,传感器选择高耐磨的导电塑料制作电阻基体,电刷一般采用多元合金丝状多指刷,以达到优秀的旋转寿命指标。如图 5-7a 所示,为保证输出信号的高可靠性,采用双联电位器设计,在厚膜电路上通过负载电阻 R_{1f} 和 R_{2f} 来调整电位器电阻 R_1 和 R_2 上的电压输出,使这两个电位器的输出始终满足电压信号输出比例关系,即 $U_1 \approx 2U_2$。同时,为了保证输出信号的同步性,如

图 5-7b 所示，在装配时电刷组采用簧片和多元合金丝状多指刷编带点焊工艺制作，不仅能充分地保证四个接触电刷的径向同步性，进而确保组装后电压信号输出的同步性，而且使接触电刷的弹性大大改良，可以提高传感器的电气性能。

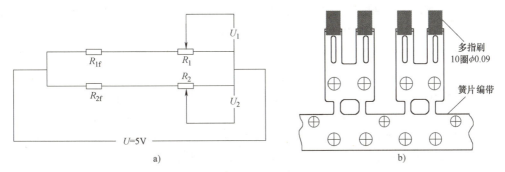

图 5-7 电位器式加速/制动踏板传感器的基本电路和电刷组

a) 基本电路　b) 电刷组

因汽车工作环境恶劣，长期处在高温、振动的环境，电刷与电阻基体的摩擦极易导致触头和电阻基体磨损，影响位置传感器的输出特性和使用寿命。由于电刷移动过程中存在摩擦，因此电位器式踏板传感器的响应速度慢，不能用于被测量变化比较快的场合。同时由于电位器只允许通过较小的电流信号，在电气接触和插件连接上势必将花费更大的精力，也使得车辆内信号传输的整个过程易受外部影响。另外该类接触式传感器对电阻基体的性能要求较高，基体的印制工艺较为复杂，也制约了其成本的降低。

5.2.2 霍尔式踏板传感器

随着对机电系统可靠性及适用性方面需求的与日俱增，非接触式传感器的应用日益广泛。实际应用表明，非接触式传感器替代电位器式传感器代表着技术进步的发展方向，因此业界不断召唤新的非接触式传感器的出现。当然，最好的结果是在应用非接触式传感器的同时还能够保留电位器式传感器的优点。

而近几年霍尔技术的快速发展，其抗电磁干扰能力和抗温漂能力大大提高，价格也逐步下降。目前，霍尔式传感器已成为使用最广泛的磁电传感器之一。除了第 4 章介绍的用于测量转速外，霍尔式传感器还可以用来测量位置，实现车辆非接触踏板位置检测。

1. 霍尔式踏板传感器的结构

图 5-8 所示为丰田车系所采用的霍尔式踏板传感器的结构，主要由磁铁和霍尔 IC 芯片组成。霍尔 IC 芯片安装在踏板的芯轴上固定不动，两个永久磁铁安装在踏板的旋转部

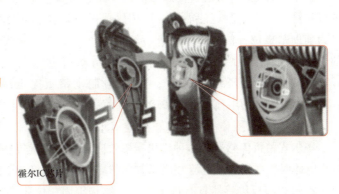

图 5-8 霍尔式踏板传感器的结构

件上，可随踏板一起动作。为保证信号的可靠，一般采用冗余设计，在踏板芯轴上安装两个霍尔IC芯片，相当于两个踏板传感器，工作时可同时向变速器控制单元输送两个踏板信号。

工作时，与踏板联动的永久磁铁随踏板的动作一起旋转，改变了磁铁与霍尔元件之间的相对位置，从而改变了磁力线输入霍尔元件的角度，也就改变了霍尔元件输出的电压值。霍尔元件输出的电压值与踏板内的磁铁位置有一一对应的线性关系，霍尔元件的输出电压可以反映踏板所处的位置。

霍尔式加速/制动踏板传感器与整车控制器（VCU）之间的电路原理如图5-9a所示。VCPA1和VCPA2是两个霍尔式踏板传感器的电源线，由整车控制器电压转换电路提供5V直流电压；EPA1和EPA2是两个传感器的搭铁线；VPA1和VPA2是两个传感器的信号线，两个霍尔式踏板传感器根据加速/制动踏板位置产生的电压信号由这两根信号线传送给整车控制器。

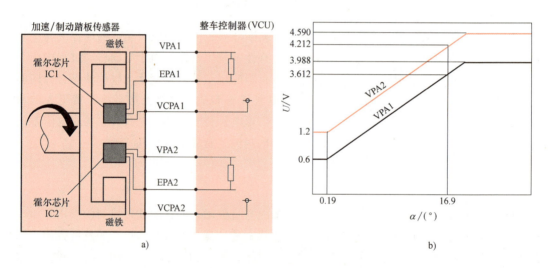

图5-9 霍尔式踏板传感器电路原理和踏板位置信号电压特性
a）电路原理 b）电压特性

霍尔式加速/制动踏板传感器的两个踏板位置信号电压特性如图5-9b所示，为了信号的可靠性和功能自测试的需要，以传感器VPA2信号为主踏板位置信号、传感器VPA1信号为辅助踏板位置信号来判断、检测VPA2信号的正确性。使VPA2的信号电压与VPA1的信号电压差值始终为0.6V，在加速/制动踏板完全放松时，测得VPA2的电压约为1.2V，VPA1的电压约为0.6V；当加速/制动踏板完全踩下时，测得VPA2的电压约为4.212V，VPA1的电压约为3.612V。

2. 霍尔式踏板传感器的工作原理

霍尔式踏板传感器是一种应用霍尔效应研制的位置传感器。当电流垂直于外磁场方向通过导电体时，在垂直于电流和磁场方向的导电体两侧将产生电位差的现象称为霍尔效应。

霍尔式踏板传感器具有许多优点：结构牢固、体积小、质量轻、无触点、寿命长、安装方便、功耗小、频率高（可达1MHz）、耐振动，不怕灰尘、油污、水气及盐雾等的污染或腐蚀，调试方便等。同时，霍尔元件和永久磁铁都能在很宽的温度范围（-55～150℃）、很强的振动冲击条件下工作，且磁场不受一般介质的阻隔。霍尔元件已可完全密封，能极大地免除灰尘及污染的干扰，并能在各种不同情况下提供一致的性能。另外，霍尔元件的变换器组件能够和相关的信号处理电路集成到同一片硅片上，体积小，成本低，同时具有较好的抗电磁干扰性能。

按照霍尔芯片的功能可分为线性霍尔和开关霍尔，前者输出模拟量，后者输出数字量。前者输出的模拟量与磁场成正比，用于各种参量的测量；后者输出的数字量为高、低电平，常用于计数。线性霍尔芯片可分为：传统的平面霍尔芯片，感应垂直方向的磁力线；三轴霍尔芯片，感应垂直方向和平行方向的磁力线。下面以汽车位置传感器常用的线性霍尔芯片为例，介绍霍尔式加速/制动踏板位置传感器的工作原理。

线性霍尔芯片电路由霍尔元件、差分放大器和射极跟随器组成，输出模拟量。其输出电压与加在霍尔元件上的磁感应强度 B 成比例，其原理如图5-10所示。线性霍尔式传感器具有精度高、线性度好、稳定性强、耐高温、输出模拟量等特点，已广泛应用于非电量测量、自动控制、计算机装置等领域。线性霍尔式传感器采用双极半导体技术，将霍尔元件、恒流源、线性差分放大器集成在一块芯片上，大大简化了处理毫伏级模拟信号的问题。线性霍尔式传感器的输出电压为毫伏级，是一个高灵敏度的磁敏器件，可以准确跟踪高斯级的微弱磁场变化。同时，线性霍尔式传感器可直接检测出被测对象本身的磁场或磁特性。

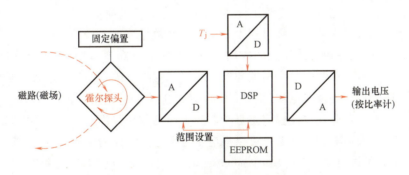

图5-10　线性霍尔式传感器原理

线性霍尔式传感器主要有德国微开（Micronas）公司的HAL815、德国英飞凌（Infineon）公司的TLE4997，以及国内杭州中霍电子有限公司的ZH49E、南京新捷中旭微电子有限公司的CS49E。其中，TLE4997是一款可编程线性霍尔式传感器，专为需要高精度旋转及位置侦测的汽车及工业应用而设计。TLE4997具备独特的温度补偿功能，适用范围非常广泛，其数字二阶温度补偿可避免传统模拟补偿出现的过程散布。

TLE4997采用模拟输出，其额定输出噪声比为同类产品的1/3，在整个温度范围内（-40～150℃）的偏置漂移稳定性是市场上其他传感器的2～3倍。TLE4997在整个工作温度范围内具备较低的比率转换误差。TLE4997具备EEPROM可编程参数，包括偏置、带宽、极性、输出位、磁体温度漂移补偿系数和内存锁，是一款适用于广泛的线性与角度位置传感应用的多功能产品。TLE4997是一款平面线性霍尔式传感器，其只能感应垂直于芯片表面的磁场强度，如图5-11b所示。

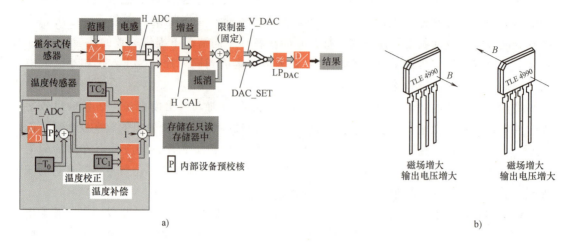

图 5-11 TLE4997 的信号流框图和磁场强度方向
a）信号流框图 b）磁场强度方向

TLE4997 具备三个可选测量范围，包括 ±50mT、±100mT 或 ±200mT，同时具备高达 16 位分辨率的精确输出。它采用成熟的 PG-SSO-3-10 含铅封装，可提供多种接口选择，主要面向需要模拟输出信号的应用。由于快速、简化的两点校准与可编程转换功能（如增益、偏移、钳位、带宽和温度特性）有机结合，使系统供应商可获得最大的灵活性和实现快速的生产流程。在最终编程过程中，温度特性数据存于 EEPROM 内。

除了在加速/制动踏板传感器上的应用，TLE4997 芯片在汽车领域的其他应用还包括节气门位置测量、悬架控制、转向角度与车灯水平位置检测等。在工业领域，是机器人和自动化应用、医疗器械以及高电流传感应用如 UPS 电源等的理想选择。

与传统的平面霍尔芯片仅能感应垂直于芯片表面的磁场强度不同，三轴霍尔芯片既可以感应垂直于芯片表面的磁场强度也可以感应平行于芯片表面的磁场强度。三轴霍尔芯片的生产厂商主要有奥地利微电子（Austria Microsystems）公司的 AS5040，迈来芯（Melexis）公司的 MLX90316、MLX90360，微开（Micronas）公司的 HAL3625。其中，MLX90360 芯片是一款运用三轴技术的 CMOS 霍尔传感器，与 2007 年推出的三轴霍尔芯片 MLX90316 相比，可以感应直线位置和角度两种信号，其可靠性更高、性价比更好。其通过在 CMOS 芯片表面沉积一层集磁材料 IMC 来实现既可以感应垂直于芯片表面的磁场强度也可以感应平行于芯片表面的磁场强度。

MLX90360 芯片内的集磁片（IMC）可以将平行作用于芯片表面的磁场集中起来，并在 IMC 结构的边缘产生正比于磁场的垂直分量，再通过两对位于 IMC 下方的传统平面霍尔元件来测量此信号，如图 5-12 所示。

当小型磁铁（径向磁化）在芯片表面上方旋转时，MLX90360 芯片可以感应其绝对的角度位置。芯片中的两对霍尔元件的放置方向相互垂直，并都平行于芯片表面（x 和 y 方向），通过这样的结构可以将实际角度编码成两个相位差为 90°的正弦信号（cos 和 sin 信号），如图 5-13 所示。感应到的这两个正比于磁场强度的信号将被放大、采样、转换为数字信号。而这两个数字信号将通过反正切函数来计算角度，其中反正切函数是通过查找表

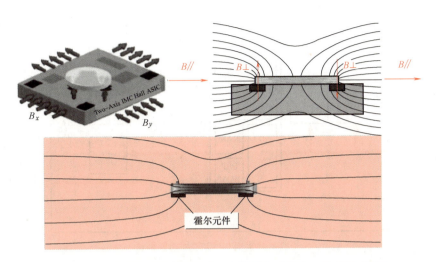

图 5-12 三轴霍尔芯片的集磁片（4 个霍尔元件和 1 个 IMC 磁盘）

（look-up table）方式实现的。

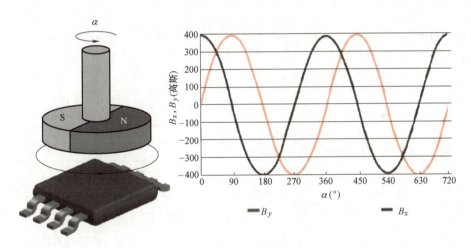

图 5-13 典型应用图

表征当前角度值的数字信号再通过 D/A 转换器变回模拟信号，可以选择模拟输出或 PWM 输出。而输出的传输曲线完全可编程，可实现如偏移值、增益、钳位电平等参数的转换。MLX90360 芯片可以非接触式地感应在 360°内的旋转位置，其功能框图如图 5-14 所示，目的是为了实现在汽车和工业应用领域中频繁需求的非接触式旋转角度的测量。

MLX90360 的技术特点：Triaxis（三轴）霍尔技术；片上集成了绝对位置传感信号处理能力；磁路设计较简单；测量范围可编程实现；可编程线性传递特性（多点或线性分段）；模拟输出或 PWM 输出可选；最高可达 12 位角度分辨率，考虑到温漂，可达 10 位精度；双片集成（完全冗余）TSSOP-16 封装，满足 RoHS 认证。

除了加速/制动踏板传感器，MLX90360 芯片在汽车领域的其他应用还包括绝对转动

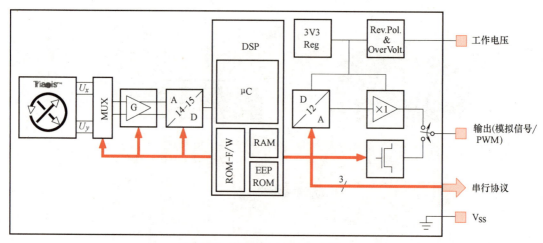

图 5-14　MLX90360 芯片功能框图

位置传感器、绝对线性位置传感器、转向盘位置传感器、节气门位置传感器、液位传感器、高度位置传感器、非接触式电位器等。

电位器式和霍尔式加速/制动踏板传感器的性能对比见表 5-1。

表 5-1　两种加速/制动踏板传感器的性能对比

性能	电位器式	霍尔式
变化量	位移-电阻	位移-电动势
可靠性	接触式,易磨损	非接触式,可靠性高
成本	低	稍高(不需要 PCB)
尺寸	大	中等(不需要 PCB)
接口	模拟信号(仅有)	模拟和数字信号
线性度	很好,0.05%~0.1%	好,1%
分辨率	差,0.025~0.05mm	好,15 位
标定	容易	中等
温漂	可以忽略	可被补偿
噪声	差	好
错误报警	无	可实现多种安全报警
冗余	增加电阻带,但同步磨损	封装两个传感器非常方便

5.3　角速度传感器

角速度传感器（陀螺仪）通常与加速度计组合构成惯导系统，又称惯性测量单元（inertial measurement unit，IMU），用来推算载体的位置、速度和姿态信息，在汽车导航、行驶稳定系统和安全系统具有广泛的应用前景。借助角速度传感器的有效测量数据，车辆电子稳定性系统（electronic stability program，ESP）可以通过控制制动和驱动系统来调整车轮的纵向力和侧向力，避免发生打滑和侧翻等危险事故，保障车辆在复杂的极限行驶情况下保持良好的操纵稳定性。角速度传感器在 ESP 系统中用于检测车辆绕其纵轴旋转角度和速率，ESP 系统据此判断车辆实际行驶方向。图 5-15 所示为采用角速度传感器的

ESP 系统组成及控制示意图，主要包括电子控制单元（ECU）、车身状态传感器和执行器等。传感器分布如图 5-16 所示。这种预防性安全系统可以根据行车状态分别控制四个车轮的制动力，从而控制车身的纵向力和横向力，抑制车辆在临界状态行车的危险举动。此系统应用在防抱制动系统（ABS）、牵引力控制系统（TCS）上时还追加了横 G（横向加速度）传感器、主油缸压力传感器、蓄压器压力传感器。

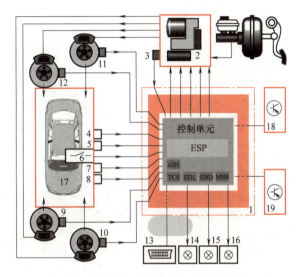

图 5-15　ESP 系统组成及控制示意图

1—电子控制单元　2—液压控制单元　3—制动压力传感器　4—侧向加速度传感器　5—横向偏摆率传感器
6—ASR/ESP 按钮　7—转向盘转角传感器　8—制动灯开关　9~12—轮速传感器　13—自诊断接口
14—制动系统报警灯　15—ABS 报警灯　16—ASR/ESP 报警灯　17—车辆和驾驶状态
18—发动机控制调整　19—变速器控制调整

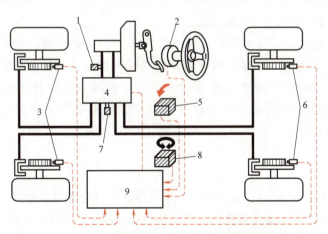

图 5-16　主动稳定控制系统的传感器分布

1—主油缸压力传感器　2—转向盘角度传感器　3、6—车轮速度传感器　4—液压组件
5—横 G 传感器　7—蓄压器压力传感器　8—角速度传感器　9—控制单元 ECU

主动稳定控制系统在改变四轮制动力与侧滑力的平衡时，会使车辆产生侧转矩来控制车辆姿势，如图 5-17 所示。如在容易打滑的路面上，在与驾驶人操作意图相反、车身有

转向不足的情况下,则减小外侧前轮的制动力,增大内侧后轮的制动力,产生抑制转向不足方向的转矩(与自转同向的转矩)。反之,在车身有过度转向的情况下,则增大外侧前轮的制动力,减小内侧后轮的制动力,在抑制过度转向的方向上产生横向转矩(与自转反向的转矩);此外,在判断出车身超速的情况下,则会对内侧前轮增加制动力,使其减速,实现车辆安全、稳定地转向。

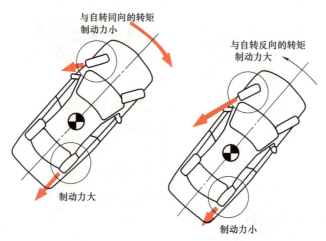

图 5-17 主动稳定控制系统的工作状况举例

早期应用于舰船,航空器上的旋转式陀螺仪体积大、成本高,同时也受制于传动机械摩擦、损耗及可靠性的问题,无法在车辆姿态测量中普及开来。基于 Sagnac 效应的光学陀螺仪则受限于小型化后 Sagnac 效应信号越来越弱,检测运动的难度越来越高,制约了光学陀螺仪的广泛应用。随着微加工技术的发展,利用科氏效应测量载体角速度的微振动陀螺仪得到迅速发展,微振动陀螺仪体积小、功耗低、成本低,一个晶圆可以制作出成千上万个陀螺仪,慢慢得到了广泛的应用。

经过多年发展,微振动陀螺仪出现了多种不同的结构形式,但基本的陀螺单元通常只能感应单轴角速度,且都包括驱动部分和检测部分。当平面外存在输入角速度 Ω 时,水平驱动的陀螺振子会产生沿垂直方向的科氏加速度,科氏加速度大小与角速度 Ω 成正比,通过检测质量为 m 的敏感质量块在其垂直方向的振动特性即可求得输入角速度,其中 v 是敏感质量块在驱动方向上的振动速度。作用在陀螺振子上的科氏力大小为

$$F_c = 2m\Omega v \tag{5-11}$$

式中,科氏力的大小为 $2m\Omega v$,方向为正交于载体旋转角速度与速度决定的平面。

微振动陀螺仪工作在驱动和检测两个工作模态频率下,需要相应的驱动和检测方式来实现。其驱动方式有静电驱动、压电驱动和电磁驱动等;检测方式有电容检测、频率检测、电流检测等。根据结构形式不同微振动陀螺仪可分为框架式、音叉式、解耦式、谐振环式、半球式和多自由度陀螺等。

换能器是陀螺仪最基本的感测与执行元件,它能将运动测量元件的输出转换成电信号或进行相反方向的转换。对于惯性 MEMS(microelectromechanical system,微机电系统)

来说，其换能原理有很多种，如压阻式、电容式、压电式、电磁式、光学量、热学量、场效应晶体管以及应变场效应晶体管等。其中，压电薄膜和电容器（梳齿或平板电容）是在惯性MEMS中最常用的换能器。

5.3.1 压电式角速度传感器

1. 压电式角速度传感器的结构

压电晶体陀螺仪利用压电材料的正压电效应和逆压电效应将机械能/电能转化为电能/机械能。常见的压电材料有压电陶瓷、压电晶体、压电薄膜、压电聚合物及压电复合材料5类，其中压电陶瓷和压电晶体常用于压电陀螺仪的制造。压电晶体材料主要包括天然的和人工合成的石英晶体及其他压电单晶。其中石英晶体绝缘性好，无需人工极化，无热释电效应，温度稳定性好，电阻率高于$10^{12} \sim 10^{13} \Omega \cdot m$，具有较高的力电转换效率和转换精度，因此常用于角速度传感器。压电陶瓷是人工制造的多晶压电材料，主要包括钛酸钡（$BaTiO_3$）和PZT（$Pb(ZrTi)O_3$）等。PZT压电陶瓷压电常数比石英大几十倍，介电常数大、电容率高、机电耦合系数大，是振动陀螺力-电转换的首选材料。

压电陀螺仪基本结构如图5-18所示。振动敏感元件为一根两端自由的矩形金属梁和贴在金属梁四面的压电换能器构成的振动体。金属梁用镍铬合金或晶体材料制成。在驱动换能器上输入电信号，借助逆压电效应使金属梁产生以平面为中性面的弯曲振动。当梁上有输入角速度时，则梁内各点受到科氏力的作用，由此引起中性面的弯曲振动。这个振动通过正压电效应使读出换能器输出电信号，信号的幅度与角速度成正比，故可以确定角速度的大小。梁的另外两个面上还粘贴有反馈换能器和阻尼换能器。反馈换能器可以使驱动电路保持梁的振幅稳定，并以基波谐振频率振动。阻尼换能器则连接到梁的电阻尼电路中，保持读出换能器的输出动态特性良好。图5-19所示为单轴压电陀螺仪和双轴压电陀螺仪的实物图。

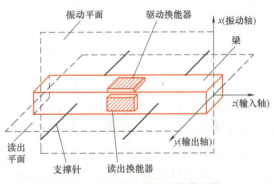

图5-18 压电陀螺仪结构原理图

图5-19 单轴压电陀螺仪（左）和双轴压电陀螺仪（右）

2. 压电式角速度传感器的电路系统

压电陀螺仪电路共分三个部分：驱动电路、读出电路和稳压电路。梁的反馈换能器、驱动电路、梁的驱动换能器构成一个闭环振荡器，如图 5-20 所示。接通电源使梁在一阶谐振频率上产生弯曲振动。读出电路放大、解调读出换能器上科氏力产生的电信号，获得与输入加速度成正比的直流电压输出。为了调整压电陀螺仪的输出动态特性，还加有一个电阻尼。

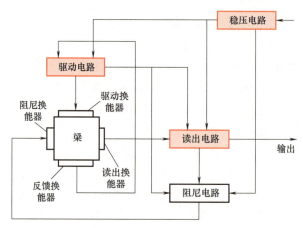

图 5-20　压电式陀螺仪原理框图

5.3.2　MEMS 静电式角速度传感器

1. MEMS 静电式角速度传感器结构

MEMS 静电式陀螺由悬浮在基片上的硅结构组成，硅结构质量块由梁结构支撑，梁固定在基片的锚点上，单质量静电陀螺仪结构如图 5-21 所示。其中敏感质量块上下均布满梳齿电容器，形成双边驱动。采用变面积式梳齿电容器作为驱动检测电极，用于对驱动频率的检测。通过反馈电极施加一沿 x 方向的反馈力矩形成闭环控制系统，提高系统稳定性并抑制载体运动产生的随机扰动。

该单质量陀螺工作时，由驱动电极施加沿 y 轴方向的驱动力矩，敏感质量块在这一驱动力矩的作用下沿 y 方向往复振动，当有一个 z 方向的角速度 Ω 作用于陀螺时，根据科氏效应，陀螺将受到一个沿 x 方向的科氏力作用，敏感质量块将在 x 方向产生振动。通过检测敏感质量块在 x 方向的振动即可得到 z 方向的角速度 Ω 的值。因为驱动模态和与敏

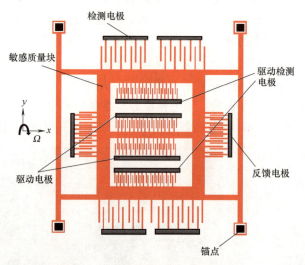

图 5-21　一种单质量音叉式陀螺结构

感模态运动均在平面内,敏感角速度方向在敏感质量块平面外,故也称为 z 轴微陀螺。

当单质量微陀螺按照以上方式工作时,由于仅有一个质量块驱动,驱动模态和检测模态之间会产生机械耦合现象,即检测方向上的轴向加速度也会导致敏感质量块产生位移,影响陀螺输出精度。

与单质量微陀螺相比,双质量微陀螺采用两个完全对称的敏感结构使其做同频等幅反相振动并进行差分检测来消除环境加速度等共模干扰引起的误差,环境适应性强,在工程设计上得到广泛应用。同时,采用解耦结构设计以避免驱动与检测之间的相互影响,减小模态之间的耦合,降低正交误差对检测测精度的影响。

全解耦双质量块微陀螺一般具有 3 个框架,如图 5-22 所示。第一个框架是支承在衬底上的驱动框架,限制在 y 方向上的运动;第二个是内嵌的检测框架,限制在 x 方向上的运动;第三个是中间的科里奥利框架,可以同时在 x 和 y 方向上运动。这个科里奥利框架可以将驱动模态和检测模态解耦,将驱动框架和检测框架限制在驱动或检测方向运动。

当陀螺工作时,驱动质量块受静电力的作用带动耦合质量块在驱动方向上做受迫振动,当有绕角速度敏感轴的角速度 Ω 作用时会产生科氏加速度,使耦合质量块带动检测质量块在检测方向上产生振动位移。在此过程中,耦合质量块作为科氏效应的敏感质量块起到了能量传递的作用,将驱动方向上的能量转移到检测方向上,使驱动质量块与检测质量块各司其职,在解耦弹簧的约束下只在其自身方向上运动,从而实现了解耦设计,有效降低驱动和检测之间的相互干扰。为了保证左右对称布置的陀螺微结构工作状态相同,需要用驱动耦合弹簧将两驱动质量连接,使其同频反相等幅振动。在科氏力的作用下,左右两检测质量块就会在检测方向上产生谐振,且方向相反振幅相同;如果同时存在轴向加速度则会使检测质量朝同一方向运动,故通过检测位移的差分输出可以消去轴向加速度引起的同向位移,得到准确的角速度信息。

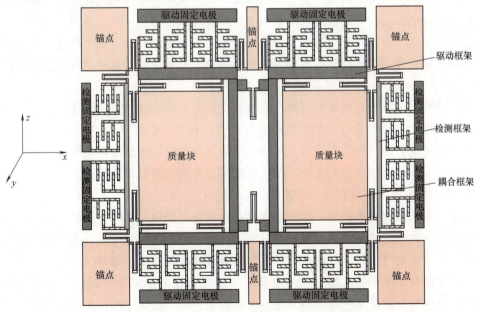

图 5-22 全解耦的双质量块硅微陀螺结构

通过巧妙的结构解耦设计来从本质上降低正交耦合误差对微陀螺性能的影响,其基本原理如图 5-23 所示。结构未解耦的微陀螺,驱动与检测共用一个质量块,并利用二维弹簧将其和基底固接,敏感质量块同时在驱动和检测两个方向上运动导致驱动与检测信号之间存在严重耦合;半解耦结构的微陀螺由两个振动部件构成,将检测结构独立出来,仅消除了检测对驱动信号的影响;全解耦结构的微陀螺则通过在半解耦结构基础上增加额外的解耦框架,利用解耦框架实现能量传递,使驱动质量块和检测质量块只能在其对应方向振动,消除了驱动与检测之间的相互影响。因此,全解耦结构能够显著减小模态之间的耦合,降低正交误差对检测精度的影响,在微陀螺的结构设计中得到广泛应用。

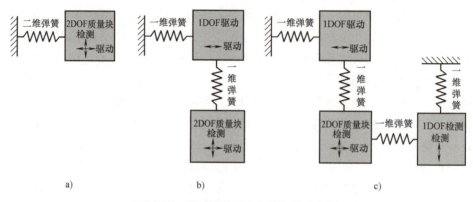

图 5-23 微振动陀螺仪解耦结构示意图
a) 未解耦结构 b) 半解耦结构 c) 全解耦结构

静电驱动是利用电容极板间的静电力使部件移动。为了获得更大的动力,往往采用由多个平板电容构成的梳齿结构来增大电容面积,如图 5-24 所示。在驱动质量块两侧的固定驱动梳齿电极上分别施加由一个等幅的直流偏置电压和一个反相交流电压构成的驱动电压,产生的静电力之和作用在驱动质量块上从而实现双边驱动。驱动质量块上的可动梳齿产生的法向静电力因相互平衡被抵消,切向静电力提供驱动。最终驱动质量块会受到一个驱动振幅稳定、频率与驱动电压相同的简谐静电力,驱动质量块在平衡位置作周期性受迫振动。

电容检测方法一般是利用电容两个极板相对位置发生的变化来检测质量块位移情况,根据梳齿的运动方向也可分为变间距检测和变面积检测,如图 5-25 所示。检测模式也采用与驱动梳齿类似的结构来尽量增大传感器灵敏度。各电极间形成等效电容,其运动状态下的变化情况表征科里奥利力大小,接口电路据此检测和测量输入角速度。

2. 静电式角速度传感器的电路系统

一个陀螺仪系统要能正常工作,还需要有外围信号处理和检测电路的配合,必须通过合理的接口电路把陀螺的非电量变化信号转换为电信号并进行相应的处理才能得出陀螺仪所测量的角速度信号。具体的陀螺仪的电路信号处理流程如图 5-26 所示。

驱动电路在系统中的作用是产生驱动电压使陀螺仪的驱动质量块沿驱动轴作简谐振动,同时也要为检测电路的幅度检波提供参考信号,为了提高陀螺检测的灵敏度,驱动电压的频率要和驱动模态的固有频率一致,使质量块在谐振状态下振动。为了保证陀螺的输出稳定,需要在电路中加入振幅控制回路,将陀螺驱动模态振幅信息检测出来并与事先设定值相比较,并通过控制电路控制驱动轴直流或交流驱动电压,达到陀螺驱动轴振幅稳定的结果。

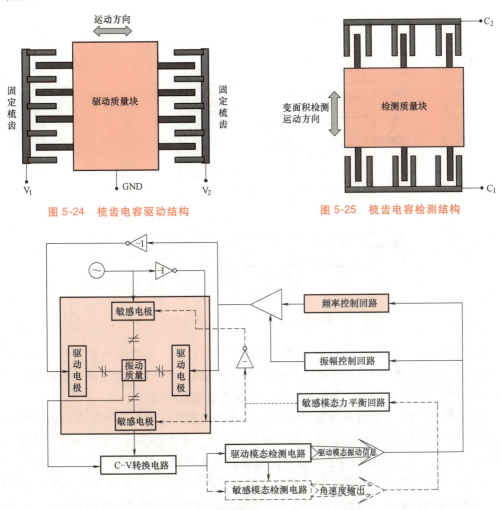

图 5-24 梳齿电容驱动结构　　　　　图 5-25 梳齿电容检测结构

图 5-26 微机械陀螺仪电路原理框图

检测电路是根据输入角速度与陀螺敏感模态参数之间的对应关系,从敏感信号中提取角速度的信息。敏感模态的振动信号是和驱动模态振动信号频率相同的调幅波,在检测电路中需要包含振幅和相位的解调、滤波的等模块。同时,系统中加入力平衡控制回路来对敏感振动状态进行反馈控制;加入温度补偿回路来补偿温度漂移;加入正交控制回路消除驱动模态和敏感模态之间的耦合影响以及其他一些具体应用时的接口功能。

5.4 加速度传感器

线性加速度传感器设置在底盘的入口,在自适应悬架系统、车辆稳定性系统和防抱制动系统中均有应用。目前采用 MEMS 技术制作的线性加速度传感器有压阻式、电容式和谐振式传感器。

5.4.1 压阻式加速度传感器

1. 压阻式加速度传感器的结构

图 5-27 所示为一种单悬臂梁式压阻式硅加速度传感器的结构。

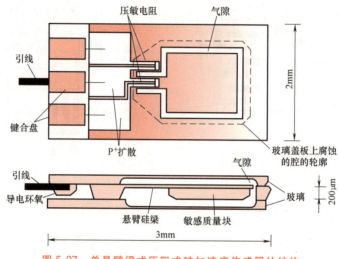

图 5-27 单悬臂梁式压阻式硅加速度传感器的结构

整个传感器由一块硅片（包括检测质量块和悬臂硅梁）和两块玻璃键合而成，从而形成质量块的封闭腔，以保护质量块并限制冲击和减振。在悬臂梁上，通过扩散法集成了压敏电阻。当质量块运动时，悬臂梁弯曲，引起压敏电阻的阻值变化。

加速度传感器的一个重要性质是离轴灵敏度，即器件应该对某一个方向的加速度敏感，而对其他方向的加速度不敏感。对于单悬臂梁式加速度传感器，梁的宽度很重要。由图 5-28a 可知，y 方向的加速度使加速度传感器的质量块绕 x 轴运动，使悬臂梁产生了扭转。为了克服这一缺点，由单悬臂梁式传感器又衍生出几种不同类型的传感器。图 5-28b 所示为双悬臂梁式结构，对 y 方向的运动，其敏感程度比单悬臂梁式结构低得多。由于质量块的中心位于悬臂梁平面之下，因此 x 方向的加速度仍然可造成悬臂梁弯曲。这种弯曲不能与 z 方向加速度造成的弯曲相区分，这与图 5-28c~f 所示多梁式结构不同。多梁式结构中，z 方向的加速度造成质量块平移，而 x 或者 y 方向的加速度造成质量块转动。这些效应可以分别被检测出来，离轴灵敏度会很低。

多梁式结构存在的问题可能是悬臂梁的残余应力，而且大的挠度会使梁产生张力，结果形成非线性加速度-挠曲特性，仅图 5-28c 所示的悬臂梁结构不受此效应的影响。这是因为在这种情况下，质量块绕 z 轴有一个小的转动，缓解了梁的应力。多数单悬臂梁式加速度传感器都具有垂直于悬臂梁结构平面的敏感轴，所以通常也称为 z 轴加速度传感器。

2. 压阻式加速度传感器的工作原理

当力作用于固体材料时，固体材料的电阻率将发生显著变化，这种现象称为压阻效应。利用固体的压阻效应原理制成的传感器称为压阻式传感器，主要用于压力、加速度、

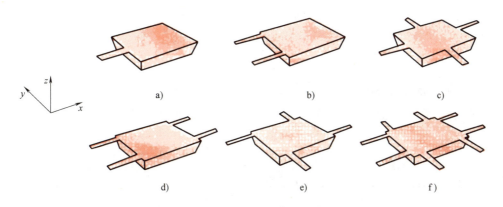

图 5-28　压阻式加速度传感器的几种悬臂梁结构

拉力、质量、应变、真空度、流量等物理量的测量和控制。

利用硅的压阻效应和集成电路技术制成的传感器具有灵敏度高、动态响应快、测量精度高、稳定性好、工作温度范围宽、易于小型化和能够进行批量生产等特点，已广泛应用于机械、石油、国防、航空、电子信息、消费电子产品和物联网等领域。

压阻式传感器发展初期采用粘片结构，在 N 型硅片上，通过定域扩散，制成 P 型杂质压阻条，并将压阻条连接成惠斯通电桥，制作成压阻式传感器的芯片，然后粘贴在弹性元件上感应压力的变化。这种粘片结构存在着较大的滞后和蠕变现象，以及固有频率低、精度不够高、难以集成化等缺点。从 20 世纪 70 年代以来，压阻式传感器广泛采用的是扩散式结构，利用集成电路技术，通过离子注入和扩散方式制作压敏电阻条，克服了粘片结构的缺点，能够将电阻条、补偿电路和信号处理电路集成在一块硅片上，制作成智能传感器。

任何固体在外力作用下都会发生形变。在外力作用停止后，固体能恢复原状，这种形变称为弹性形变。最基本的形变是沿某一方向进行纵向的拉伸或压缩，这种应力称为单轴应力，如图 5-29a 所示。固体样品内某点相对原来的位置发生的位移在 x、y、z 三个方向的分量分别用 u、v、ω 表示。

固体单位面积所受到的力称为应力，其数学表达式为

$$\sigma = F/S \qquad (5\text{-}12)$$

式中，F 为拉力；S 为横截面面积。任取两点 x 和 $x+\Delta x$，x 点发生的位移为 u，$x+\Delta x$ 点发生的位移为 $u+\Delta u$，当 $\Delta x \rightarrow 0$ 时，沿 x 方向的纵向应变 ε 为

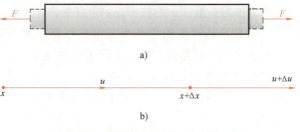

图 5-29　单轴应力和纵向应变示意图
a) 单轴应力　b) 纵向应变

$$\varepsilon = \frac{\partial u}{\partial x} \qquad (5\text{-}13)$$

在固体样品的弹性限度内，应变与应力成正比，即 $\varepsilon = \lambda\sigma$。其中，$\lambda$ 为弹性柔顺系数，$E = 1/\lambda$ 为弹性模量，则有 $\sigma = E\varepsilon$。对纵向拉伸情况，E 称为杨氏模量。固体纵向拉

伸时，其横向缩小；反之，纵向压缩时，其横向增大。横向应变与纵向应力的关系为

$$\frac{\partial v}{\partial x} = \beta \sigma \quad (5\text{-}14)$$

式中，β 为纵向拉伸时的横向压缩系数。β 与 λ 之比为泊松比 μ，即 $\mu = \beta/\lambda$。

如图 5-30 所示，当沿着固体的切线方向施加力 F，则固体沿着切线方向发生形变，

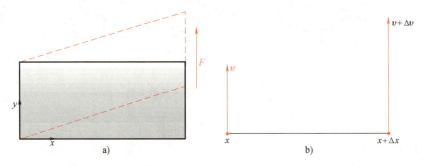

图 5-30 切应力与切应变
a) 切应力　b) 切应变

称 F/S 为切应力，$\Delta v/\Delta x$ 为切应变，v 为 x 点处 y 方向的位移，$v+\Delta v$ 为 $x+\Delta x$ 点处 y 方向的位移。当 $\Delta x \to 0$ 时，切向应变为 $\varepsilon' = \partial v/\partial x$。

半导体材料晶体在应力的作用下，除了形变外，其能带结构也会发生相应的变化，从而使载流子的迁移率和载流子密度也随之变化，半导体材料的电阻率也发生变化。这种在应力作用下，电阻率发生变化的现象称为压阻效应。表征压阻效应强弱的物理参数是压阻系数，即单位应力作用下电阻率的相对变化量。

对于半导体材料，电阻的相对变化近似等于电阻率的相对变化，电阻率的相对变化与应力大小成正比，其比例系数就是压阻系数，即

$$P = \frac{\Delta \rho/\rho}{\sigma} = \frac{\Delta \rho/\rho}{E\varepsilon} \quad (5\text{-}15)$$

式中，P 为压阻系数；σ 为应力；ε 为应变；E 为杨氏模量；ρ 为电阻率。

半导体材料晶体晶轴中各个方向的压阻系数用 P_{ij} 表示。其中，$i = 1, 2, 3, 4, 5, 6$，1、2、3 表示沿着晶向方向的电阻率的相对变化，4、5、6 表示沿着剪切方向的电阻率的相对变化；$j = 1, 2, 3, 4, 5, 6$，1、2、3 表示沿着晶向方向的拉应力，4、5、6 表示沿着剪切方向的切应力。压阻系数的矩阵表示为

$$\boldsymbol{P}_{ij} = \begin{pmatrix} P_{11} & P_{12} & P_{13} & P_{14} & P_{15} & P_{16} \\ P_{21} & P_{22} & P_{23} & P_{24} & P_{25} & P_{26} \\ P_{31} & P_{32} & P_{33} & P_{34} & P_{35} & P_{36} \\ P_{41} & P_{42} & P_{43} & P_{44} & P_{45} & P_{46} \\ P_{51} & P_{52} & P_{53} & P_{54} & P_{55} & P_{56} \\ P_{61} & P_{62} & P_{63} & P_{64} & P_{65} & P_{66} \end{pmatrix} \quad (5\text{-}16)$$

具有立方对称性结构的 Ge、Si 等半导体材料，由于其纵向压阻系数、横向压阻系数

和剪切压阻系数相等,可以将压阻系数矩阵简化,只需要三个独立的压阻系数,即 P_{11}、P_{12}、P_{44} 即可表示各种不同情况的压阻效应,简化矩阵为

$$P_{ij} = \begin{pmatrix} P_{11} & P_{12} & P_{12} & 0 & 0 & 0 \\ P_{12} & P_{11} & P_{12} & 0 & 0 & 0 \\ P_{12} & P_{12} & P_{11} & 0 & 0 & 0 \\ 0 & 0 & 0 & P_{44} & 0 & 0 \\ 0 & 0 & 0 & 0 & P_{44} & 0 \\ 0 & 0 & 0 & 0 & 0 & P_{44} \end{pmatrix} \quad (5\text{-}17)$$

简化后的压阻系数矩阵只有三个分量,其中 P_{11} 为纵向压阻系数;P_{12} 为横向压阻系数;P_{44} 为剪切向压阻系数。

压阻效应具有十分明显的各向异性特性,沿晶体的不同方向施加拉力或者压力,再通入恒定的电流,通过测量半导体材料两端的电压,即可获得电阻率的变化情况。

以图 5-31 来说明压阻系数和晶体方向的关系,F 表示拉力,如沿(100)方向通过恒定的电流,测得电阻率为 ρ_0;沿(100)方向施加拉力 F,测得电阻率为 ρ,则电阻率的相对变化为

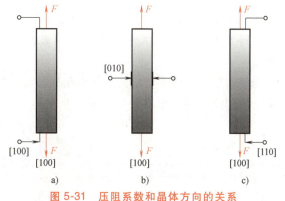

图 5-31 压阻系数和晶体方向的关系
a) P_{11} b) P_{12} c) $(P_{11}+P_{12}+P_{44})/2$

$$\frac{\Delta \rho}{\rho_0} = \frac{\rho - \rho_0}{\rho_0} \quad (5\text{-}18)$$

电阻率的相对变化与拉力 F 成正比,即 $\Delta\rho/\rho_0 = P_{11}F$,压阻系数为 P_{11}。沿(100)方向施加拉力 F,而沿与之垂直的(010)方向通过电流,电阻率的相对变化为 $\Delta\rho/\rho_0 = P_{12}F$,压阻系数为 P_{12}。沿(110)方向施加拉力并通过电流,电阻率的相对变化为 $\Delta\rho/\rho_0 = (P_{11}+P_{12}+P_{44})F/2$,压阻系数为 $(P_{11}+P_{12}+P_{44})/2$。通过上述三组实验,便可以测量得到半导体材料的压阻系数 P_{11}、P_{12} 和 P_{44},再通过 P_{11}、P_{12} 和 P_{44} 的组合便可以得到晶体各个方向上的压阻系数。

压阻式加速度传感器具有线性度好、测量范围大、信号处理简单、微型化、工艺成熟等诸多优点。与其他类型的加速度传感器一样,压阻式加速度传感器可以简化为质量块、弹簧和阻尼器的二阶单自由度振荡系统,其力学模型如图 5-32 所示。弹簧等价于压阻式加速度传感器中的悬臂梁,弹性系数为 k;气体阻尼系数为 c;m 为质量块的质量。

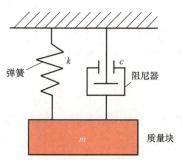

图 5-32 压阻式加速度传感器力学模型

当传感器受到加速度 a 的作用时,其质量块受到的惯性力为

$$F = ma \tag{5-19}$$

质量块在惯性力 F 的作用下产生位移为 y，导致弹簧拉伸，产生的弹性力 F_k 与惯性力 F 的方向相反，且系统处于平衡状态，即 $F=F_k$。因此，质量块产生的位移为

$$y = \frac{F_k}{k} = \frac{ma}{k} \tag{5-20}$$

根据牛顿第二定律，系统的力平衡方程为

$$m\frac{d^2y}{dt^2} + c\frac{dy}{dt} + ky = ma \tag{5-21}$$

式中，m 为质量块的质量；y 为位移；c 为阻尼系数；k 为弹簧的弹性系数。等式左端第一项表示加速度下的惯性力；第二项表示系统的阻尼力；第三项表示弹簧的弹性力。

将压阻式加速度传感器固定在被测物体上，当被测物体的加速度为 a 时，质量块 m 受到惯性力 ma 的作用，发生位移 y，若满足传感器的固有频率远远大于物体的运动频率，则其位移大小与加速度大小成正比。通过测量质量块的位移，即可得到被测物体的加速度。

压阻式加速度传感器的典型结构是硅悬臂梁结构，又分为单悬臂梁结构和双端固支悬臂梁结构两种形式，如图 5-33 所示。

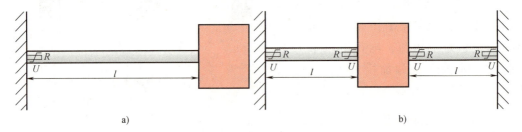

图 5-33 硅悬臂梁结构
a）单悬臂梁结构 b）双端固支悬臂梁结构

图 5-33a 所示为单悬臂梁结构，其一端为自由端，连接质量块，用来敏感加速度，悬臂梁的另一端为固定端，并通过扩散工艺在悬臂梁根部制作一个压敏电阻。悬臂梁根部所受到的应力为

$$\sigma = \frac{6ml}{bh^2}a \tag{5-22}$$

式中，m 为质量块的质量；b 为悬臂梁的宽度；h 为悬臂梁的厚度；l 为质量块到悬臂梁根部的距离；a 为加速度。则电阻的变化率为

$$\frac{\Delta R}{R} = P\frac{6mla}{bh^2} \tag{5-23}$$

式中，P 为压阻系数。悬臂梁根部产生的应变为

$$\varepsilon = \frac{6mla}{Ebh^2} \tag{5-24}$$

式中，E 为硅的杨氏模量。若悬臂梁所能承受的最大应变为 ε_{max}，则相应的最大作用力为

$$F_{\max} = \varepsilon_{\max} \frac{Ebh^2}{6l} \tag{5-25}$$

将悬臂梁结构视为单自由度的振动系统,则其固有频率为

$$f = \frac{1}{4\pi}\sqrt{\frac{Ebh^2}{ml^2}} \tag{5-26}$$

图 5-33b 所示为双端固支悬臂梁结构。在悬臂梁根部的固支点和质量块边缘点分别制作两个压敏电阻。悬臂梁上固支点和质量块边缘处的应力最大,且等值相反。悬臂梁根部应力 σ_1 和质量块边缘的应力 σ_2 分别为

$$\sigma_1 = \frac{3ml}{bh^2}a \tag{5-27}$$

$$\sigma_2 = -\frac{3ml}{bh^2}a \tag{5-28}$$

固支端电阻 R_1 和边缘处的电阻 R_2 的电阻变化率分别为

$$\frac{\Delta R_1}{R_1} = P\frac{3mla}{bh^2} \tag{5-29}$$

$$\frac{\Delta R_2}{R_2} = -P\frac{3mla}{bh^2} \tag{5-30}$$

双端固支结构的固有频率为

$$f = \frac{1}{2\pi}\sqrt{\frac{Ebh^2}{ml^2}} \tag{5-31}$$

压阻式加速度传感器的质量块在加速度的惯性力作用下产生位移,使固定在悬臂梁上的压敏电阻发生形变,阻值也发生相应的变化。通过测试电阻的变化量,即可得到加速度的大小。

由于电阻的变化量很小,难以用万用表直接精确测量,通常采用惠斯通电桥电路将电阻的变化转换为电压或者电流,再经过放大电路放大后测量。惠斯通电桥根据电桥电源的不同,又分为直流电桥和交流电桥,下面仅分析直流惠斯通电桥的原理和特性。

直流电桥电路如图 5-34 所示,图中 R_1、R_2、R_3、R_4 为电桥的四个压敏电阻,电桥输入电压为 E,U_o 为电桥的输出电压。

输出电压 U_o 的表达式为

$$U_o = \left(\frac{R_1}{R_1+R_2} - \frac{R_3}{R_3+R_4}\right)E \tag{5-32}$$

当电桥处于平衡,即 $U_o = 0$ 时,则有 $R_1R_4 = R_2R_3$,这是电桥的平衡条件。电桥中的桥臂电阻均为压敏电阻,其阻值 R_1、R_2、R_3、R_4 会随着测量应力的变化而变化,电阻阻值的变化量分别为 ΔR_1、ΔR_2、ΔR_3、ΔR_4。电桥的输出电压 U_o 为

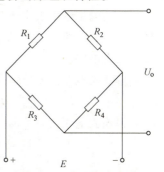

图 5-34 直流电桥电路

$$U_o = \frac{(R_1+\Delta R_1)(R_4+\Delta R_4)-(R_2+\Delta R_2)(R_3+\Delta R_3)}{(R_1+\Delta R_1+R_2+\Delta R_2)(R_3+\Delta R_3+R_4+\Delta R_4)}E \tag{5-33}$$

假设电阻比 $n=R_2/R_1=R_4/R_3$，式（5-33）可简化为

$$U_o = \frac{n}{(1+n)^2}\left(\frac{\Delta R_1}{R_1}-\frac{\Delta R_2}{R_2}-\frac{\Delta R_3}{R_3}+\frac{\Delta R_4}{R_4}\right)E \tag{5-34}$$

电桥的电压灵敏度 S 可表示为

$$S = \frac{En}{(1+n)^2} \tag{5-35}$$

由式（5-35）可见，电桥的电压灵敏度正比于电桥的电源电压，电源电压越高，电桥输出电压的灵敏度越高。电桥的电压灵敏度 S 为电阻比值 n 的函数，对式（5-35）微分可得

$$\frac{dS}{dn} = \frac{1-n^2}{(1+n)^4} \tag{5-36}$$

当 $dS/dn=0$ 时，S 获得最大值，求得 $n=1$。即当 $R_1=R_2=R_3=R_4$ 时，电桥的电压灵敏度最高。由上可知，电桥的输出电压 U_o 只与电源电压 E 和电阻的相对变化量 $\Delta R/R$ 有关，与各桥臂电阻的阻值无关。

压阻式加速度传感器通常采用如图 5-35 所示的全桥电路，全桥电路的四个桥臂都为压敏电阻，此时有 $R_1=R_2=R_3=R_4=R$，$\Delta R_1=\Delta R_4=\Delta R$，$\Delta R_2=\Delta R_3=-\Delta R$。全桥电路的输出电压 U_o 为

$$\begin{aligned}U_o &= \left(\frac{R_1+\Delta R_1}{R_1+\Delta R_1+R_2+\Delta R_2}-\frac{R_3+\Delta R_3}{R_3+\Delta R_3+R_4+\Delta R_4}\right)E \\ &= \left(\frac{R+\Delta R}{2R}-\frac{R-\Delta R}{2R}\right)E = \frac{\Delta R}{R}E\end{aligned} \tag{5-37}$$

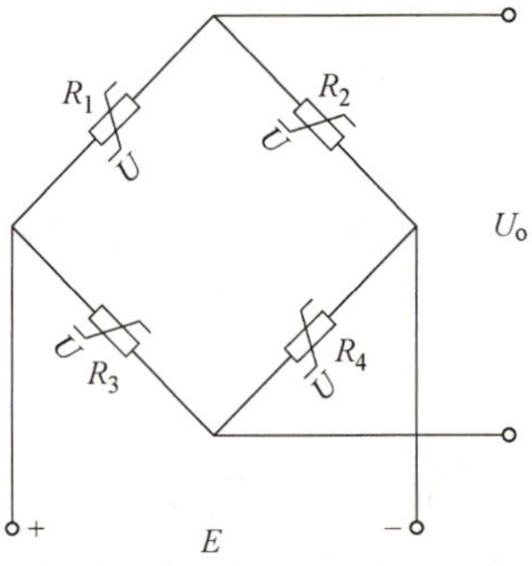

图 5-35 全桥电路

全桥电路输出电压的灵敏度 S 为

$$S = \frac{U_o}{\Delta R/R} \tag{5-38}$$

电桥的输出电压正比于电阻的相对变化量。由于电阻的相对变化量通常在 0.01%～0.1%量级，因此输出电压非常小，所以需要通过放大电路放大。图 5-36 所示为一种简单的差分放大电路。

差分放大电路的差分输入电压为

$$U_{diff} = U_{diff+} - U_{diff-} \tag{5-39}$$

共模输入电压为

$$U_{common} = \frac{U_{diff+} + U_{diff-}}{2} \tag{5-40}$$

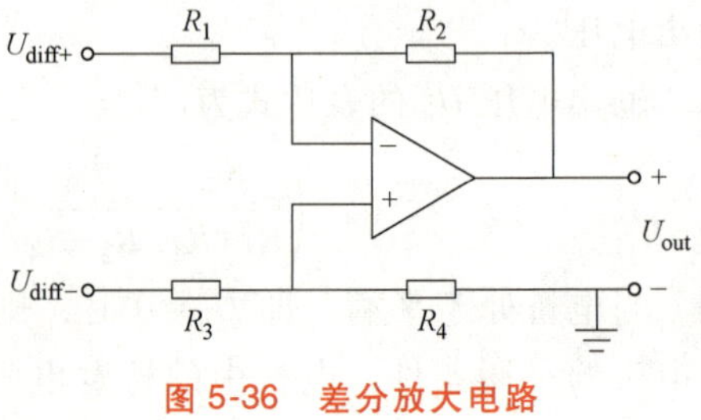

图 5-36 差分放大电路

式中，U_{diff+}、U_{diff-} 分别为输入端对地电压。在此电路中的差分输入电压被放大，共模输入电压被抑制。放大器的输出电压为

$$U_{\text{out}} = -\frac{\dfrac{R_2}{R_1+R_2}}{1-\dfrac{R_2}{R_1+R_2}}U_{\text{diff}} = -\frac{R_2}{R_1}U_{\text{diff}} \tag{5-41}$$

放大器的输出电压与电压增益的倍数 R_2/R_1 成正比，调节 R_2、R_1 的值可以获得需要的增益倍数。

压阻式加速度传感器与其他加速度传感器相比具有以下特点：

1）频率响应高。由于压阻式加速度传感器集成于整块硅膜片上，没有活动部件，因此固有频率很高，可达到 1.5MHz 以上，这一特性有利于系统的动态测量。

2）精度高。由于没有机械传动过程中的摩擦误差或应变计粘贴时的蠕动和迟滞产生的误差，所以压阻式加速度传感器的精度得到了提高。目前，压阻式加速度传感器的精度可达 0.05% 以上。

3）微型化。由于采用了集成电路技术可以将压敏电阻做得很小，实现了整个传感器结构的微型化。压阻式加速度传感器的外径一般为 0.8mm，最小可达到 0.1mm。

4）灵敏度高。压敏电阻的敏感度很高，因此压阻式加速度传感器也具有很高的灵敏度。

5）没有运动组件，可靠性高。压阻式加速度传感器工作可靠、耐腐蚀、耐冲击、耐振、抗干扰能力突出，可以工作在恶劣的环境中。

压阻式加速度传感器的缺点：压阻式加速度传感器采用半导体材料制作，半导体材料易受温度影响，因此在温度变化大的环境中，必须对压阻式加速度传感器进行温度补偿。

5.4.2 电容式加速度传感器

1. 电容式加速度传感器的结构

图 5-37 所示为一种多层金属结构单片集成三轴电容式加速度传感器的整体结构。该传感器结构由 x、y 轴向敏感质量块、z 轴向敏感质量块、梳齿敏感电极、四个 L 形支撑梁、两个一字支撑梁和锚点组成。其中，x、y 轴向敏感电极采用四层金属均匀式结构，x、y 轴向质量块由固定在锚点的四个 L 形梁支撑。z 轴向敏感电极采用三层金属交错梳齿结构，z 轴向质量块由固定在锚点的挠性一字梁支撑。对于由多层金属结构复合而成的传感器结构，电极的输入、输出引线相比体硅工艺技术更具灵活性。图 5-37 中，x 轴向的输入引线接在 x 轴向的固定梳齿两边，x 轴向的输出引线从四个 L 形梁中的左下方梁输出；y 轴向的输入引线接在 y 轴向的固定梳齿两边，y 轴向的输出引线从四个 L 形梁中的左上方梁输出；由于 z 轴方向的检测使用两个用压焊盘连接在一起的质量块，故输入引线必须从上下对称的 L 形梁端输入到固定梳齿上，输出引线则从 L 形梁输出，其中输入、输出引线共用一个压焊盘，所以该压焊盘必须绝缘成两部分。梳齿电容的相互连接及其输入、输出引线在多层金属内实现，可与信号检测电路同时加工制备，不必后续二次键合工艺。

图 5-38 所示为 x、y 轴向施加正向加速度检测原理与电容示意图。为了有效降低系统噪声并提高系统灵敏度，每一个可动梳齿被两个固定梳齿所环绕。整个传感器结构左右互

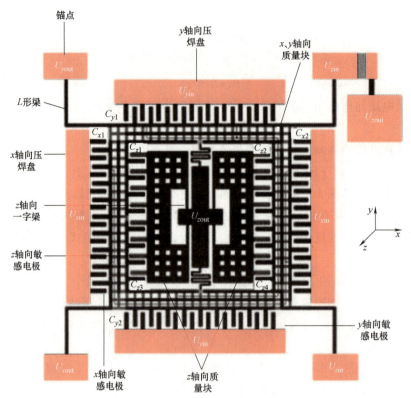

图 5-37 多层金属结构单片集成三轴电容式加速度传感器

相对称。当存在 y 轴正向加速度时，y 轴向质量块发生位移引起可动梳齿与固定梳齿之间的金属层的侧壁正对面积发生变化，导致电容 C_{y1} 增大，同时 C_{y2} 减小相同的量，构成 y 轴向的完全差分检测电容电路。由于 x 轴和 y 轴共用质量块且具有相同的结构特点，因此 x 轴向的加速度检测原理与 y 轴向相同。

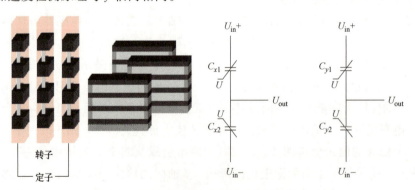

图 5-38 x、y 轴向施加正向加速度检测原理与电容示意图
转子—可动梳齿极板 定子—固定梳齿极板

图 5-39 所示为 z 轴向施加正向加速度检测原理与电容示意图。其中，C_{z1} 和 C_{z3} 并联，C_{z2} 和 C_{z4} 并联。当存在 z 轴向正向加速度时，C_{z1} 和 C_{z3} 并联且在 z 轴向的电容增大；C_{z2} 和 C_{z4} 并联且在 z 轴向的电容减小相等的量，C_{z1} 和 C_{z3} 并联后与 C_{z2} 和 C_{z4} 并联的电容再

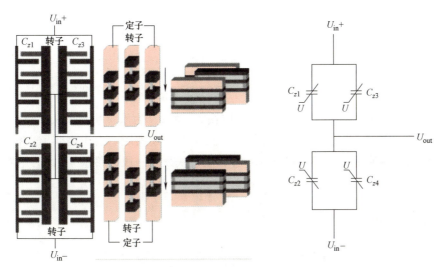

图 5-39　z 轴向施加正向加速度检测原理与电容示意图

转子—可动梳齿极板　定子—固定梳齿极板

进行串联，形成 z 轴向的完全差分检测电容电路。

三轴加速度传感器的非敏感轴对敏感轴具有干扰作用，该干扰作用对加速度的检测及其灵敏度有很大的影响。对于 y 轴向敏感单元，当存在 x、z 轴向加速度时，电容 C_{y1}、C_{y2} 在 x、z 轴向的总电容变化分别一致。x 轴向敏感单元具有和 y 轴向相似的原理和结构，耦合性分析一致。对于 z 轴向敏感单元，当存在 x 轴向正向加速度时，C_{z1} 和 C_{z2} 减小、C_{z3} 和 C_{z4} 增大。由于 C_{z1} 和 C_{z3} 并联、C_{z2} 和 C_{z4} 并联，所以总的电容变化量为 $\Delta C = [(C_{z1}-\Delta C)+(C_{z3}+\Delta C)]-[(C_{z2}-\Delta C)+(C_{z4}+\Delta C)] = 0$。其中，$C_{z1}$、$C_{z2}$、$C_{z3}$、$C_{z4}$ 为初始电容，且有 $C_{z1}+C_{z3}=C_{z2}+C_{z4}$。因此，理论上该设计结构可有效地解决三轴方向加速度检测的交叉耦合问题。

梳齿式电容式加速度传感器具有稳定性好、灵敏度高、噪声响应低、功耗小、加工工艺成熟、可批量生产等特点，应用前景广阔，不足之处在于电容式加速度传感器电容变化量较小，通常为 $10^{-18} \sim 10^{-15}$ F。

2. 电容式加速度传感器的工作原理

电容式加速度传感器是通过电容值的变化测量加速度、振动、压力等信号的装置，是现在主流的加速度传感器之一。按照敏感机理不同，电容式加速度传感器可分为改变重叠面积和改变间距两种类型；按照电容改变的结构不同，可分为平行极板式和梳齿式两种结构。下面分别介绍平行极板式和梳齿式电容式加速度传感器的工作原理。

平行极板电容式加速度传感器的质量块底部和衬底之间都有一个电极，形成平行极板电容，当质量块受到加速度作用时产生位移，引起平行极板间重叠面积或间距发生变化，进而引起电容量发生变化。梳齿式加速度传感器又称为叉指型加速度计，包括位于质量块边沿处的可动梳齿电极和位于锚点处的固定梳齿电极，当传感器受到加速度作用时，质量块由于惯性作用产生位移，引起可动梳齿电极和固定梳齿电极之间重叠面积或间距发生变化，进而引起电容量发生变化，变化的电容引起电压变化并被外部检测电路检测放大，间接测量出加速度值。

图 5-40a 所示为改变平行极板重叠面积来改变电容值。中间的质量块上、下两面都有电极，与上、下极板形成差分电容对。当质量块静止时，初始电容为

$$C_1 = C_2 = C_0 = \varepsilon \frac{A}{d_0} = \varepsilon \frac{lw}{d_0} \tag{5-42}$$

式中，ε 为相对介电常数；A 为平行极板间重叠的面积；l 为质量块与极板重叠的长度；w 为质量块与极板重叠的宽度；d_0 为质量块与上、下极板间距。由于电容 C_1 和 C_2 相等，此时无变化电容量输出。当有外加速度 a 时，质量块发生一段位移量 x，此时电容为

$$C_1 = \varepsilon \frac{(l-x)w}{d_0}, \quad C_2 = \varepsilon \frac{(l+x)w}{d_0} \tag{5-43}$$

总的电容变化量为

$$\Delta C = C_2 - C_1 = 2\varepsilon \frac{xw}{d_0} = 2\varepsilon \frac{lxw}{d_0 l} = 2C_0 \frac{x}{l} \tag{5-44}$$

则其机械灵敏度为

$$S = \frac{\Delta C}{a} = \frac{2C_0}{l} \frac{m}{k} \tag{5-45}$$

同时可得分辨率为

$$a_{\min} = \frac{\Delta C_{\min} lk}{2C_0 m} \tag{5-46}$$

式中，C_0、m、k 分别为传感器的电容初始值、质量块质量、弹性系数，均为常数。由此可知，采用改变平行极板重叠面积的方法能够得到完全线性的加速度传感器结构，而且传感器的分辨率与可检测的最小电容变化量成正比关系。

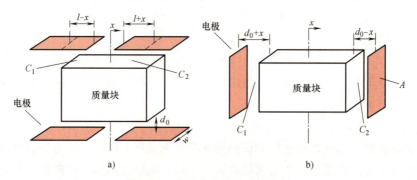

图 5-40 电容值改变方式示意图

a) 平行极板重叠面积变化 b) 平行极板间距变化

图 5-40b 所示为改变平行极板间距来改变电容值。图中 A 为平行极板的面积。中间的质量块与两侧的电极形成差分电容对。当质量块静止时，电容 C_1、C_2 与改变重叠面积的电容的描述一致。当有外加速度 a 时，电容为

$$C_1 = \varepsilon \frac{A}{d_0+x} = \frac{\varepsilon A}{d_0} \left(\frac{1}{1+\frac{x}{d_0}} \right) = C_0 \left(\frac{1}{1+\frac{x}{d_0}} \right) = C_0 \left[1 + \left(\frac{x}{d_0} \right) + \left(\frac{x}{d_0} \right)^2 + \cdots \right] \tag{5-47}$$

$$C_2 = \varepsilon \frac{A}{d_0-x} = \frac{\varepsilon A}{d_0}\left(\frac{1}{1-\frac{x}{d_0}}\right) = C_0\left(\frac{1}{1-\frac{x}{d_0}}\right) = C_0\left[1-\left(\frac{x}{d_0}\right)+\left(\frac{x}{d_0}\right)^2-\left(\frac{x}{d_0}\right)^3+\cdots\right] \quad (5\text{-}48)$$

总的电容变化量为

$$\Delta C = C_2 - C_1 = \varepsilon A\left(\frac{1}{d_0-x}-\frac{1}{d_0+x}\right) = 2C_0\left[\frac{x}{d_0}+\left(\frac{x}{d_0}\right)^3+\left(\frac{x}{d_0}\right)^5+\cdots\right] \quad (5\text{-}49)$$

由式（5-49）可知，电容变化量 ΔC 与位移 x 呈非线性关系，只有当 $x \ll d_0$ 时，传感器机械灵敏度为

$$S = \frac{\Delta C}{a} = \frac{2C_0}{d_0}\frac{m}{k} \quad (5\text{-}50)$$

同时可得分辨率为

$$a_{\min} = \frac{\Delta C_{\min} d_0 k}{2C_0 m} \quad (5\text{-}51)$$

综上所述，改变平行极板重叠面积法的输出电容变化量与输入的加速度呈线性关系，而改变平行极板间距法的输出呈非线性，且其非线性度难以控制，这给后续检测电路的设计带来更大的困难。

梳齿式是电容式加速度传感器中经常采用的电容变化传感器之一，梳齿式加速度传感器可以采用表面硅加工技术制备，可以很好地与检测电路集成在单一芯片上，减小寄生电容的影响，有效提高系统灵敏度。同时由于采用表面硅加工技术，致使质量块厚度小、质量轻，输出电容变化的信号小，对外围信号检测电路要求较高，需要增加可动梳齿与固定梳齿的数目以达到增大输出电容变化值的目的。

梳齿式电容式加速度传感器以美国 ADI 公司研发的 ADXL 系列加速度传感器最为典型。ADXL 系列加速度传感器采用表面硅加工技术，将闭环反馈控制电路、电压检测放大电路、微机械可动部件同时集成在单一芯片上，实现了检测电路与微机械部件的单片集成，同时利用闭环反馈电容来检测电容变化量，通过把输出电压信号反馈到检测质量块上，用静电力控制可动梳齿电极的位移为零，用反馈信号的大小来表征电容变化的数值，解决了开环加速度传感器一致性较差、零点漂移值大、温度稳定性差的缺点。

图 5-41 和图 5-42 分别为 ADXL 系列加速度传感器工作原理和电路原理。该传感器采用一对梳齿电极结构，通过采用多对平行电极，可在有限的空间内提高电容值，进而提高加速度传感器的灵敏度。差动电容 C_{s1} 和 C_{s2} 为敏感元件，它由两片固定的外侧极板和可移动的中央动极板组成。中央动极板受到加速度的作用而左右移动。无加速度作用时，C_{s1} 与 C_{s2} 相等；当感受到加速度作用时，其敏感质量块（梁）带动中央动极板移动，导致两电容之差发生变化。为了有效地降低系统噪声并提高灵敏度，每一个可动梳齿被两个固定梳齿所环绕形成差分电容对，根据平行极板电容计算公式，并忽略边缘电容效应，可得变化的电容值为

$$C_{1,2} = N\frac{\varepsilon_0 h l_0}{g_0 \pm x} \quad (5\text{-}52)$$

输出电压为

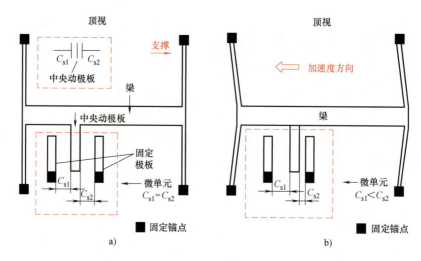

图 5-41 ADXL 系列加速度传感器的工作原理

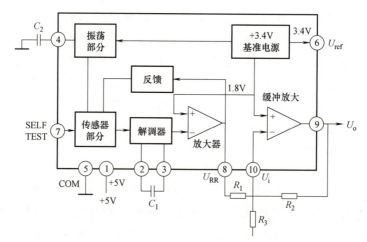

图 5-42 ADXL 系列加速度传感器的电路原理

$$U_{out} = \frac{C_1 - C_2}{C_1 + C_2} U_{in} \tag{5-53}$$

式中，N 为传感器梳齿电容极板对数；ε_0 为相对介电常数；h 为梳齿电容极板厚度；l_0 为梳齿电容极板的交叉重叠长度；g_0 为可动梳齿与固定梳齿极板间距；x 为质量块的位移；U_{in} 为施加在固定梳齿上的输入电压信号；U_{out} 为从可动梳齿电极上引出的输出电压信号。当不存在加速度时，可动梳齿电极位于两个固定梳齿电极中心，电容 C_1、C_2 相等，输出电压理论上为零；当存在加速度时，质量块发生位移带动可动极板与固定极板之间的间距发生变化，如果电容 C_1 增大，则电容 C_2 减小相同的数值，形成差分电容对，输出电压为

$$U_{out} = \frac{x}{g_0} U_{in} \tag{5-54}$$

依据弹性力学原理可知

$$kx = ma \tag{5-55}$$

由此可得加速度与输出电压的关系式为

$$\frac{U_{\text{out}}}{a} = \frac{mU_{\text{in}}}{kg_0} \tag{5-56}$$

式中，m 为质量块的质量；k 为弹性系数。对于单端固定导向的悬臂梁而言，其弹性系数为

$$k = \frac{Ewh^3}{4l^3} \tag{5-57}$$

式中，E 为悬臂梁的弹性模量；l、w、h 分别为梁的长、宽、高。由此可得

$$\frac{U_{\text{out}}}{a} = \frac{4mU_{\text{in}}l^3}{Ewh^3 g_0} \tag{5-58}$$

式（5-58）中的所有参数都是常数，即当外界加速度作用于传感器时，输出的电压值与外界加速度成正比，该传感器具有很好的线性度和分辨率。

5.4.3 谐振式加速度传感器

1. 谐振式加速度传感器的结构

牛顿经典力学原理指出，物体在加速度作用下将产生与所受加速度成正比关系的惯性力，将这一惯性力线性转化为更为直接的物理量，如电压、电流、电阻等，便可通过测量这些物理量间接测出加速度的值。谐振式加速度传感器利用谐振梁结构来感应惯性力，使本身谐振频率发生变化，通过测量这一频率变化间接测出加速度信息。与传统的压阻式、电容式加速度传感器相比，谐振式加速度传感器具有动态范围宽、测试精度高、准数字输出、线性度好、抗干扰性强等优点。

图 5-43 所示为硅谐振式加速度传感器的结构，主要包括质量块、双端固定音叉谐振

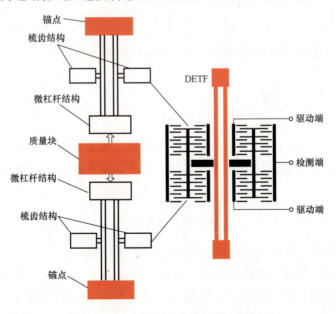

图 5-43 硅谐振式加速度传感器的结构

器（DETF）、梳齿结构、微杠杆结构（力放大结构）、锚点等。其中 DETF 谐振器由驱动端和检测端构成。驱动端由可动梳齿电极与内部固定电极构成，用来为谐振器提供激励信号；检测端由可动梳齿电极与外部固定梳齿电极构成，用来感知谐振器频率的变化。

2. 谐振式加速度传感器的工作原理

硅谐振式加速度传感器的质量块在加速度作用下产生惯性力，该作用力经微杠杆结构放大几倍后传递到 DETF 谐振器上，使得 DETF 谐振梁的频率发生变化，通过检测谐振频率变化量即可得到加速度值。为降低干扰、提高测量精度，谐振器采用两个对称分布的 DETF 结构。当有加速度输入时，两个对称分布的音叉谐振器左边部分受轴向拉力作用，引起固有频率增大；同时右边部分受轴向压力作用，引起固有频率减小，形成差动的检测机制，经过信号差分处理，可得到它们的差动频率。在一定的输入加速度范围内，差动频率值与输入加速度值呈近似线性关系。这种差动检测机制能很好地消除环境温度和交叉轴灵敏度引起的音叉热应力对固有频率的影响，显著地提高加速度传感器的灵敏度。

无外力作用时，DETF 的固有角频率为

$$\omega_n = \sqrt{\frac{K_{eff}}{M_{eff}}} \qquad (5\text{-}59)$$

式中，K_{eff} 为 DETF 无外力作用时的等效刚度；M_{eff} 为 DETF 的等效质量。

当质量块在加速度作用下产生惯性力 F（$F=ma$，其中 m 为质量块的等效质量，a 为作用在质量块上的加速度）时，该惯性力经微杠杆结构放大 n 倍后传递到 DETF 上，使 DETF 的刚度发生改变，即

$$K = K_{eff} + \Delta K \qquad (5\text{-}60)$$

式中，$\Delta K = \alpha nF$，α 为与结构参数相关的一个常量。

因此 DETF 的频率变为

$$\omega = \sqrt{\frac{K_{eff} + \alpha nma}{M_{eff}}} = \sqrt{\frac{K_{eff}}{M_{eff}} + \frac{\alpha nm}{M_{eff}}a} \qquad (5\text{-}61)$$

令 $\beta = \alpha nm/M_{eff}$，其亦为与结构参数相关的一个常量。将式（5-61）进行泰勒级数展开，得

$$\omega = \sqrt{\frac{K_{eff}}{M_{eff}} + \beta a} = \omega_n\left(1 + \frac{1}{2}\beta a - \frac{1}{8}\beta^2 a^2 + \frac{1}{16}\beta^3 a^3 - \cdots\right) \qquad (5\text{-}62)$$

由式（5-62）可知，$\beta^2 a^2/8$ 及其之后的项组成了谐振频率的非线性项，决定了谐振式加速度传感器的线性度。在忽略非线性的条件下，输入加速度与谐振频率改变量的关系为

$$\omega = \omega_n\left(1 + \frac{1}{2}\beta a\right) \qquad (5\text{-}63)$$

因此，通过测量谐振频率的变化量即可得到输入的加速度值。

设计 β 取值时，可近似忽略高次项对 ω 的影响，ω 与 a 在一定范围内呈近似线性关系。而 β 的取值与结构参数相关，包括 DETF（K_{eff} 与 M_{eff}）、杠杆放大倍数（n）、质量块（m）等。

谐振式加速度传感器通过检测输出谐振频率的变化来间接检测所感受的加速度，高精度、实时性好的频率测量电路是衡量谐振式加速度传感器性能的重要指标。频率测量主要有模拟测频法和数字测频法。

模拟测频法一般是将频率量转化为比较直观的电压、电流等进行测量。对于一个周期性方波信号，当幅值恒定不变时，其有效电压值由占空比决定，即

$$u = wA/T \qquad (5\text{-}64)$$

式中，w 为方波脉冲宽度；A 为脉冲幅值；T 为方波周期。若脉冲宽度保持不变时，方波的电压有效值和方波的频率成正比，从而实现了转换。利用单稳态触发器将方波信号转化为脉冲宽度不变、占空比与频率呈线性关系的方波信号。令 $a = wA$ 为定值，则有

$$u = \frac{a}{T} = af \qquad (5\text{-}65)$$

图 5-44 所示为一种模拟测频法电路。比较器 LM339AN 将正弦波转化为占空比为 50% 的方波，并保持信号频率不变。两个稳压二极管反相串联用于限定输出电压幅值。单稳态触发器 SN74123N 将输入的方波信号转化为脉冲宽度恒定不变、占空比与频率成正比关系的方波信号。转换后的方波脉冲宽度为

$$w = 0.45 C_3 R_5 \qquad (5\text{-}66)$$

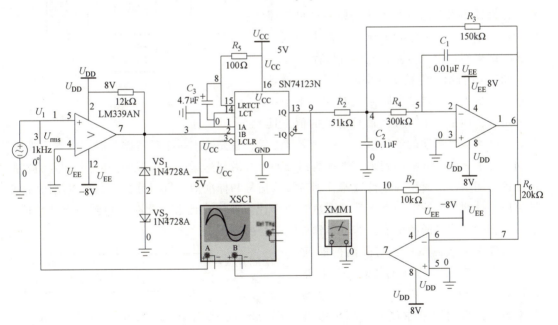

图 5-44　模拟测频法电路

转换器的频率测量范围由 C_3、R_5 共同决定，被测信号频率应满足

$$f < \frac{1}{0.45 C_3 R_5} \qquad (5\text{-}67)$$

低通滤波器滤除方波信号的各次谐波分量，仅剩下直流分量输出，最后经过一级反相衰减器得到与输入信号频率成正比的电压值。低通滤波器的传递函数为

$$H(s) = \frac{R_3/R_2}{1+sR_3R_4C_1\left(\dfrac{1}{R_2}+\dfrac{1}{R_3}+\dfrac{1}{R_4}\right)+s^2R_3R_4C_1C_2} \tag{5-68}$$

将 $s=\mathrm{j}w$ 带入式（5-68）可知该滤波器的低通截止频率为

$$f_{\mathrm{LPF}}=\frac{1}{2\pi\sqrt{R_3R_4C_1C_2}} \tag{5-69}$$

采用模拟测频法检测加速度传感器的共振频率时，通常需要在每一方向上添加双端谐振梁结构，因此在实际的电路设计时，往往会使用多组电路进行同步检测，导致检测电路的面积增加，而且由于耦合问题的存在，所得到的检测结果的误差也会较大。而数字测频法可以利用中央芯片处理器同步地对多组数据进行实时监测，大大减小了设计电路的面积，最终的数据也可以利用串口 UART 传输至上位机，实现即时的加速度信息显示。

图 5-45 所示为一种基于现场可编程门阵列（FPGA）的数字频率测量系统框图，系统主要包括 FPGA 芯片、存储器、比较器、串口传输等。

比较器的作用是将输入信号转化为同频方波，即转化为数字信号，以便被 FPGA 芯片识别。存储器用来存储下载程序，使系统可以掉电调试。FPGA 芯片对采集到的数据进行频率计算，结果经过串口传输到上位机保存显示。

图 5-46 所示为等精度频率测量算法的测量原理，其最大的特点是实际闸门时间并不是一个固定值，而是一个与被测信号有关的值，且刚好为被测信号周期的整数倍。在启动测量之后，首先给出一个预置闸门时间，然后等待被测信号下一个上升沿的到来。当被测信号的上升沿到达后，将预置闸门时间信号与被测信号进行同步，同时用两个计数器分别对被测信号和标准信号进行计数。当预置闸门时间结束后，被测信号的下一个上升沿到达时两个计数器停止计数。此时会得到两个计数值，然后结合标准信号的频率值，即可得到被测信号的频率。

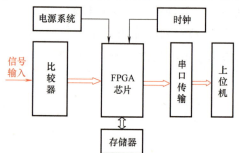

图 5-45 基于 FPGA 的数字频率测量系统框图

假设在一次测量中，实际闸门时间为 T，被测信号计数器和标准信号计数器的计数值分别为 N_a 和 N_b，标准信号的频率为 f_0，根据测量原理可计算出被测信号的频率为

$$f=\frac{N_a}{N_b}f_0 \tag{5-70}$$

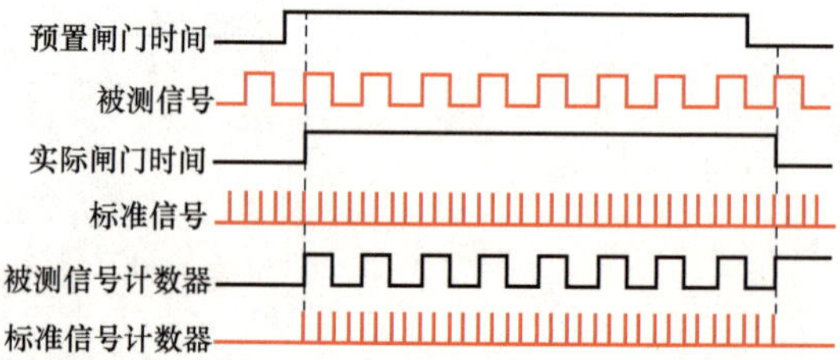

图 5-46 等精度频率测量算法的测量原理图

式中，f 为被测信号频率的测量值。若信号的实际频率为 f'，则测量误差 δ 为

$$\delta=\frac{|f'-f|}{f'}\times 100\% \tag{5-71}$$

若忽略标准信号的频率误差,并根据式(5-70),可得被测信号实际频率的表达式为

$$f' = \frac{N_a}{N_b \pm \Delta N_b} f_0 \tag{5-72}$$

式中,ΔN_b 为实际门控信号门限时间内对标准信号的计数误差值。

联立式(5-70)~式(5-72)可得

$$\delta = \frac{\Delta N_b}{N_b} \times 100\% \leqslant \frac{1}{N_b} = \frac{1}{Tf_0} \tag{5-73}$$

由此可知,采用等精度测量法测量频率时,所选择的闸门时间越长,标准信号的频率越高,频率测量的误差就会越小。假设标准信号的频率为100MHz,闸门时间为1s,那么其精度可达到10^{-8}。

5.5 转矩传感器

动力转向系统传感器主要用于电动助力转向系统(EPS)中。EPS根据车速传感器、发动机转速传感器、转矩传感器等提供的信号,使汽车转向时响应迅速,操作灵活可靠,降低了燃油损耗,提高了驾驶的安全性。

电动助力转向系统整体上基于齿轮齿条式转向方式,通过电动机产生助力。如图5-47所示,电动助力转向系统结构简单,主要由车速传感器、转矩传感器、电流传感器、ECU、电动机、电磁离合器及减速机构等组成。转矩传感器布置在转向轴中间,通过扭杆弹簧直接连接。转矩传感器在转向轴转动时开始工作,在转矩作用下,两段轴将产生相对转角,转矩传感器将相对转角转变成电信号传给ECU。ECU综合转矩传感器和车速传感器的信号来计算电动机的助力电流大小和旋转方向,并发送指令到电动机,电动机开始工作,其辅助动力通过电磁离合器和减速机构作用到转向系统中,从而实现助力转向的实时控制。在不同车速下,电动助力转向系统可以方便地实现不同的助力效果,保证汽车在低速转向时能够轻便灵活,高速转向时能够稳定可靠。与液压助力转向系统相比,电动助力转向系统随转向盘操纵力矩和车速进行调整,具有更好的路感和回正性能;模块化设计大大缩短了开发周期;液压泵和辅助管路的省略节省了空间、提高了效率、降低了系统能耗。

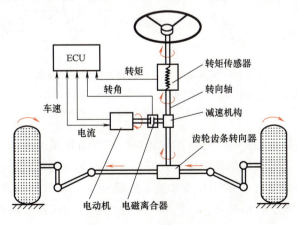

图5-47 EPS结构示意图

转矩传感器在汽车行驶中检测施加在转向盘上的扭矩的大小及其方向,并以电信号的形式向 ECU 发送数据,反映驾驶人的操作意图。然后 ECU 根据转矩信号并综合考虑实时车速向电动机发送指令来产生助力。由此可见,转矩传感器探测功能的精度和反应速度直接决定着系统的性能,转矩传感器已经成为汽车 EPS 系统中的一个核心部分。转矩传感器可分为接触式和非接触式两种,具体包括应变式、光电式、电感式、电容式、磁电式、电位器式等。一般而言,接触式适用于低速场合;非接触式适用于高速场合。从使用寿命以及机械精度上考虑,一般都采用非接触式。

5.5.1 接触式转矩传感器

接触式转矩传感器有电阻应变片式和电位器式两种。

1. 电阻应变片式转矩传感器

图 5-48 所示为一种常见的电阻应变片式转矩传感器的结构。在输入扭矩 T_i 的作用下,扭转轴的表面将会产生压缩或拉伸形变,扭转轴表面上粘贴的电阻 R_1 和 R_2 方向上的应变数值相等、符号相反,皆为 $\varepsilon = \Delta l/l$。R_1、R_2 和粘贴在扭转轴背面的电阻 R_3、R_4 组成全桥测量电路,全桥上的四个节点 a、b、c、d(位于背面)处的信号通过相应的四个信号集电环和电刷引出。应变片测量所得的轴表面与轴线呈 45°方向上的应变可表示为

$$\varepsilon = \pm \frac{2T}{\pi E r^3}(1+\mu) \tag{5-74}$$

式中,E 为扭转轴的材料弹性模量;r 为扭转轴的半径;μ 为扭转轴的材料泊松比。

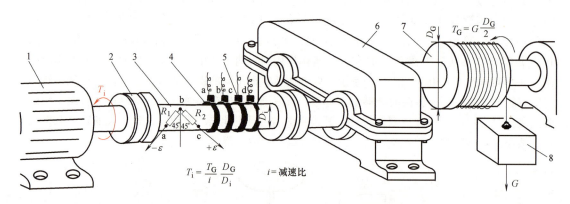

图 5-48 一种电阻应变片式转矩传感器的结构

1—电动机 2—联轴器 3—扭转轴 4—信号引出集电环 5—电刷 6—减速器 7—卷扬机 8—重物
T_i—输入扭矩 T_G—输出扭矩 i—减速比

电阻应变片式转矩传感器的导体或半导体材料在外力作用下会产生机械形变,其电阻值也将随之发生变化,这种现象称为应变效应。电阻应变片式转矩传感器正是基于应变效应工作,它包括电阻应变片、弹性元件和测量转换电桥电路等组成部分。由于其结构简单、尺寸较小、精度高、价格低廉、工艺随多年应用已较为成熟,因此在机械、化工、建筑、航空航天、医学、汽车工业、货运、重物装卸等领域得到了广泛的应用。

电阻应变片的工作原理如图 5-49 所示。电阻丝受到外力牵拉而发生形变时，长度由 l 变为 $l+\Delta l$，直径变为 $2(r-\Delta r)$，电阻 $R=\rho l/A=\rho l/(\pi r^2)$ 变大。

当在被测物体表面粘贴上应变片时，一旦有外力作用，应变片的敏感栅将随被测物体一起发生形变，从而其电阻值也发生变化。此时用 ECU 直接去计算应变片阻值的变化很困难也很不精确，这是由于一个在高阻值的基准上附加零点几欧变化的小电阻，分辨率很低。实际检测中，往往需

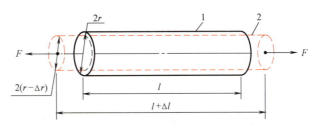

图 5-49 电阻应变片的工作原理
1—拉伸前　2—拉伸后

要引入一个电桥把被测基准去掉，变成一个在零点附近变化的毫伏级输出电压，然后便可通过一个放大电路处理此电压的微小变化量，使之变为便于测量的有效电压变量，再通过 A/D 处理即可。

在非平衡电阻电桥中，用电阻应变片来代替某一桥臂电阻或几个相应的桥臂电阻，当应变片阻值变化时，电桥即失去平衡，此时，ECU 可根据电桥的输出电压计算出被测值。非平衡电桥可分为单臂、双臂和全桥等结构。图 5-50 为一种单臂电桥测量结构的示意图。图中只有应变片的位置所代表的电阻 R_1 可变，其余电阻均为固定低温漂电阻，该电桥的平衡条件为 $R_2/R_1=R_4/R_3$，若电压表代表输出电压 U，且 $R_1=R_2=R_3=R_4$，则有

$$U=\frac{E_\text{i}}{4}\frac{\Delta R_1}{R_1} \tag{5-75}$$

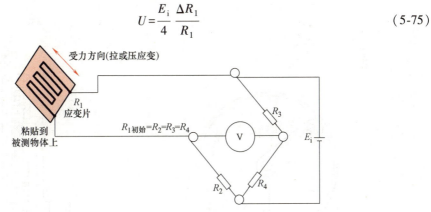

图 5-50 一种单臂电桥测量结构

2. 电位器式转矩传感器

电位器式转矩传感器同电阻应变片式转矩传感器一样，应用非常广泛。电位器式转矩传感器又称为变阻器式转矩传感器，它是在滑动变阻器的原理基础上，根据不同的场合改进而成，分为线绕式和非线绕式两种结构类型。其中后者又可分为薄膜电位器、导电塑料电位器和光电电位器三种形式。

电位器式转矩传感器的优点在于其结构简单、性能稳定，且输出信号较大等；缺点是由于其所要求的输入能量较高，另外长期累积的电刷与电阻元件之间的磨损会逐渐降低其测量精度。

图 5-51 所示为一种常见的电位器式转矩传感器。

图 5-51 中，当触头装置 H 与环形电阻器内表面没有磨损位置接触时，紧压的弹簧对螺栓施加一定的预紧力，使得圆形滚动部件在绕螺栓中轴滚动时，又与环形电阻器紧紧接触，实现平稳运动；而当触头装置 H 旋转到环形电阻器上的磨损位置处时，圆形滚动部件即会有与环形电阻器内表面脱离的趋势，但通过螺栓间接施加预紧力的弹簧，使得圆形滚动部件沿半径向外运动至与环形电阻器内表面接触的位置。此时弹簧的长度变长，以保持触头装置 H 与环形电阻器时时接触，实现平稳过渡，而当触头装置 H 离开此磨损位置滑动到正常位置后，触头装置 H 又回到原先的状态，保持和环形电阻器内表面的平稳接触，这样固定电刷处下方的电路就可以持续稳定地输出正比于旋转扭矩大小的电压信号。

图 5-52 所示为另一种常见的电位器式转矩传感器，主要由扭杆弹簧、转角位移变换机构和电位器组成。扭杆弹簧的主要作用是传递驾驶人施加在转向盘上的转矩，并将转矩转化为对应的转角值。转角位移变换机构是一对螺旋机构，将扭杆弹簧两端所转过的角度差转化为滑动套的轴向位移，滑动套由刚球、螺旋槽和滑环组成。滑环可以相对于输入轴做螺旋方向上的旋转运动，同时通过销连接安装到输出轴上，可以相对于输出轴做垂直方向上的平移运动。因此，当输入轴相对于输出轴做转动时，滑环按照输入轴相对于输出轴的旋转量以及输入轴的旋转方向做相应的垂直运动。当转向盘被转动时，扭矩通过输入轴传递到扭杆弹簧，输入轴和输出轴在转动过程中出现角度差。该角度差使滑环产生移动，滑动触头在电阻线上随之移动，使电位器的电阻值发生变化，电阻值的变化通过电位器转化为电压的变化。于是，扭矩信号就转换成了电压信号。

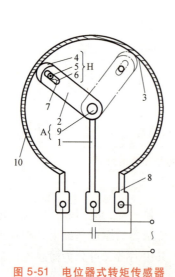

图 5-51 电位器式转矩传感器

1—电刷杆　2—活动刷片　3—磨损位置　4—圆形滚动部件
5—螺栓　6—弹簧　7—通槽　8—固定电刷　9—铰链
10—环形电阻器　A—活动电刷　H—触头装置

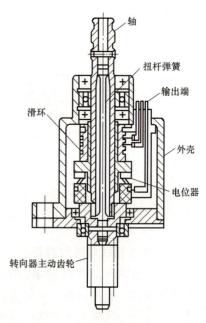

图 5-52 另一种常见的电位器式转矩传感器

5.5.2 非接触式转矩传感器

非接触式转矩传感器有光电式、磁电式、逆磁致伸缩式、磁阻式转矩传感器等。

1. 光电式转矩传感器

光电式转矩传感器采用非接触式测量方法,其原理是将光量的变化转换成电信号的变化。光电式传感器基于光电转换器件的光电效应,即半导体材料的许多电学参数特性都会因为受到光照而发生变化。光电式传感器可以用来检测直接引起光量变化的非电量,如光强、光照、光辐射,以及空间气体成分等,也可以用来检测能转换成光量变化的一些非电量,如元器件的直径、位移、速度、加速度、振动、应变、表面粗糙度,以及物体的形状、工作状态等。

由于光电式测量方法灵活多样,可测量参数较多,同时具有非接触性、结构简单、体积小、测量精度很高、系统响应快等优点,使得光电式传感器在检测和控制领域得到了广泛的应用。但由于该类传感器对光感稳定性要求较高,对材料加工工艺要求很高,在环境使用方面有着较大的局限性。另外有些参数要求较高的精密光电测量仪器造价昂贵,在成本上有其经济性劣势,因此使得光电式传感器在长期的应用普及方面阻力很大。

光电式转矩传感器是基于具有机械弹性的弹性轴在一定扭矩的作用下发生弹性形变,两截面的相对转角与扭矩成正比的原理来测量转矩信号。光电式转矩传感器的结构如图 5-53 所示。

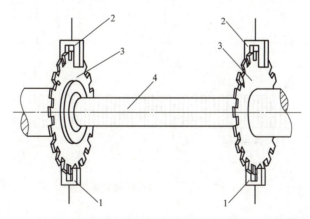

图 5-53 光电式转矩传感器的结构
1、2—光电开关 3—光栅盘 4—弹性轴

图 5-53 中,当弹性轴以一定扭矩转动时,不同的光电开关处分别得到不同的信号,经过滤波和相位差处理算法后,输出信号并显示出当前转矩、转速。

当弹性轴不受扭矩作用时,前后两个光栅盘存在一初始相位差,当有一定转矩作用时,两个光栅盘之间的相位差即随着扭矩作用的增加而变大,此扭矩大小和弹性轴两端的相对转角差关系为

$$T = \frac{GI_p \Delta \varphi}{L} = \frac{\pi G \Delta \varphi d^4}{32L} \qquad (5\text{-}76)$$

式中，T 为当前扭矩大小；G 为剪切弹性模量；I_p 为极惯性矩；$\Delta\varphi$ 为弹性轴两端相对转角差；d 为弹性轴的直径；L 为前后两个光栅盘之间弹性轴的长度。

对于已经安装好的整体结构，L 和 d 都是定值，G 由弹性轴的材料参数决定，也是定值。因此根据式 (5-76)，测出 $\Delta\varphi$ 即可知道当前扭矩大小 T。

如果单光栅旋转一圈，通过光电开关 2 处所检测到的脉冲数为 n，则一个脉冲周期所对应的光栅旋转角度即为 $2\pi/n$，如图 5-54a 所示。如果弹性轴两端相对转角差为 $\Delta\varphi$，那么 $\Delta\varphi$ 和前后两个光栅盘的相位差 $\Delta\theta$ 之间的关系为

$$\frac{\Delta\varphi}{2\pi/n} = \frac{\Delta\theta}{2\pi} \tag{5-77}$$

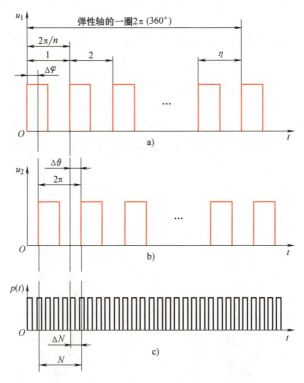

图 5-54　$\Delta\varphi$、$\Delta\theta$ 与计时关系示意图

式 (5-77) 等式两边的 2π 所代表的意义不同。等式左边的 2π 表示弹性轴旋转一周 (360°)，而等式右边的 2π 则代表脉冲的一个周期。$\Delta\theta$ 可以通过高频计数方法测得，测量方法如图 5-54b、c 所示。

由上可得

$$\Delta\varphi = \frac{2\pi\Delta N}{nN} \tag{5-78}$$

式中，N 为单光栅一个脉冲时间内所计高频脉冲的个数；ΔN 为前后两个光栅盘相位差时间内所计高频脉冲的个数，如图 5-54c 所示。

联立式 (5-76) 和式 (5-78)，可得

$$T = \frac{2\pi^2 G d^4 \Delta N}{32 n L N} \tag{5-79}$$

因此，只要知道了 ΔN 和 N，就可以计算出当前扭矩 T 的大小。

2. 磁电式转矩传感器

磁电式转矩传感器以电磁感应定律为基础，又被称为感应式传感器或者电动式传感器，是一种将待测物体的机械转动转换成易于测量的电信号。图 5-55 所示为磁电式转矩转速传感器工作原理图，该传感器主要由弹性轴和磁电发生器组成。

磁电式转矩转速传感器是基于弹性轴在传递转矩时产生弹性变形的原理进行间接测量的。磁电发生器由两组配对的内/外齿轮、磁钢和感应线圈组成。外齿轮安装在弹性轴测量段的两端，随弹性轴一起旋转。内齿轮安装在传感器自带的驱动电机轴上，和外齿轮并列。磁钢紧接内齿轮安装，感应线圈固定在传感器壳体的两个端盖内。当内/外齿轮产生相对运动时，由磁钢和内/外齿轮构成的磁路的磁通就会随之产生

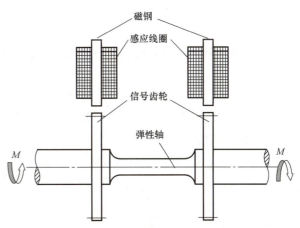

图 5-55 磁电式转矩转速传感器工作原理

相应的周期变化，感应线圈中就会感应出两组近似正弦的电压信号。这两组交流电信号的频率与弹性轴的转速成正比，它们之间的相位差与弹性轴传递的扭矩以及初始的安装位置有关，表示如下：

$$T = K|\Delta\theta| + b \tag{5-80}$$

式中，T 为被测转矩，单位 $\mathrm{N \cdot m}$；K 为比例系统；$\Delta\theta$ 为两组交流信号相位差，单位为 rad；b 为比例系数。

由式（5-80）可知，待测转矩与两组电压信号的有效相位差成正比，K、b 为待定比例系数。

因此只要获得两组交流信号相位差，即可求出转矩。假设所采集的信号为可积分的任一周期函数 $f(t)$，则它可以写成如下傅里叶级数：

$$\begin{aligned}f(t) &= A_0 + \sum_{n=1}^{\infty} A_n \sin(n\omega t + \varphi_n) \\ &= A_0 + \sum_{n=1}^{\infty} (a_n \cos n\omega t + b_n \sin n\omega t)\end{aligned} \tag{5-81}$$

式中，φ_n 为 n 次谐波的初相位；a_n、b_n 为傅里叶系数，$a_n = \dfrac{1}{\pi}\int_{-\pi}^{\pi} f(x) \cos nx \, \mathrm{d}x$，$b_n = \dfrac{1}{\pi}\int_{-\pi}^{\pi} f(x) \sin nx \, \mathrm{d}x$。

因此基波的初相位可表示为

$$\varphi_1 = \arctan\left(\frac{a_1}{b_1}\right) \tag{5-82}$$

通过对被检测信号进行频谱分析，获得信号的相频特性，然后计算两信号在基频率处的相位差即得到转矩信息。

3. 逆磁致伸缩式转矩传感器

磁性材料被不同程度磁化后，其长度和体积等参数都会发生微小的变化，这种现象称为磁致伸缩效应，最早由英国物理学家焦耳发现。与之相反，铁磁性材料受到机械应力作用后，其磁化状态发生改变的现象则是逆磁致伸缩效应。逆磁致伸缩式转矩传感器基于逆磁致伸缩效应制造，由于其具有响应速度快、稳定性高、精度高、承受过载能力强等优点，因此在汽车转向助力系统、油井钻头旋转轴扭矩测量、数控铣床车刀的力学检测等领域应用广泛。

根据磁弹性耦合理论，当由许多磁畴组成的磁致伸缩材料受到拉伸时，每个磁畴的易磁化方向改为沿着拉伸受力的方向，而当该材料受到压缩时，易磁化方向则改为垂直于压缩受力的方向，如图5-56所示。

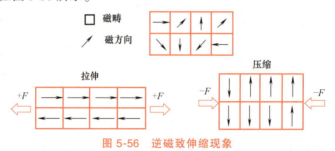

图5-56 逆磁致伸缩现象

1990年，美国科学家Fleming研发出了逆磁致伸缩式转矩传感器，如图5-57所示。其中，U形铁心沿着被测轴中心线45°方向放置，铁心的两端分别缠绕了激励线圈和待测线圈。转轴发生扭转时将会改变其表面的磁导率，此时，由激励磁极端产生的磁场通过铁心、两端空气间隙、转轴构成变阻磁路后，在待测磁极端即可检测出该磁路的变化信息，经转化就可以得到转轴当前所受的转矩信息。

此后，逆磁致伸缩式转矩传感器的结构有了新的改进，如图5-58所示。双U形铁心逆磁致伸缩式结构采用两个相互垂直放置的U形铁心，一个两端缠绕激励线圈，沿旋转轴轴线方向放置；另外一个两端缠绕待测线圈，垂直于旋转轴轴线方向放置，两组铁心与转轴以及空气间隙构成惠斯通磁桥结构，如图5-59所示。

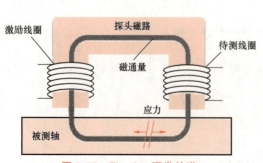

图5-57 Fleming研发的逆磁致伸缩式转矩传感器

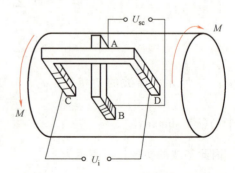

图5-58 双U形铁心逆磁致伸缩式结构

图 5-59 中,连接 C、D 两端的 U_i 为激磁电压,连接 A、B 两端的 U_{sc} 为扭矩转动过程中所产生的感应电压。当转轴受到扭转力矩转动时,转轴表面将会产生相互垂直的拉应力($+\sigma$)和压应力($-\sigma$)。两者与轴线方向呈±45°。转矩和应力分布情况如图 5-59a 所示。

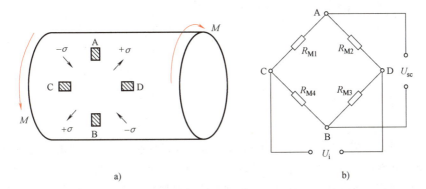

图 5-59 转矩和应力分布示意图及被测轴受扭矩作用时的应力等效电路图

a)转矩和应力分布示意图 b)被测轴受扭矩作用时的应力等效电路图

当激励线圈端输入交流电时,如果转轴静止,即表面无应力,则其表面磁阻特性为各向同性,两个线圈中的磁通量大小相等,方向相反,即 $R_{M1}=R_{M2}=R_{M3}=R_{M4}$,桥路平衡,待测线圈不产生感应电动势,$U_{sc}=0$;当存在扭矩作用时,轴表面的磁阻特性为各向异性,那么在拉应力方向上磁阻减小,反之,在压应力方向上磁阻增大。此时,通过待测线圈两端的磁通量不再相等,磁阻较大的桥臂穿过的磁通量就会少些。这样待测线圈就会输出正比于转矩大小的感应电动势,测出该电动势即可获得当前转矩信息。两者关系为

$$U_{sc}=\frac{8KU_i}{\pi D^3}M \qquad (5-83)$$

式中,K 为逆磁致伸缩式传感器的灵敏度系数;D 为转轴的外径;M 为当前扭矩。

随着研究的深入,以及非晶薄带材料和加工工艺的发展,研究人员将薄片形的逆磁致伸缩材料通过粘贴或者溅射的方式,使其以极高的强度与待测轴粘贴为一体,将待测轴因受转矩作用而产生的形变直接表现在逆磁致伸缩材料上,大大提高了信号的稳定性和测量精度,如图 5-60 所示。待测轴上粘贴有两组非晶薄带,与轴线方向呈±45°,当有转矩作用于待测轴时,一组材料受牵拉,另一组材料则受挤压,上、下两组材料的磁导率对称变化,此时,两个待测线圈将会感应出不同的电压信号,测得该电压信号即可计算出对应的转矩大小和方向。

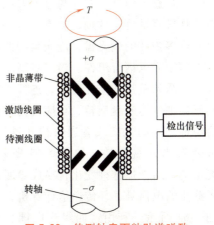

图 5-60 待测轴表面粘贴逆磁致伸缩材料的转矩传感器结构

待测轴表面粘贴逆磁致伸缩材料的系统检测流程图如图 5-61 所示:

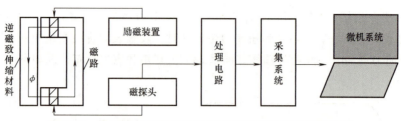

图 5-61　待测轴表面粘贴逆磁致伸缩材料的系统检测流程图

5.6　车身高度传感器

电控空气悬架系统（ECAS）是一种先进的车辆底盘控制系统，主要由空气弹簧、电子控制单元、组合电磁阀、高度传感器、车速传感器、电动气泵、储气筒等部件组成。其主要工作原理为电子控制单元通过采集车速和车身高度等传感器信号，并根据控制策略控制组合电磁阀和电动气泵等执行机构，对空气弹簧进行合理充放气，以改变悬架系统的刚度、阻尼特性和车身高度等，因此电控空气悬架系统具有较小的弹性振动和较低的自身特有频率，可显著提高车辆平顺性、通过性和燃油经济性等。在电控空气悬架系统中，对车身高度的准确测量和有效控制，直接影响车辆行驶的平顺性和操纵稳定性。本节介绍车身高度传感器，车身高度传感器分为光电式和电感式等，下面分别介绍这两种传感器的结构和工作原理。

5.6.1　光电式车身高度传感器

车身高度传感器的作用是把车身高度（汽车悬架装置的位置量）转换成 ECU 可识别的电信号，光电式车身高度传感器的主要工作原理是将悬架的上下运动变换成传感器内遮光盘的旋转运动，并检测出其旋转位置。光电式车身高度传感器的结构如图 5-62 所示。

在传感器内部，有一与悬架臂相连接的连杆带动旋转的轴，轴上装有一个开有许多槽孔的遮光盘，遮光盘的两侧装有四组光电耦合组件。当车身高度变化时，悬架壁带动连杆运动，连杆带动传感器轴和遮光盘旋转，对应的光电耦合组件之间的光线或者通过槽孔透过，或者被遮光盘遮挡，如图 5-63 所示。光电耦合组件把这种变化转换成导通或者截止的电信号，并传递给计算机，如图 5-64 所示。利用这四组光电耦合组件导通与截止的组合，就可以把车身高度的变化范围分成多个区域以检测车身高度的位置。

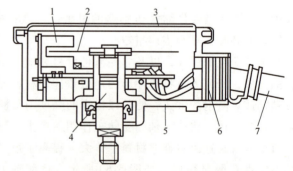

图 5-62　光电式车身高度传感器的结构
1—光电元件　2—遮光盘　3—罩盖　4—轴
5—外壳　6—衬垫　7—线束

车身高度传感器不同组合下的车身高度范围见表 5-2。

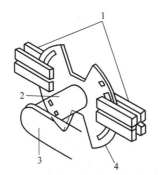 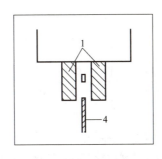 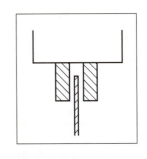

图 5-63 光电式车身高度传感器的工作原理

1—光电元件　2—轴　3—连杆　4—遮光盘

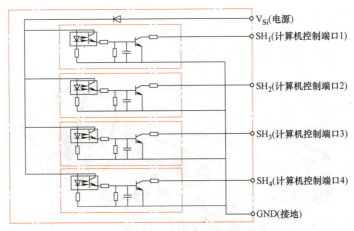

图 5-64 光电式车身高度传感器电路 1

表 5-2 车身高度传感器不同组合下的车身高度范围

车身高度	光电耦合组件的状态				车高范围	ECU 判断结果
	SH_1	SH_2	SH_3	SH_4		
高↓低	OFF	OFF	ON	OFF	15	过高
	OFF	OFF	ON	ON	14	
	ON	OFF	ON	ON	13	
	ON	OFF	ON	OFF	12	
	ON	OFF	OFF	OFF	11	高
	ON	OFF	OFF	ON	10	
	ON	ON	OFF	ON	9	
	ON	ON	OFF	OFF	8	正常
	ON	ON	ON	OFF	7	
	ON	ON	ON	ON	6	
	OFF	ON	ON	ON	5	
	OFF	ON	ON	OFF	4	低
	OFF	ON	OFF	OFF	3	

（续）

车身高度	光电耦合组件的状态				车高范围	ECU 判断结果
	SH_1	SH_2	SH_3	SH_4		
高 ↓ 低	OFF	ON	OFF	ON	2	
	OFF	OFF	OFF	ON	1	
	OFF	OFF	OFF	OFF	0	过低

在丰田车上，光电式车身高度传感器被用于后轮车身高度的调整装置上。所谓后轮车身高度调整装置就是能够根据乘车人数及载荷的变化自动调整后部车身高度的变化，一直保持车辆车身姿态正常的系统。

后轮车身高度调整系统的结构如图 5-65 所示。系统对应的控制框图如图 5-66 所示。计算机根据车身高度传感器传来的信号，控制空气压缩机及排气阀，以此增加或减少减振器内的空气量，从而保持车身高度一定。实际上，车身高度按四个区域检测：过高区域、高侧规定区域、低侧规定区域和过低区域。

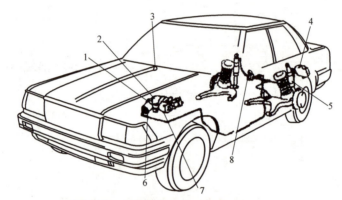

图 5-65　后轮车身高度调整系统的结构
1—继电器　2—压缩机电动机　3—指示灯　4—车身高度调整用 ECU　5—减振器
6—干燥器　7—压缩机　8—车身高度传感器

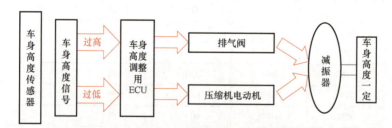

图 5-66　后轮车身高度调整系统的控制框图

但是，因为减振器在行车过程中总是振动的，很难判定当时所处的区域，所以采用计算机每隔数十毫秒就检测一次车身高度传感器输出的信号，并对一定时间内各区域所占的百分比做出判断的方法进行检测。

车身高度上升的调整原理如图 5-67 所示，空气压缩机工作，向减振器输送压缩空气，使车身高度上升。车身高度降低的调整原理如图 5-68 所示，排气阀打开，减振器内的压缩空气散到大气中，从而使车身高度降低。

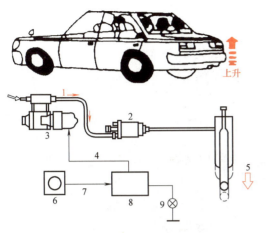

图5-67 车身高度上升的调整原理

1—压缩机 2—干燥器 3—电动机 4—起动 5—伸长 6—车身高度传感器 7—低的信号 8—ECU 9—指示灯

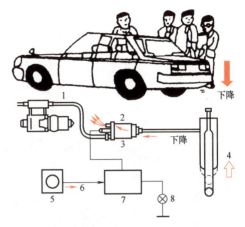

图5-68 车身高度降低的调整原理

1—压缩机 2—排气 3—电磁阀 4—收缩 5—车身高度传感器 6—高的信号 7—ECU 8—指示灯

车身高度调整系统的计算机框图如图5-69所示。

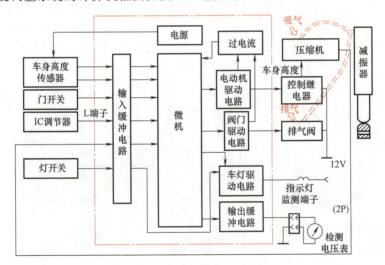

图5-69 车身高度调整系统的计算机框图

车身高度传感器的结构、安装位置及工作状态如图5-70所示。连杆的顶端与后悬架臂相连,车身高度的变化通过连杆的上下运动传至传感器内部后,再把这种变化变换成电信号。

图5-71所示为一种光电式车身高度传感器的工作情况。传感器内有两组光电耦合组件,光电耦合组件的空隙中有与连杆同轴的遮光盘,遮光盘上开有槽。当遮光盘转动时,就使光电耦合组件透光或者不透光,导致晶体管VT_1、VT_2处于导通或截止状态。包含VT_1、VT_2在内的光电式车身高度传感器电路如图5-72所示,车身高度调整区域与车身高度传感器的输出信号如图5-73所示。

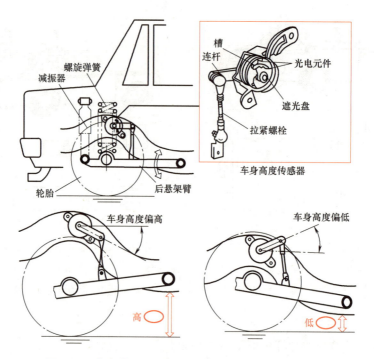

图 5-70 车身高度传感器的结构、安装位置及工作状态

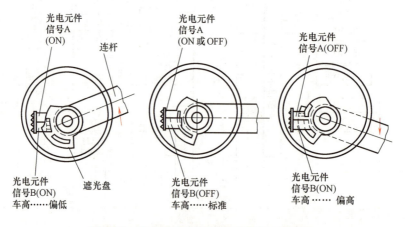

图 5-71 光电式车身高度传感器的工作情况

5.6.2 电感式车身高度传感器

光电式车身高度传感器只能检测车身高度的某几个位置,测量精度不高,而电感式车身高度传感器具有可靠性高、线性范围宽、结构简单等优点,被广泛用于车辆的电控空气悬架系统中。电感式车身高度传感器包含一个线圈和一个铁心,如图 5-74 所示,铁心在线圈中上、下运动。图 5-75 为电感式车身高度传感器的安装图,其一端安装在车身上,另一端通过连杆安装在车桥上。当车身上、下振动时,通过连杆带动摆杆上、下运动,从

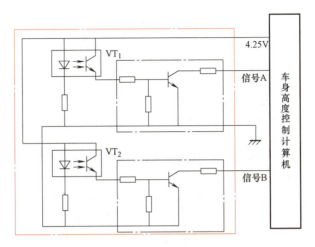

图 5-72　光电式车身高度传感器电路 2

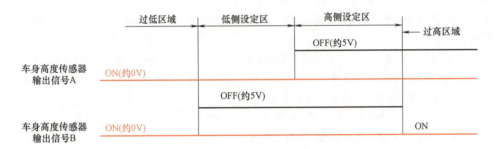

图 5-73　车身高度调整范围和车身高度传感器的输出信号

而移动铁心，使电感值变化。当车身上升时，铁心向上运动，电感值变大；反之电感值变小。当车身达到某一高度时，铁心移动到相应的位置，于是电感值 L 变化到某一个值，单片机及检测电路通过电感值 L 就可以得到车身高度信息。

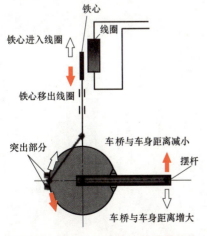

图 5-74　电感式车身高度传感器结构

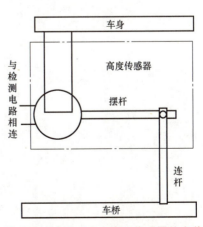

图 5-75　电感式车身高度传感器的安装

思考题与习题

1. 汽车底盘控制系统包含哪些子系统？每个子系统分别需要哪些传感器？每个传感器的使用位置和功能分别是什么？

2. 电位器式踏板传感器是如何采用分压电路原理工作的？一般采用两个踏板传感器的原因是什么？每个该类型传感器的电阻特性有何不同？

3. 霍尔式踏板传感器与整车控制器的线路是如何连接的？简述其信号电压的特性。三轴霍尔芯片有哪些敏感元件？简述每个敏感元件的功用。

4. 在打滑路面上，角速度传感器是如何在主动稳定控制系统中发挥作用的？振动型角速度传感器包括哪些组件？该传感器中驱动电极的作用是什么？

5. 音叉型角速度传感器是基于什么原理工作的？科氏力是如何产生的？其电路系统中的驱动回路和敏感回路有何相互作用？

6. 压阻式加速度传感器有哪些可用的悬臂结构？简述每一种悬臂结构的适用场合，并简要推导放大器的输出电压。

7. 简述分别在三轴电容式加速度传感器的 x/y 轴与 z 轴施加正向加速度时的检测原理。该类型传感器的电容改变方式有哪些？简述每一种电容改变方式的检测原理。

8. 谐振式加速度传感器相比于压阻式和电容式有何优势？该类传感器的梳齿电极是如何感知谐振器频率变化的？

9. 电阻应变片式转矩传感器可用的应变片结构有哪些？简述每一种应变片的结构特点。

10. 磁电式转矩传感器是如何通过测量转速进而得到转矩的？简述双U形铁心逆磁致伸缩式转矩传感器的惠斯通电桥结构的组成及其转矩测量原理。

11. 分别简述当车身高度上升和下降时车身高度传感器中的空气压缩机的工作情况。

12. 简述电控空气悬架系统的组成、原理与作用。

第6章

车身控制及导航系统传感器

6.1 概述

车辆通过传感器可以感知自身的行驶状态、道路情况以及周围环境等信息。通过对获得的信息进行分析，车辆可以对下一步的行驶行为进行判断和规划，对于紧急情况，甚至可以先于驾驶人做出应急反应。车身及导航系统传感器主要用于汽车车身电子稳定系统、安全气囊系统、车载导航系统、倒车影像系统以及智能车辆环境感知系统。

汽车车身电子稳定系统（ESP）是一种先进的主动智能安全系统，它是防抱制动系统（ABS）、驱动防滑控制系统（ASR）、牵引力控制系统（TCS）和主动车身横摆控制系统（AYC）等基本模块的组合，能够提高车辆曲线行驶的稳定性。

安全气囊系统（supplemental restraint system，SRS）是汽车上的被动安全保护装置，当汽车发生意外碰撞事故时，能够有效地减少驾驶人和乘员与转向盘、风窗玻璃和仪表盘之间的二次碰撞所造成的伤害。碰撞传感器是安全气囊系统中的重要部件，根据不同的需要被安装在车身的不同位置，其作用是在汽车发生碰撞时，收集碰撞所产生的信号，并将信号输入安全气囊控制器中，安全气囊控制器根据信号大小判断是否启动安全气囊。

车载导航系统是近些年来兴起的一种汽车驾驶辅助设备，驾驶人只要通过检索设定或输入目的地，车载导航系统就会根据电子地图自动计算出最合适的路线，并在车辆行驶中通过语音提示、图像显示等方法指示驾驶人按照计算的路线行驶。车载导航系统传感器主要包括GPS、车速传感器、罗盘传感器、陀螺仪、转向盘转角传感器等。系统根据不同位置进行分类检测，绝对位置的检测采用GPS，相对位置的检测采用方向传感器，如罗盘传感器、陀螺仪。

倒车影像系统是汽车泊车或倒车时的安全辅助装置，主要由一个安装在后方的广角摄像头、一个负责信号处理与传输的控制单元和一个负责显示的显示器构成。它能以影像显示的方式告知驾驶人周围障碍物的情况，解除驾驶人泊车、倒车和起动车辆时前后左右探视所引起的困扰，帮助驾驶人扫除视野死角和视线模糊的缺陷，提高驾驶的安全性。

智能车辆技术是未来车辆技术的主要发展方向，其中，智能车辆环境感知系统需要对复杂的环境进行精确感知，需要配备更加复杂多样的传感器，该系统所使用的环境感知传感器主要有机器视觉、雷达传感器、超声波传感器、红外线传感器等。为了克服传感器的数据可靠性低、有效探测范围小等局限性，保证在任何时刻都能为车辆运行提供完全可靠的环境信息，在智能车辆的研究中使用了多个传感器进行数据采集，利用传感器信息融合技术对检测到的数据进行分析、综合、平衡，根据各个传感器信息在时间或空间的冗余或互补特性进行容错处理,扩大系统的时频覆盖范围,增加信息维数,避免单个传感器的工作盲区,从而得到所需要的环境信息。

本章介绍车身及导航系统所用到的碰撞传感器、导航传感器、视觉传感器、距离传感器及车身控制所用到的其他传感器。

6.2 碰撞传感器

碰撞传感器是安全气囊系统(SRS)中的控制信号输入装置,其作用是在汽车发生碰撞时,由碰撞传感器检测汽车碰撞的强度信号,并将信号输入安全气囊ECU,安全气囊ECU根据碰撞传感器的信号来判定是否引爆充气元件使气囊充气。

汽车一般设有多个碰撞传感器,安装位置一般在车身的前部和中部,如车身两侧的翼子板内侧、前照灯支架下面以及发动机散热器支架两侧等部位,如图6-1所示。

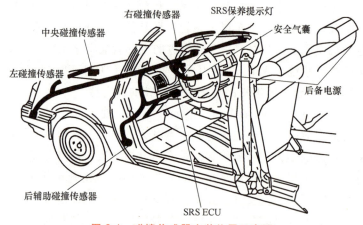

图6-1 碰撞传感器安装位置示意图

随着碰撞传感器制造技术的发展,有些汽车直接将触发碰撞传感器安装在气囊ECU内,把碰撞防护传感器与气囊ECU组装在一起,安装在驾驶舱内的中央控制台下面。

碰撞传感器按结构形式不同,分为机械式、电阻应变式、压电式、水银开关式和双稳态碰撞传感器等。

1)机械式:利用机械运动来控制电气触点动作,再由触点闭合和断开来控制气囊电路的接通和切断。其结构包括滚球式、滚轴式和偏心锤式。

2)电阻应变式:利用碰撞时应变电阻的变形使其电阻值发生变化来控制安全气囊电路。

3)压电式:利用碰撞时压电晶体受力使输出电压发生变化来控制安全气囊电路。

4)水银开关式:利用水银的导电特性控制安全气囊电路。

5)双稳态碰撞传感器:利用结构的双稳态实现安全气囊电路的通断。

碰撞传感器按其功能不同可分为触发碰撞传感器和碰撞防护传感器。

1)触发碰撞传感器:又称为碰撞烈度传感器,用于检测汽车所受碰撞的激烈程度,也就是检测减速度的变化,并将信号传给气囊ECU,作为气囊ECU的触发信号。该传感器按安装位置分为左前碰撞传感器、右前碰撞传感器和中央碰撞传感器。

2）碰撞防护传感器：又称为安全碰撞传感器或侦测碰撞传感器，与触发碰撞传感器串联，用于防止安全气囊产生误胀开。

6.2.1 机械式碰撞传感器

机械式碰撞传感器又分为滚球式、滚轴式和偏心锤式碰撞传感器。

1. 滚球式碰撞传感器

（1）滚球式碰撞传感器的结构 滚球式碰撞传感器又称为偏压磁铁式碰撞传感器，主要由铁质滚球、永久磁铁、导缸、固定触点、壳体组成，如图6-2所示。两个触点分别与传感器引线端子连接，滚球在导缸内可移动或滚动。壳体上印制有箭头标记，方向与传感器的结构有关，有的规定指向汽车的前方，有的规定指向汽车的后方，因此安装传感器时，箭头方向必须符合该车型使用说明书的规定。

（2）滚球式碰撞传感器的工作原理 当传感器处于静止状态时，在永久磁铁作用下，导缸内的滚球被吸向磁铁，两个触点与滚球分离，传感器电路处于断开状态。

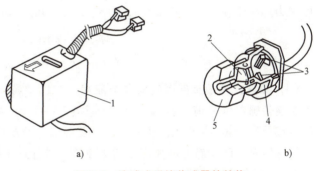

图6-2 滚球式碰撞传感器的结构
a) 外形 b) 内部结构
1—壳体 2—滚球 3—触点 4—导缸 5—磁铁

当汽车遭受碰撞且减速度达到设定阈值时，滚球产生的惯性力将大于永久磁铁的磁铁吸力，滚球在惯性力作用下会克服磁力沿导缸向两个固定触点运动并将固定触点接通。当传感器用于触发碰撞传感器信号检测时，固定触点接通可将碰撞信号输入SRS的ECU；当传感器用作碰撞防护传感器时，则将点火器电源接通，如图6-3所示。

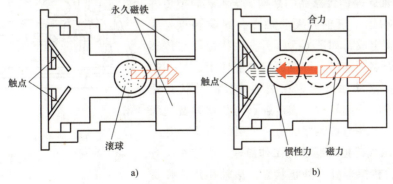

图6-3 滚球式碰撞传感器工作原理
a) 静止状态 b) 工作状态

滚球的受力如图6-4所示。其中，F_S为惯性力，F_M为磁铁吸力，F_R为滚动摩擦力。

滚球静止时，力的平衡方程为

$$F_S \leq F'_R + F_M \tag{6-1}$$

式中，$F_S = m\mathrm{d}v/\mathrm{d}t$，$m$ 为滚球的质量（kg），v 为滚球的速度（m/s），t 为运动时间（s），F'_R 为最大静摩擦力（N），$F'_R = \mu_S mg$，μ_S 为滚球与导缸间的摩擦因数，通常取 0.1，g 为重力加速度，$0 \leq F_R \leq F'_R$。

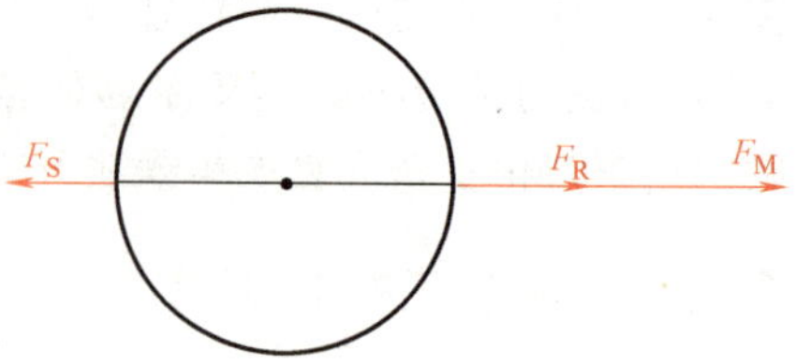

图 6-4 滚球受力分析图

当汽车发生碰撞时，滚球由于惯性会向前运动，运动方向与受力方向相反，进行减速运动，滚球就会沿着导缸向触点运动，触点接通。

滚球的运动方程为

$$F_S > F'_R + F_M \tag{6-2}$$

因为在实际运动中滚球的位移很小，时间也很短，所以 F_S 和 F_R 可以看成恒量。滚动摩擦力远小于惯性力，因此可以忽略。取 $a \approx 10g$，则有

$$F_S = ma = 10mg \tag{6-3}$$

$$F_M \approx F_S = 10mg \tag{6-4}$$

（3）**滚球式碰撞传感器的安装与应用** 美国福特（Ford）轿车的安全气囊系统由三个前碰撞传感器（左前、右前、中央传感器各一个）、两个碰撞防护传感器（也称为安全碰撞传感器）、SRS 指示灯、SRS ECU 以及备用电源组成。碰撞传感器采用滚球式，碰撞防护传感器触点闭合时的减速度比前碰撞传感器触点闭合时的减速度稍小，一个碰撞防护传感器与触发碰撞传感器一起安装在一个壳体内，另一个碰撞防护传感器安装在仪表盘左下方的地板上。

目前，日本的尼桑和马自达汽车公司均采用滚球式碰撞传感器，用于安全气囊系统。

2. 滚轴式碰撞传感器

（1）**滚轴式碰撞传感器的结构** 滚轴式碰撞传感器主要由止动销、滚轴、滚动触点、固定触点、底座、片状弹簧组成，如图 6-5 所示。片状弹簧与传感器的一个引线端子连接，一端固定在底座上，另一端绕在滚轴上；滚动触点固定在滚轴部分的片状弹簧上，并可随滚轴一起转动。固定触点与片状弹簧绝缘固定在底座上，并与传感器的另一个引线端子连接。

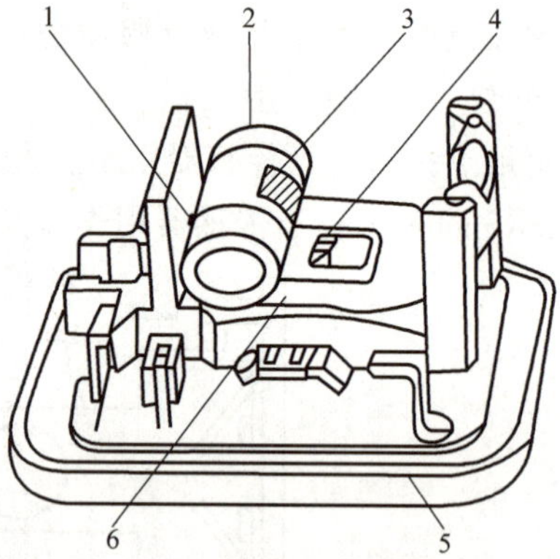

图 6-5 滚轴式碰撞传感器的结构
1—止动销 2—滚轴 3—滚动触点
4—固定触点 5—底座 6—片状弹簧

（2）**滚轴式碰撞传感器的工作原理** 当汽车没有发生碰撞时，传感器处于静止状态，滚轴在片状弹簧的弹力作用下滚向止动销一端，滚动触点与固定触点处于断开状态，传感器电路不接通，无碰撞信号输入。

当汽车遭受碰撞且减速度达到设定阈值时，滚轴产生的惯性力将大于片状弹簧的弹力，此时滚轴在惯性力作用下克服弹簧弹力向右滚动，使滚动触点与固定触点接触。当传

第6章 车身控制及导航系统传感器

感器用作触发碰撞传感器时,滚动触点与固定触点接触后将碰撞信号输入 ECU;当传感器用作碰撞防护传感器时,则将点火器电源电路接通,如图 6-6 所示。

目前,日本的丰田、本田和三菱汽车的安全气囊系统均采用滚轴式碰撞传感器。

3. 偏心锤式碰撞传感器

(1) **偏心锤式碰撞传感器的结构** 偏心锤式碰撞传感器又称为偏心转子式碰撞传感器。该传感器由壳体、偏心转子、偏心锤、固定触点、转动触点等部分组成,其结构如图 6-7 所示。此外,在传感器外还固定有一个电阻 R,电阻 R 的作用是对系统进行自检,即检测安全气囊 ECU 与碰撞传感器之间的连接导线是否断路或短路。

图 6-6 滚轴式碰撞传感器的工作状态

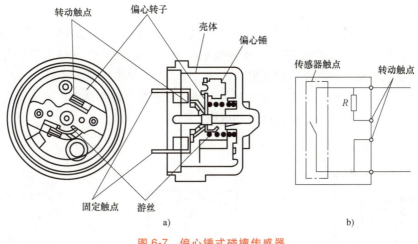

图 6-7 偏心锤式碰撞传感器
a) 结构图 b) 电路图

(2) **偏心锤式碰撞传感器的工作原理** 在汽车未碰撞时,传感器处于静止状态,偏心锤与偏心锤臂在复位弹簧的弹力作用下顶靠在与壳体相连的挡块上,偏心锤与挡块保持接触,此时转子总成处于静止状态,转动触点与固定触点断开,安全电路不工作。

当汽车遭受碰撞时,偏心锤的惯性力矩大于复位弹簧的弹力力矩,惯性力矩就会克服弹簧力矩使转子总成转动,从而带动转动触点臂转动,如图 6-8 所示。当碰撞强度达到设定值时,转子总成将转动到转动触点与固定触点接触闭合的位置进而引爆充气元件向气囊充气。

目前,丰田雷克萨斯 LS400 轿车的 SRS 采用了偏心锤式碰撞传感器。

6.2.2 电阻应变式碰撞传感器

电阻应变式碰撞传感器由弹性敏感元件、电阻应变计、补偿电阻和外壳组成,可根据具体测量要求设计成多种结构形式。当弹性敏感元件受到所测量的力而产生变形时,附着在其上的电阻应变计会一起变形。电阻应变计将变形转换为电阻值的变化,从而可以测量

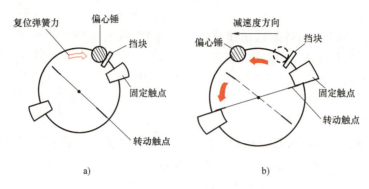

图 6-8 偏心锤式碰撞传感器的工作原理
a）静止状态　b）工作状态

力、压力、扭矩、位移、加速度等多种物理量。

1. 电阻应变式碰撞传感器的结构

电阻应变式碰撞传感器由德国博世公司研制生产，该传感器的结构主要由电子电路、电阻应变计、振动块、缓冲介质和壳体等组成。电子电路包括稳压与温度补偿电路 W、信号处理与放大电路 A。应变计的电阻 R_1、R_2、R_3、R_4 制作在硅膜片上，当硅膜片产生变形时，应变电阻的阻值就会发生变化。为了提高传感器的检测精度，应变电阻一般都连接成桥式电路，并设计有稳压和温度补偿电路，如图 6-9 所示。

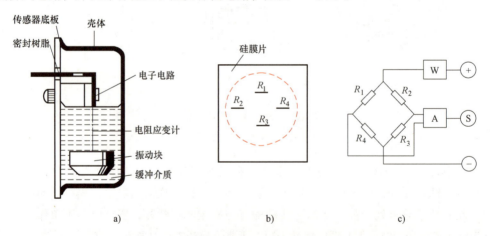

图 6-9 电阻应变式碰撞传感器的结构及原理电路
a）结构　b）电阻应变计　c）原理电路

2. 电阻应变式碰撞传感器的工作原理

应变元件的工作原理是基于导体和半导体的应变效应，如图 6-10 所示。即当导体和半导体材料发生机械变形时，其电阻值也将发生变化。

金属导体的电阻值可表示为

图 6-10 应变效应

$$R = \frac{\rho L}{A} \tag{6-5}$$

式中，ρ 为金属导体的电阻率（$\Omega \cdot cm^2/m$）；R 为电阻的阻值（Ω）；L 为电阻的长度（m）；A 为电阻的横截面积（cm^2）。

当电阻丝受到拉力 F 作用时，电阻丝将伸长，横截面积相应减小，电阻率也将因形变而改变（增加）。即当汽车遭受碰撞时，振动块振动，缓冲介质随之振动，电阻应变计的应变电阻产生变形，阻值随之发生变化，经过信号处理与放大后，传感器 S 端输出的信号电压就会发生变化。SRS ECU 根据电压信号强弱便可判断碰撞的强度，如果电压超过设定值，SRS ECU 就会立即向点火器发出点火指令引爆点火剂，使充气剂受热分解产生气体给气囊充气。

6.2.3 压电式碰撞传感器

压电式碰撞传感器以压电效应为基础，是一种自发电式和机电转换式传感器。它的敏感元件由压电材料制成。压电材料受力后表面产生电荷。电荷经电荷放大器和测量电路放大并变换阻抗后成为正比于所受外力的电压输出。压电式传感器用于测量力和能变换为电的非电物理量。其优点是频带宽、灵敏度高、信噪比高、结构简单、工作可靠和质量轻等；缺点是某些压电材料需要防潮措施，而且输出的直流响应差，需要采用高输入阻抗电路或电荷放大器来克服这一缺陷。

1. 压电式碰撞传感器的结构

压电式碰撞传感器主要由弹簧、惯性质量块和敏感元件组成，其敏感元件为压电晶体，如图 6-11 所示。当汽车发生碰撞时，传感器内的压电晶体受力变形产生相应的电荷，经传感器内集成电路放大处理后输出与减速度相对应的电信号。

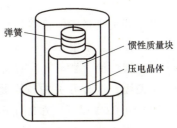

图 6-11 压电式碰撞传感器的结构

2. 压电式碰撞传感器的工作原理

压电式碰撞传感器是利用压电效应制成的传感器，如图 6-12 所示。当汽车遭受碰撞时，传感器内的压电晶体在碰撞产生的压力作用下，在压电元件上、下两个表面（即电极面）上产生电荷：在一个表面上聚集正电荷，在另一个表面上聚集负电荷。因此可将用作正压电效应的压电元件看作一个电荷发生器，等效于一个电容器，其电容量为

$$C_x = \varepsilon_r \varepsilon_0 A/\delta \tag{6-6}$$

式中，A、δ 分别为压电元件的电极面积（m^2）和厚度（m）；ε_0、ε_r 分别为真空中的介电常数（F/m）和基板电极间的相对介电常数。

由第 2 章的式（2-32），可得碰撞力作用下的极间电压。SRS ECU 根据电压信号大小便可判断碰撞的程度。如果电压信号超过设定值，SRS ECU 就会立即向点火器发出点火指令，引爆点火剂让气体发生器给气囊充气，使 SRS 气囊膨胀开，以达到保护驾驶人和乘员的目的。

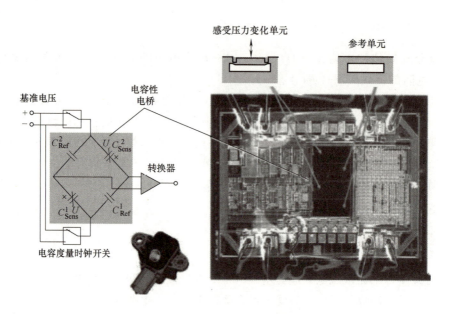

图 6-12 压电式碰撞传感器

6.2.4 水银开关式碰撞传感器

水银开关式碰撞传感器是利用水银具有良好的导电性和流动性这一特点对电气回路进行开、关控制。水银开关式碰撞传感器的壳体内抽出空气后再充以各种气体加以密封,适用于有尘埃、油、水蒸气等有腐蚀性气体的场所,也可以在有爆炸性气体的场所中充当防爆开关使用。这种开关的特点是接触电阻一般在 0.02Ω 以下,在额定电流下寿命可达几百万次,具有体积小、灵敏度高、无机械噪声、价格低廉等优点,常作为自动控制用开关。

1. 水银开关式碰撞传感器的结构

水银开关式碰撞传感器主要由水银、壳体、电极和密封螺塞组成,如图 6-13 所示。

水银开关可以精确地测定由很大的纵向减速度产生的惯性力,发出的信号精度高,可用来防止因轿车紧急制动、跨越沟堑时的振动而发生的"误爆"。

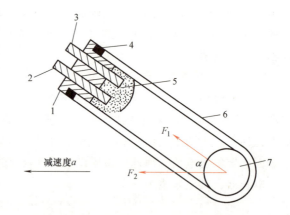

图 6-13 水银开关式碰撞传感器的结构
1—密封螺塞 2—电极(接电源) 3—电极(接点火器) 4—密封圈 5—水银(动态位置) 6—壳体 7—水银(静态位置)

2. 水银开关式碰撞传感器的工作原理

正常情况下,水银因自重而保持在倾斜绝缘管的下部,如图 6-14a 所示。在受到轿车行驶或制动时的减速度惯性力作用时,虽然水银会不断振荡,但不会与上面的两个触点相接触，不能产生任何信号，电路保持常开状态。

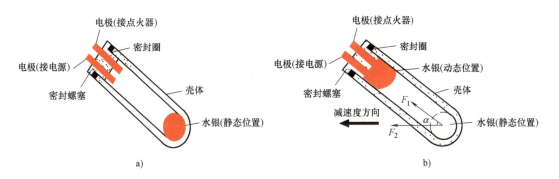

图 6-14 水银开关式传感器的工作原理
a) 未碰撞时　b) 碰撞时

当轿车发生碰撞且减速度达到或超过规定值时，水银受到巨大的碰撞惯性力的作用，产生剧烈振荡，水银溅起到倾斜绝缘管的上部，如图 6-14b 所示，使电流输入触点与电流输出触点接通，并将强烈的碰撞信号输入到 ECU 中，经 ECU 处理和判断后，引爆安全气囊。

6.2.5 双稳态碰撞传感器

双稳态结构，顾名思义其结构具有两种稳定状态，对应图 6-15a 中的两个系统势能极小值点，两个局部势能极小值之间有一个局部极大值。当外界的激励大于结构的阈值时，会从一个稳态变化到另一个稳态。此时，双稳态结构从一个势能极小点跃迁到另一个势能极小点，这种在两个稳态之间转换的运动，称为跳跃现象（snap-through）。双稳态结构的跳跃力-位移关系如图 6-15b 所示，期间双稳态结构表现出刚度正负交替变换，峰值点和谷点分别为正反向跳跃所需的阈值力，且存在零力平衡位置等特征。由于双稳态结构处于平衡状态时，也是势能极小点位置，从而具有无须能量消耗即可保持稳态的特点。这种稳定的特性有利于设计各类低能耗的执行器。基于双稳态结构特性制成的双稳态碰撞传感

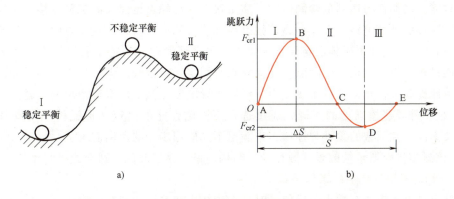

图 6-15 双稳态系统
a) 能量图　b) 力-位移曲线

器，能够很好地起到控制开关的作用。

1. 双稳态碰撞传感器的结构

图 6-16 所示为永磁式双稳态万向碰撞传感器的结构。传感器的弹性棒连接一个带有可动环形磁体的质量块，弹性棒的上端与上端盖相连，弹性棒的下端与下端盖相连，固定环形磁体固定于下端盖上，可动环形磁体设置在固定环形磁体的上方位置，导电触点由动导电触点和固定导电触点组成，固定导电触点（以下简称固定触点）固定于壳体的内壁上，动导电触点（以下简称动触点）设置在质量块的表面上。该传感器机构简单，可以感应任意方向的碰撞。

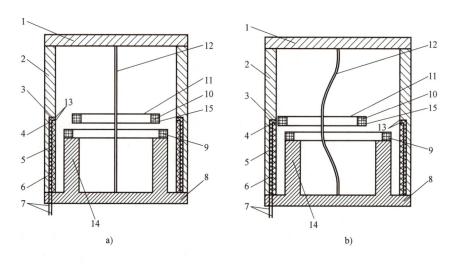

图 6-16 永磁式双稳态万向碰撞传感器的结构
a）静止状态 b）工作状态
1—上端盖 2—壳体 3、4—导电片 5—绝缘层 6—固定套筒 7—引线
8—下端盖 9—固定环形磁体 10—可动环形磁体 11—质量块
12—弹性棒 13—固定触点 14—环状结构 15—动触点

永磁式双稳态万向碰撞传感器的结构具有以下优点：

1）由于柔性弹性棒与质量块相连接，并固定于上端盖上，因而能够感应任意方向上的外界碰撞。当惯性力达到危险阈值时，质量块上的动触点迅速与固定触点接触，导通固定触点所连接的外部电路，在保证碰撞强度被准确检测的同时，实现多方向碰撞传感。

2）由于将固定环形磁体固定于下端盖上、可动环形磁体固定于质量块上，形成组合结构，通过永磁组合结构产生的磁力使动触点与固定触点接触后无须外界供能就能保持稳定，有效地提高了传感器的抗干扰能力，解决了导电触点接触后保持稳定的问题。

3）根据外界碰撞强度的不同，通过选择不同磁性能的固定环形磁体和可动环形磁体，以及不同弹性系数的柔性弹性棒，来满足不同应用场合的使用需求。

4）该碰撞传感器包括的零件数目少，结构简单，易于装配，适合大批量生产。

2. 双稳态碰撞传感器的工作原理

当外界没有碰撞或有微小干扰信号时，在磁场力和弹性力的共同作用下，质量块位于第一稳态，电路断开；当外界碰撞产生的惯性力达到设定的危险阈值时，质量块在弹性力和磁场力的作用下跳跃到第二稳态，质量块带动动触点与固定触点迅速接触，导通电路。

双稳态结构的跳跃过程是非线性的，具有以下特点：

1）稳态保持能力。仅当双稳态结构发生跳跃现象时需要外界能量输入，而保持稳态时无须额外的能量消耗。在无外力的情况下，双稳态结构始终处于稳态位置，具有很高的位置精度。

2）阈值跳跃特性。双稳态结构在受到低于阈值力的外界扰动时不发生跳跃，当扰动消失之后，能很好地回复到稳态位置。因此双稳态结构具有较强的抗干扰能力和较好的鲁棒性。

3）跳跃速度快。双稳态结构在从第一稳态跳跃到第二稳态的过程中，具有负刚度现象，有较小的甚至为负值的反力，因此结构在稳态之间跳跃的时间较短，在同样的时间内工作次数更多。

4）结构简单。双稳态结构所包含的构件较少，没有复杂的运动副，因此可以缩小器件的体积，减少运动的摩擦，在微机械领域具有广阔的应用前景。

由于双稳态结构工作频率较低，只有达到临界载荷时才会工作，因此双稳态器件可以滤掉大部分高频振动和冲击，系统抗干扰能力强。以双稳态结构为基础设计的双稳态碰撞传感器，在汽车受到撞击时，可以将受到的冲击作为双稳态结构的输入激励，当惯性力超过双稳态的跳跃阈值时，结构会跳转到第二稳态使电路接通，启动安全气囊系统。

6.3 导航传感器

导航传感器是智能交通系统中非常重要的部分，可为用户提供必要的出行路线规划和辅助航线的保持。导航传感器基于原理可分为全球卫星导航系统、罗盘传感器和陀螺仪等。

6.3.1 全球卫星导航系统

全球卫星导航系统（global navigation satellite system，GNSS）是能够在地球表面或近地空间的任何地点为用户提供全天候的三维坐标和速度以及时间信息的空基无线电导航定位系统。目前全球卫星导航系统有 GPS（美国）、GLONASS（俄罗斯）、Galileo（欧盟）和 BDS（中国），这里只介绍 GPS。

1. GPS 的构成

GPS（global positioning system，全球定位系统）是一种以空间卫星为基础的高精度无线电导航的定位系统，它在全球任何地方以及近地空间都能够提供准确的地理位置、车行速度及精确的时间信息。GPS 由空间卫星部分、地面控制部分和用户设备部分三个部分组成，如图 6-17 所示。

空间卫星部分由在距离地面约 20192km 的上空配置的 21 颗工作卫星和 3 颗在轨备用卫星组成。24 颗卫星均匀分布在 6 个轨道平面上，运行周期为 12h，保证在任一时刻、任一地点高度角 15°以上的空间范围内都能够观测到 4 颗以上卫星，确保实现全球、全天候的连续导航定位服务。地面控制部分由 2 个主控站、6 个监控站和 4 个地面天线构成，负责向卫星发送调度命令，适时调整星历和星钟，修正卫星运行轨道偏差，启用备用卫星等。用户设备部分由天线、接收机、处理器、输入/输出装置以及电源五个部件组成，其

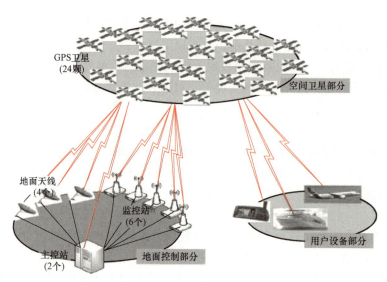

图 6-17 GPS 的构成

作用是跟踪卫星的导航信号,经过滤波、信号放大和 A/D 转换,最后由处理器对多个信号联合运算得到用户的位置、速度和时刻。用户设备根据使用要求可分为军用型、普通用户型、航海型、航空型、便携型等。GPS 在隧道内和高架道路下等接收不到电波信号的地方,无法进行定位。

2. GPS 的定位原理

GPS 技术在如今的导航、定位以及定时和测量等方面都有良好的应用,GPS 目前已被普遍用在航天器自主导航、武器瞄准、无人机以及车载导航等领域。GPS 定位通常分为绝对定位与相对定位两种方式,如图 6-18 所示。GPS 绝对定位方式是根据 GPS 接收机的伪距观测量对接收机位置进行确定,该定位模式原理比较简单,虽然精度不高,但是可以进行单机作业,所以通常用于导航定位精度要求不是很高的应用系统中。GPS 相对定位方式是利用两台及以上 GPS 接收机的量测信息和差分定位算法来计算接收机的位置,这种定位方式既可采用伪距观测量(与绝对定位方式相同)也可采用相位观测量,其精度比较高,一般大地测量以及工程测量等对精度要求高的应用均采用相位观测量进行相对定位。

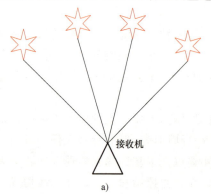
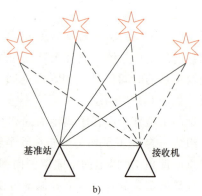

图 6-18 GPS 绝对定位与相对定位示意图

a) 绝对定位　b) 相对定位

以相对定位为例，GPS 作为一种被动测距系统，用户通过将接收到的卫星信号与本地信号进行比较来测量传播延迟。如果卫星时钟与用户时钟同步，即两个时钟以相同的频率同相同步，或者已知相位差，传播延迟 t 与卫星和用户之间的距离 d_u 成正比，即 $d_u = ct$，c 为光速。

图 6-19 所示为 GPS 定位原理。车上装有 GPS 接收机，当前车辆位置为 (x_0, y_0, z_0, t_0)，可以实时接收来自卫星的位置信息，假如卫星 A 的当前位置为 (x_1, y_1, z_1, t_1)，且由于卫星上装有非常精密的原子钟，可以记录卫星当前的位置。x_0，y_0，z_0 代表当前车辆的空间位置，t_0 表示当前时刻，这四个量是未知的，但卫星与车辆之间有一个关联，就是光速 c。实际上，车载接收机和卫星时钟之间存在未知的时钟差

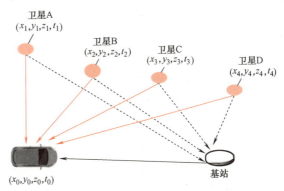

图 6-19　GPS 定位原理

Δt，用光速连接二者并不完全准确，这时的距离称为伪距 ρ，$\rho = d_v + c\Delta t$，其中，d_v 为卫星和车辆之间的距离。根据空间位置关系可知，实际的伪距测量值为

$$\rho = \sqrt{(x_0-x_1)^2+(y_0-y_1)^2+(z_0-z_1)^2}+c\Delta t_1 \qquad (6\text{-}7)$$

其中 x_0、y_0、z_0、t_0 为四个未知量，因此需要四个方程来求解，此时式（6-7）变为

$$\rho = \sqrt{(x_0-x_i)^2+(y_0-y_i)^2+(z_0-z_i)^2}+c\Delta t_i \qquad (6\text{-}8)$$

式中，i 为第 i 颗卫星。图 6-19 中给出了四颗卫星，刚好对应定位最少需要四颗卫星的条件。但需要说明的是，这时的定位是有一定误差的，其误差来源主要包括卫星自身误差、信号传播带来的误差以及 GPS 接收机本身的误差，而且误差范围通常有几米，这对于无人驾驶车辆定位来说是不允许的。常用的相对定位方法为差分定位，考虑到 GPS 系统误差在时间和空间上的高度相关性，可在一个或多个位置已知点安装 GPS 接收机作为基站，通过基站来对误差进行估计，并将误差估计值发送给附近用户终端，这样用户的定位精度会大幅提高。由两个 GPS 即可构成最简单的差分 GPS 系统，一个 GPS 安装在位置已知点作为基站，另一个 GPS 作为用户，此外，差分 GPS 系统还包括数据发射和接收设备，根据基站有效域覆盖的地理范围可分为局域差分和广域差分。

3. GPS 的应用

GPS 的应用都是基于两个基本服务，一是空间位置服务，包括定位、导航、测量等；二是时间服务，包括系统同步以及授时。三维导航是 GPS 的主要功能，飞机、轮船、地面车辆以及步行者都可以利用 GPS 进行导航，汽车导航系统便是在 GPS 的基础上发展起来的一门新型技术，由 GPS、自律算法、微处理器、车速传感器、陀螺仪、LCD 显示器等组成。GPS 与电子地图、无线电通信网络、计算机车辆管理信息系统相结合，可以实现车辆跟踪和交通管理等许多功能。

6.3.2 罗盘传感器

在导航发展的过程中，最开始主要是利用无线电导航、GPS 导航、惯性导航，与这些方式相比，以地磁场为基础，采用电子罗盘的方式来进行导航，可以避免电磁波的传播易受干扰和 GPS 导航中卫星信号丢失而导致的无法正常使用的问题。

1. 罗盘传感器的结构及工作原理

罗盘传感器通过对地球磁场的感应来测定汽车的方向，其结构如图 6-20 所示。在具有高磁导率的环状铁心上绕有励磁线圈，而两个互呈直角的感应线圈缠绕在环状铁心的磁场中心。

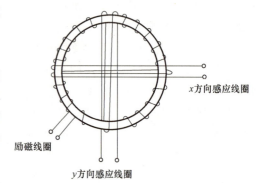

图 6-20 罗盘传感器的结构

当给励磁线圈施加交流电时，磁场中心的磁通量发生变化，在感应线圈内由于电磁感应而产生感应电压。在无外部磁场干扰时，环形磁场的磁通量变化如图 6-21 所示，在磁场中心产生的感应电压 U_1 和 U_2 极性相反，形成的磁通量 Φ_1 和 Φ_2 相互抵消。

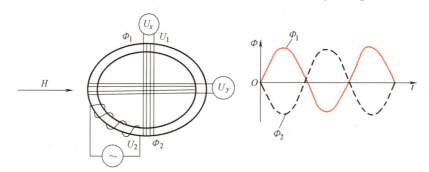

图 6-21 罗盘传感器的工作原理

当外部磁场 H 与某一感应线圈呈直角时，输出的感应电压为 U_x，被附加在由励磁电流所产生的磁场上，使磁通量变得不对称，如图 6-22 所示，输出电压与磁通量的差值成比例。当外部磁场 H 以 θ 角作用时，在感应线圈中所产生的感应电压 U_x 和 U_y 可表示为

$$U_x = KH\cos\theta \tag{6-9}$$

$$U_y = KH\sin\theta \tag{6-10}$$

$$\theta = \arctan(U_y/U_x) \tag{6-11}$$

这样汽车行驶的方向即可通过两个感应线圈输出的感应电压来测定。

根据传感器的工作机理不同，电子罗盘主要分为三种，即霍尔式、磁通门式和磁阻式电子罗盘。

（1）霍尔式电子罗盘 霍尔式电子罗盘是基于霍尔效应制成的磁场测量传感器。在磁感应强度为 B 的磁场中放置一块半导体薄片或金属薄片，厚度为 d，使薄片的平面与磁场方向 y 方向相互垂直，在 x 方向上对其施加一个电流强度为 I_H 的电流，由第 2 章霍尔效应公式可知，在与磁场方向和电流方向垂直的 z 方向，将产生电动势（霍尔电压）U_H，霍尔电压 U_H 与电流强度 I_H、磁感应强度 B 成正比，与磁场方向薄片的厚度 d 成反比。霍尔式电子罗盘结构简单，质量轻，体积小，使用寿命长，利用霍尔效应可以

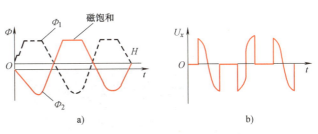

图 6-22 罗盘传感器的输出电压波形
a）磁通量输出波形 b）输出电压波形

实现数据读取的连续性。但此类电子罗盘的输出信号线性度差，温度稳定性不佳，在户外使用精度极受影响。因此，霍尔式电子罗盘一般只用于要求较低、只需简单辨识方向的场合。

（2）磁通门式电子罗盘　磁通门法出现在霍尔效应之后，其利用的是磁性材料的饱和特性。磁通门传感器通常包含磁心、激励线圈、感应线圈。将交变电流输入到激励线圈，磁通门传感器中的磁心就会受到交变磁场的作用，从而导致磁通门传感器中的磁心被磁化，整个期间处于饱和状态与非饱和状态。如果对其再添加外磁场作用，感应线圈的输出将会有变化，而这个输出的变化将被检测出，用于实现测量外磁场的磁场大小。磁通门式电子罗盘主要用于测量弱磁场，成本较低，但因为其外围电路设计复杂，响应时间较长，体积相对较大且难以缩小，无法达到出行便携的要求。

（3）磁阻式电子罗盘　金属或者半导体中通有电流，在其上施加磁场，其电阻值会有明显的变化，这种现象称为磁电阻效应。磁电阻效应是因为金属或者半导体中的载流子在磁场的作用下受到了洛伦兹力的影响，从而引起了电阻值的变化。起初发现的磁电阻效应为各向异性磁电阻效应（anisotropic magnetoresistance，AMR），当时并没有受到足够的重视，直到发现了巨磁电阻效应（giant magnetoresistance，GMR），才开始对磁电阻效应展开积极的研究。随着研究的深入，磁阻式传感器获得了广泛的应用。将磁阻式传感器应用在磁场的测量上，其相对于磁通门传感器具有更小的体积，可以实现便携测量的目的，同时其质量较轻，精度较高，响应时间短，具有多方面的测量优势。

2. 磁场传感器的应用

磁场传感器在汽车中的应用主要是车速、倾角、角度、距离、位置等参数的检测，以及导航、定位等方面的应用。磁场传感器通过非接触方式测量磁场的相关参数，除了地球固有的地磁场，磁场传感器还可以测量磁场的变化值，用以推算出导致磁场变化的另一个物理参数的变化值。如电磁现象、钢铁在恒定磁场中运动导致的磁场扰动等，如图 6-23 所示。

在基于地磁的车辆检测应用中，AMR 磁场传感器最早应用于交通道路上检测行驶的车辆。在动态停车检测领域，主要应用于车流量统计、车速检测、车型分类三种场景，而静态停车检测主要的应用场景是停车场。为了满足车联网建设的需要，基于地磁的停车检测系统得到了广泛的研究和应用，尤其是近几年，取得了相当多的研究成果，如自适应阈值检测方法、基于神经网络的停车检测法等，如图 6-24 所示。

磁场传感器在消费电子领域的应用也十分广泛，如手机、笔记本计算机等。MEMS 传感器和磁场传感器在电子罗盘中的应用互相促进，可以使导航和定位更加精准。如果把陀

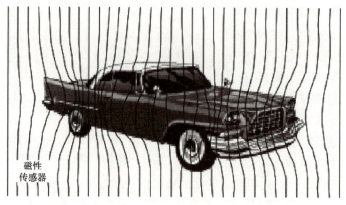

图 6-23 车辆对地球磁场的扰动

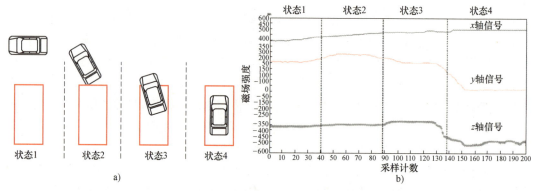

图 6-24 停车检测示意图及停车期间传感器的磁信号
a）停车检测示意图 b）停车期间传感器的磁信号

螺仪、加速度传感器和磁性传感器三种传感器集成在一起，三者在功能上互相辅助，则可构成功能更加强大的惯性导航产品。

高灵敏度和低磁场的传感器是航空、航天及卫星通信技术方面非常重要的元器件。在军事工业中随着吸波技术的发展，军事物体可以通过覆盖一层吸波材料而"瞒天过海"，但无论如何这些物体都会产生磁场变化，因此通过巨磁电阻效应（Giant magnetoresistance，GMR）磁场传感器就可以把这些隐蔽的物体找出来。另外，GMR 磁场传感器还可以应用在卫星领域，用来探测地球表面上的物体和地下的矿藏分布。

6.3.3 陀螺仪

陀螺仪是汽车导航系统中的关键部件。陀螺仪作为角运动传感器，可以测量运动物体相对惯性空间的角速度，或者用来建立一个参考坐标系。当汽车行驶在弯路、蛇形道路等路面时，汽车的前进方向、行驶状态（即汽车行驶的角速度）都要发生变化，此时只有通过陀螺仪对航向绝对位置的检测和修正才能得到汽车的正确定位坐标。陀螺仪按基本工作原理可以分为机械转子陀螺仪、振动陀螺仪和光学陀螺仪等，其中光学陀螺仪包括激光陀螺仪、光纤陀螺仪和集成光学陀螺仪。光纤陀螺仪因其质量轻、体积小、成本低、精度高、可靠性高等优势被广泛应用于汽车导航系统中。

1. 光纤陀螺仪的结构

目前光纤陀螺仪的分类标准有很多种,按照光纤陀螺仪的工作原理可以分为干涉式光纤陀螺仪(I-FOG)、谐振式光纤陀螺仪(R-FOG)和受激布里渊散射光纤陀螺仪(B-FOG)。这三种陀螺仪的工作原理都建立在萨格纳克(Sagnac)效应的基础上。图 6-25 所示为开环干涉式光纤陀螺仪(环形 Sagnac 干涉仪)的最简结构示意图。光纤陀螺仪主要由光源、分光器、透镜、光导纤维线圈、偏振器、相位调制器、电光调制器和探测器等组成。

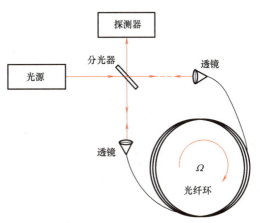

图 6-25 环形 Sagnac 干涉仪的结构

干涉式光纤陀螺目前是一个相对比较成熟的光纤陀螺结构。干涉式光纤陀螺按照结构不同还可以分为互易型结构和非互易型结构。光路非互易型干涉式光纤陀螺结构简单,无须外加调制信号,信号处理方式简单,但陀螺精度不高;光路互易型干涉式光纤陀螺(仪)精度高,运行稳定性也更高。图 6-26 为闭环干涉式光纤陀螺的简要结构。

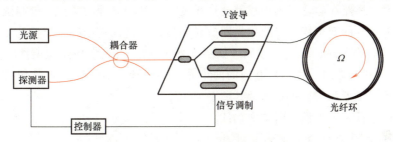

图 6-26 闭环干涉式光纤陀螺的结构

谐振式光纤陀螺(仪)是基于无源谐振腔型激光陀螺仪的循环光束之间产生的多波干涉原理提出的。R-FOG 也被称为第二代光纤陀螺,它可以在较短的光纤长度中获得相对较高的测量精度,但它对光源的相干性有很高的要求,光纤耦合器也要求是低功率衰减的保偏型光纤耦合器。图 6-27 为 R-FOG 的基本结构,相干光源通过保偏型光纤耦合器进入到光纤谐振腔中,转动的谐振腔内运动的两束反向光会产生谐振频率差,通过捕获并分析该频率差值,便可计算出相应的旋转角速率。谐振式光纤陀螺也是目前研究的一个热点。

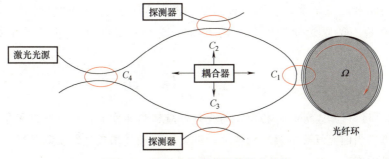

图 6-27 谐振式光纤陀螺的基本结构

受激布里渊散射光纤陀螺（仪）是一种有源谐振式光纤陀螺仪，被称为第三代光纤陀螺，也可以称其为一种光纤型的激光陀螺。图6-28为受激布里渊散射光纤陀螺（仪）的结构，这种陀螺受到温度变化的影响很大，目前尚处在实验室研究阶段。

图6-28 受激布里渊散射光纤陀螺（仪）的结构

2. 光纤陀螺仪的工作原理

光纤陀螺仪的主要理论依据是Sagnac效应。一环状闭环光路中的光源被分光器分成两束相干光，一束沿光纤环顺时针方向运动，另一束沿逆时针方向运动，光纤环绕垂直于光学回路的中轴线旋转。光线沿着光纤环转动的方向行进所需要的时间要比沿着光纤环转动的相反方向行进所需要的时间长，即当光学回路转动时，在不同的行进方向上，光学环路的光程相对于环路在静止时的光程都会产生变化。利用光程的变化，检测两条光路的相位差或者干涉条纹的变化就可以测出光路旋转角速度，这便是光纤陀螺仪的工作原理。

环形光路中的Sagnac效应干涉原理如图6-29所示。当光学环路与惯性空间保持如图6-29a所示的静止状态时，光纤环路内的两束光（顺时针、逆时针）走过相同的光程，它们之间产生的相位差为零。如图6-29b所示，当光纤环绕垂直于光学回路的中轴线以角速率 Ω 在惯性空间旋转时，光纤环中存在的相逆的两束光的相位差 $\Delta\phi$ 与光程差 ΔL 之间存在如下关系：

$$\Delta\phi = \frac{2\pi}{\lambda}\Delta L = \frac{4\pi RL}{c\lambda}\Omega \qquad (6\text{-}12)$$

式中，$\Delta\phi$ 为Sagnac相位差；λ 为光在真空中的波长；L 为光纤环的周长。以上都以单匝光纤环为分析对象，在实际设计应

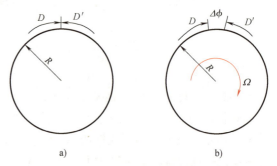

图6-29 环形光路中的Sagnac效应干涉原理
a) 静止状态　b) 旋转状态

用中，为提高光纤环灵敏度，可以通过缠绕多圈（N匝）光纤环加长光纤长度的方式，增强Sagnac效应。N匝光纤环中产生的Sagnac总相位差是单匝光纤环中相位差的N倍，即

$$\Delta\Phi = N\Delta\phi = \frac{4\pi RL}{c\lambda}N\Omega = \varepsilon\Omega \qquad (6\text{-}13)$$

由式（6-13）可知，Sagnac相位差与光纤环旋转角速度成正比。通过采集光纤环的相位差，可计算出当前光纤环的旋转角速度。同时也可通过增长光纤实际长度来提高光纤陀螺仪的检测灵敏度。

6.4 视觉传感器

视觉传感器作为一种软硬件发展成熟、应用覆盖面广、参数获取全面的传感器，被广泛运用于高精度导航定位中。汽车通过视觉传感器能够清楚地辨识物体，准确理解交通信号灯、标识及车道所表达的含义。大多数视觉传感器识别可见光图像，也有部分传感器识别红外光图像。视觉传感器的图像采集单元主要由 CCD/CMOS 相机、光学系统、照明系统和图像采集卡组成，将光学影像转换成数字图像，传递给图像处理单元。通常使用的图像传感器件主要有 CCD 图像传感器、CMOS 图像传感器和红外成像系统。

6.4.1 CCD 图像传感器

CCD（charge coupled device）全称为电荷耦合器件，由 20 世纪 70 年代美国的贝尔实验室成功研制。CCD 是在 MOS（metal-oxide-semiconductor，金属-氧化物-半导体）集成电路的基础上发展起来的，它的出现为半导体技术的应用开拓了新的领域。由于 CCD 具有集成度高、功耗小、结构简单、寿命长、性能稳定、响应速度快等优点，在固体图像传感器、信息存储和处理等方面 CCD 都得到了广泛的应用。在 20 世纪 80 年代后期，CCD 取代电子管应用于大多数视频设备中。

1. CCD 图像传感器的基本结构

CCD 图像传感器是按一定规律排列的 MOS 电容器组成的阵列。在 P 型或 N 型硅衬底上经过氧化生成一层很薄（约 120nm）的二氧化硅（SiO_2），然后在二氧化硅薄层上依次沉积金属或掺杂多晶硅电极（栅极），形成规则的 MOS 电容器阵列，再加上两端的输入及输出二极管就构成了 CCD 芯片。图 6-30 所示为三相 CCD 图像传感器的基本结构，在 P 型硅衬底的二氧化硅表面排列有多个金属电极 1、2、3，每三个这样的相邻电极组成一级（一个像元），在三个电极上分别加上相位相差 120°的三相脉冲电压 ϕ_1、ϕ_2、ϕ_3。另外，在靠近两侧的地方扩散出 N_1 区作为收集区，它们与衬底之间均形成 PN 结。

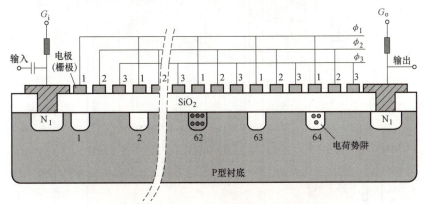

图 6-30 三相 CCD 图像传感器的基本结构

常见的 CCD 传感器一般根据像元的排列形状可分为线型和面型两种。其中，线型 CCD 主要应用于影像扫描或普通传真机上，而面型 CCD 主要应用于先进数码产品中。

2. CCD 图像传感器的成像原理

一个完整的 CCD 由光敏单元、转移栅、移位寄存器及一些辅助输入、输出电路组成。光线透过镜头照射到光敏单元上,在设定的积分时间内由光敏单元对光信号进行取样,将光的强弱转换为各光敏单元的电荷多少,由此光信号被转换为电信号。取样结束后各光敏单元电荷由转移栅转移到移位寄存器的相应单元,之后移位寄存器在驱动时钟的作用下,将信号电荷顺次转移到输出端,如图 6-31 所示。该信号接到示波器、图像显示器或其他信号存储、处理设备中,即可对信号再现或进行存储处理。

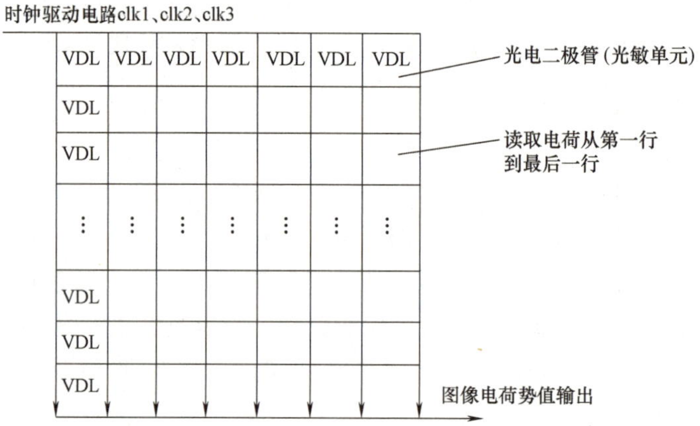

图 6-31 CCD 成像原理示意图

工作时,光电二极管与时钟驱动电路的三组电源 clk1~3 相配合,将每一行转换成相应的电荷信号,然后每一行中每一个像素的电荷数据依次传送到下一个像素中,并垂直向下传输到最低端,再经过放大器进行放大输出。

典型的 CCD 图像传感器的结构如图 6-32 所示。CCD 工作过程可分为光电转换、电荷

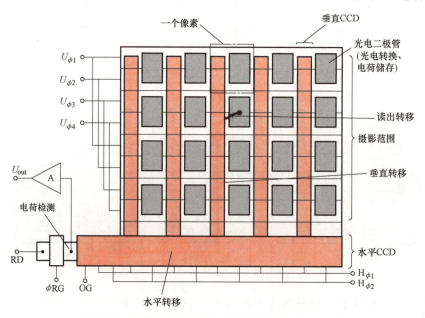

图 6-32 典型的 CCD 图像传感器的结构与四个阶段

存储、电荷转移、电荷检测四个阶段。光电转换与电荷存储在光电二极管中进行,电荷转移在垂直CCD与水平CCD中进行,电荷检测在放大器前/中进行。ϕ为脉冲电压,分为高电平和低电平。

(1) **光电转换** 光电转换是根据照射到摄影面的光的强弱产生电荷,也就是存在于物质中的电子通过取得光子能量后改变状态,此时只要施加少许电场就可以呈现自由运动状态。

光电转换可以分为两种状态变化:一种是外部光电效应;另一种是内部光电效应。

外部光电效应是指在固体表面的电子接收光子的能量从而被释放出来的现象;内部光电效应是指在固体内部,电子所处的几个能级中能量较低的电子因吸收光子的能量而激发成较高能级电子的现象。

(2) **电荷存储** 如图6-33a所示,MOS电容器是所有MOS结构中最简单的,它是CCD的构成基础,可以存储电荷。当MOS电容器的金属电极(称为栅极)加正电压(衬底接地)时,在电压的作用下就会产生一个垂直于衬底表面的电场。在此电场的作用下,P型硅中的多子空穴被向下排斥,形成耗尽区。电子在耗尽区势能较低,可以形象化地称为电子势阱,如图6-33b所示,势阱中能够容纳多少个电子,取决于势阱的"深浅",栅极电压越大,势阱越深。

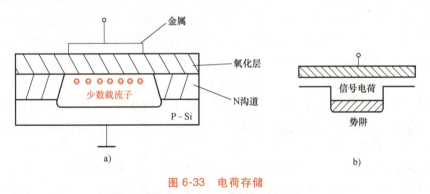

图 6-33 电荷存储
a) MOS电容器 b) 有信号电荷的势阱

(3) **电荷转移** 如果构成CCD的基本单位MOS电容器之间排列够紧密(通常相邻MOS电容电极间隙小于3μm),使得相邻MOS电容器的势阱相互沟通,即相互耦合,那么在信号电荷自感生电场的库仑力作用下可使信号电荷(电子)在各个势阱中转移,并力图向表面势S(半导体与绝缘体界面上的电势)最大的位置堆积。因此,在各个栅极上加以不同幅值的正向脉冲G,即可改变它们对应的MOS电容器的表面势S,亦即可改变势阱深度,从而使信号电荷由浅阱向深阱自由移动。就电荷转移方式来讲,CCD有二相、三相、四相等多种结构形式。

(4) **电荷检测** 电荷检测是从CCD图像传感器的光电二极管起,到达输出端之前将转移的信号电荷转换成电信号的动作。进行电荷检测的方法是将转移过来的电荷转换成电容器两端的电压变化。

电荷输出结构有多种形式,如电流输出结构、浮置扩散输出结构及浮置栅输出结构。其中浮置扩散输出结构及浮置栅输出结构应用最为广泛,如图6-34所示。图中,$\phi_1 \sim \phi_3$

为脉冲电压,分为高电平和低电平。

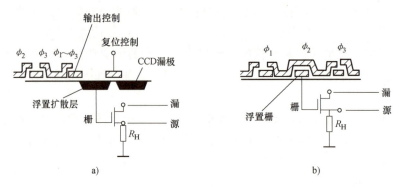

图 6-34 电荷输出结构
a) 浮置扩散输出 b) 浮置栅输出

6.4.2 CMOS 图像传感器

　　CMOS(complementary metal oxide semiconductor) 全称为互补金属氧化物半导体,是一种典型的固体成像传感器,与 CCD 有着共同的历史渊源。CMOS 图像传感器与 CCD 图像传感器的研究几乎是同时起步,但受当时工艺水平的限制,CMOS 图像传感器图像质量差、分辨率低、噪声难以下降、光照灵敏度不够,图像质量无法与 CCD 图像传感器相比,因而没有得到重视和发展。由于 CCD 可以在较大面积上有效、均匀地收集和转移所产生的电荷并且测量的时候噪声低,因此在 20 世纪八九十年代 CCD 器件一直占据着图像传感器市场的主导地位。随着集成电路设计技术和工艺水平的提高,CMOS 图像传感器固有的诸如像元内放大、列并行结构,以及深亚微米 CMOS 处理等 CCD 器件所无法比拟的独特优点使其应用范围越来越广泛。

　　CMOS 图像传感器作为一个图像系统,通常包括一个图像传感器核心(其功能是实现多路离散电信号向一个单一输出的转换)、时序逻辑单元、时钟系统以及可编程控制单元。这些部件可以被集成到一个芯片内部,形成数字图像传感器,如图 6-35 所示。其完整的工作过程可分为复位、光电转换、积分和读出。

　　在 CMOS 图像传感器芯片上还可以集成其他数字信号处理电路,如 A/D 转换器、自动曝光量控制、非均匀补偿、白平衡处理、黑电平控制、伽马(Gamma)校正等,为了进行快速计算甚至可以将具有可编程功能的 DSP 器件与 CMOS 器件集成在一起,从而组成单片数字相机及图像处理系统。

　　CMOS 图像传感器的研发大致经历了三个阶段:CMOS 无源像素传感器(CMOS-PPS)阶段、CMOS 有源像素传感器(CMOS-APS)阶段和 CMOS 数字像素传感器(CMOS-DPS)阶段。

1. 无源像素图像传感器

　　(1) 无源像素图像传感器的结构　20 世纪 60 年代后期,G. Weckler 提出了无源像素传感器结构的 CMOS 图像传感器,如图 6-36 所示,它包括一个光电二极管和一个 MOS 开关管。光电二极管用于将入射的光信号转换为电信号,MOS 开关管的导通与否取决于器

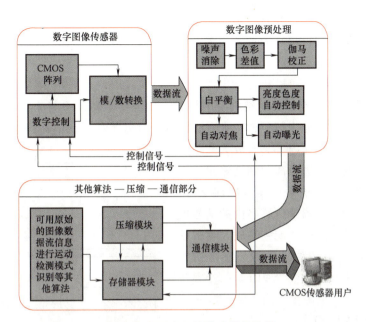

图 6-35 CMOS 图像传感器的结构

件像元阵列的控制电路。

无源像素图像传感器结构存在着两方面的不足：其一，各像元中开关管的导通阈值难以完全匹配，所以即使器件所接收的入射光线完全均匀一致，其输出信号仍会形成某种相对固定的特定图形，也就是所谓的固有模式噪声（fixed pattern noise，FPN），致使 PPS 的读出噪声很大，典型值为 250 个均方根电子，较大的固有模式噪声的存在是其致命的弱点；其二，光敏单元的驱动能量相对较弱，当图像传感器规模不断增大后，总线上的电容相应增加，传感器读出速度大幅降低，因此列线不宜过长以减小其分布参数的影响。受多路传输线寄生电容及读出速率的限制，PPS 难以向大型阵列发展。

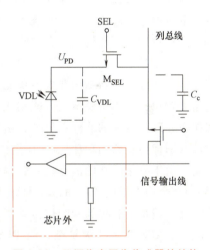

图 6-36 无源像素图像传感器的结构

（2）无源像素图像传感器的工作原理　在每一曝光周期开始时，MOS 开关管处于关断状态，直至光敏单元完成预定时间的光电积分过程，MOS 开关管才转入导通状态；此时，光敏单元与垂直的列线连通，其中积累的与光信号成正比的光生电荷被送往列线，由位于列线末端的电荷积分放大器转换为相应的电压量输出；当光敏单元中存储的信号电荷被读出时，再由控制电路往列线上加一定的复位电压使光敏单元恢复初始状态，随即将 MOS 开关管关断以备进入下一个曝光周期。在此结构下，还可以采用另外一个开关管以实现二维的 $x\text{-}y$ 寻址。由于 PPS 像元结构简单、面积很小，所以在给定的光敏单元尺寸下，可设计出最高的填充系数（fill factor，FF，又称孔径系数，即像元中有效光敏单元面积与像元总面积之比）；在给定的设计填充系数下，光敏单元尺寸可设计得最小。并且,由于填充系数高和没有类似 CCD 中的多晶硅层叠,无源像素传感器结构可获得较高的量子效率(即光生电子与入射光子数量之比),从而有利于提高器件的灵敏度。

2. 有源像素图像传感器

(1) 有源像素图像传感器的结构 有源像素图像传感器几乎与无源像素图像传感器一起出现。有源像素单元内部包含一个有源器件,即包含由一个或多个晶体管组成的放大器。该放大器在像素单元内部具有放大和缓冲功能,电荷不需要经过远距离而到达输出放大器。在列总线直接输出的是电压或电流信号,因此避免了像无源像素图像传感器内的信号电荷必须经过很长的列总线才能到达放大器的缺陷。图 6-37 所示为有源像素图像传感器的结构,其主要由一个光电二极管 VDL、一个复位开关晶体管 VT_1、一个源跟随晶体管 VT_2 和一个行选择晶体管 VT_3 组成。

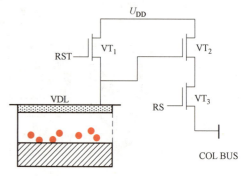

图 6-37 有源像素图像传感器的结构

(2) 有源像素图像传感器的工作原理 光照射到光电二极管产生电荷,这些电荷通过源极跟随器缓冲输出。当读出晶体管导通时,电荷通过列总线输出;当读出晶体管关断时,复位管导通对光电二极管复位。上述只是一个简单的原理性过程,在实际工作时,为了抑制固有模式噪声需采用相关双采样,不但要读取信号电压,还要读取复位后光电二极管的电压。相对无源像素图像传感器结构,有源像素图像传感器结构在像素单元里增加了有源放大管,于是减小了读出噪声,并且读出速度较快;由于有源像元的驱动能力较强,列线分布参数的影响相对较小,因而有利于制作像元阵列较大的器件;另外,由于有源放大管仅在读出状态下才工作,所以 CMOS 有源像素图像传感器的功耗比 CCD 图像传感器的还小。有源像素传感器结构的量子效率比较高,由于采用了新的消噪技术,输出图形信号质量比之前有很大提高,读出噪声一般为 75~100 个均方根电子。而像元本身具备的行选功能,对二维图像输出控制电路的简化颇有益处。但是,有源像素图像传感器在提高性能的同时,也使像素单元面积增加、填充系数减小。APS 像元结构复杂,与 PPS 像元结构相比(无源像元的填充系数多为 60%~80%),其填充系数较小,设计填充系数典型值为 20%~30%,与行间转移 CCD 接近,因而需要一个较大的单元尺寸。为了补偿有源像素填充系数不高造成的不足,CMOS 器件往往借用 CCD 制造工艺中现有的微透镜技术,即在器件芯片的常规制作工序完成后,再利用光刻技术在每个像元的表面直接制作一个微型光学透镜,借以对入射光进行汇聚,使之集中投射于像元的光敏单元,从而可将有源像元的有效填充系数提高 2~3 倍,提高了信号质量。深亚微米技术的应用也大幅提高了有源像素的填充系数。

3. 数字像素图像传感器

(1) 数字像素图像传感器的结构 上面提到的无源像素图像传感器和有源像素图像传感器的像素读出均为模拟信号,通称为模拟像素传感器。近年来,美国斯坦福大学提出了一种新的 CMOS 图像传感器结构——数字像素图像传感器(DPS),其结构如图 6-38 所示，在像素单元里集成了 ADC（analog-to-digital convertor）和存储单元。

（2）**数字像素图像传感器的原理** 传统的模拟像素采用固定的积分时间，所有像素同时开始和结束曝光。对于数字像素，每个像素根据入射光强的不同可选取不同的积分时间，光强的表示是时间域的。通过这个方法可消除积分时间对于动态范围的限制，一定程度上扩大了像素的动态范围。此外，数字像素可在像素级完成模拟光生信号到数字信号的转换，并直接存储数据，减小了噪声的影响。在深亚微米工艺中，数字像素避免了由于 U_{DD} 的改变带来的像素性能上的恶化，其信噪比和动态范围不依赖电源电压变化，成像质量得到了提高，更适合在小尺寸、低电压环境下工作。

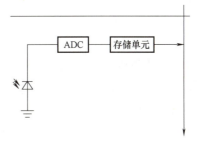

图 6-38 数字像素图像传感器的结构

数字像素图像传感器省略了复杂的并行 ADC 和高速数字读出电路，结构简单，可扩展性强，制造成本低，减少了由读出引入的列级 FPN，同时能够实现全并行曝光和读出，在速度上得到了提升，可实现对信号的连续处理。

数字像素的主要缺点在于其使用了更多的晶体管，使得像素的尺寸更大，填充系数更低。但随着 CMOS 工艺尺寸的减小，在单位硅衬底面积上可以集成更多的晶体管以实现信号像素级处理。同时，由于在 90nm 及以下 CMOS 工艺中，经典晶体管模型不再适用，图像传感器设计面临新的挑战。因此，基于像素级处理的 DPS 技术是 CMOS 图像传感器未来的发展方向。

以上介绍了三种不同类型的图像传感器结构，其中发展最快的是 CMOS-APS。这种类型的图像传感器器件已经进入商品化和实用化阶段，但是对全面改善 CMOS-APS 性能的研究工作还在深入进行。CMOS 图像传感器能够快速发展，一方面是基于固体图像传感器技术的研究成果；另一方面是得益于 CMOS 集成电路工艺技术的成熟。在 CMOS 取代 CCD 的进程中，生产工艺将是弥补 CMOS 图像质量和亮度不足的关键。

4. CCD 和 CMOS 图像传感器的技术性能对比

（1）**信息读取方式对比** CCD 光电成像器件存储的电荷信息，需要在二相、三相、四相时钟驱动脉冲的控制下，一位一位地实施转移后进行逐行顺序读取。而 CMOS 光电成像器件的光学图像信息经光电转换后产生电流或电压信号，这个电信号不需要像 CCD 那样逐行读取，而是从 CMOS 晶体管开关阵列中直接读取，可增加取像的灵活性。

（2）**速度对比** CCD 光电成像器件需在二、三、四相时钟驱动脉冲的控制下，以行为单位一位一位地输出信息，所以速度较慢。而 CMOS 光电成像器件在采集光电图像信号的同时就可取出电信号，并且能同时处理各单元的图像信息，所以速度比 CCD 光电成像器件快得多。由于 CMOS 光电成像器件的行、列电极可以被高速地驱动，再加上在同一芯片上进行 A/D 转换，图像信号能够被快速地取出，因此可在相当高的帧速下动作。

（3）**电源及耗电量对比** 由于 CCD 的像素由 MOS 电容构成，读取电荷信号时需使用电压相当大（至少 12V）的二相、三相或四相时序脉冲信号才能有效地传输电荷。因此 CCD 的取像系统除了要有多个电源外，其外设电路也会消耗相当大的功率。有的 CCD 取像系统需消耗 2~5W 的功率。而 CMOS 光电成像器件只需使用一个 5V 或 3V 的单电源，耗电量非常小，仅为 CCD 的 1/8~1/10，有的 CMOS 取像系统甚至只消耗 20~50mW 的功率。

（4）**成像质量对比** CCD 光电成像器件制作技术起步早，技术成熟，采用 PN 结或二氧化硅隔离层隔离噪声，所以噪声低，成像质量好。与 CCD 相比，CMOS 的主要缺点是噪声高及灵敏度低，因为 CMOS 光电成像器件集成度高，各光电器件、电路之间距离很近，相互之间的光、电、磁干扰严重，噪声对图像质量的影响很大，在开始很长一段时间内无法进入实用。后来，噪声问题采用有源像素（Active Pixel）设计及噪声补正线路得以降低。近年，随着 CMOS 电路消噪技术的不断发展，为生产高密度优质的 CMOS 光电成像器件提供了良好的条件。已有厂商声称，所开发出的技术成像质量不比 CCD 差。CMOS 光电成像器件的灵敏度低，是因为像素部分面积被用来制作放大器等电路。在固定的芯片面积上，除非采用更精细的制造工艺，否则为了维持相当水准的灵敏度，成像器件的分辨率不能做得太高。

图像传感器 CCD 与 CMOS 的技术性能对比见表 6-1。

表 6-1 图像传感器 CCD 与 CMOS 的技术性能对比

类别	CCD	CMOS	类别	CCD	CMOS
成本	高	低	信噪比	优	良
集成情况	低，需外接芯片	单片高度集成	图像	顺次扫描	同时读取
电源	多电源	单一电源	红外线	灵敏度低	灵敏度高
抗辐射	弱	强	动态范围	>70dB	>70dB
电路结构	复杂	简单	模块体积	大	小
灵敏度	优	良			

6.4.3 红外成像系统

从 20 世纪 50 年代开始，红外成像技术被广泛应用于军事领域，尤其在红外成像制导、红外警告和侦查方面。军事需求始终是推动红外成像技术发展的最强动力，军事领域也是红外成像新技术首先得到应用的领域。近年来，红外成像技术也广泛地应用于工业、农业、医学、交通等各个行业和部门。特别在交通行业，随着汽车的发展，红外成像系统在汽车上的应用逐渐成为研究的热点。由于红外成像系统的工作状态受外界照明条件、不良天气的影响较小，在夜间或者雨雪等天气条件下，红外成像系统作为一种辅助驾驶系统能够有效提升驾驶人的环境感知能力，为驾驶人和弱势道路使用者的生命安全提供了保障。

红外成像系统分为主动式红外成像系统和被动式红外成像系统。基于主动式红外成像系统的称为红外夜视仪，基于被动式红外成像系统的称为红外热像仪。

1. 主动式红外成像系统

（1）**主动式红外成像系统的结构** 主动式红外成像系统由光学系统、红外变像管、红外探照灯和高压电源四部分组成，如图 6-39 所示。主动式红外成像系统自身带有红外光源，是根据被成像物体对红外光源的不同反射率，以红外变像管作为光电成像器件的红外成像系统。光学系统由物镜组和目镜组组成。红外变像管是主动式红外成像系统的核心，是一种高真空图像转换器件，完成从近红外图像到可见光图像的转换并增强图像。从结构材料上，红外变像管可以分为金属结构型和玻璃结构型；从工作方式上，红外变像管可以分为连续工作方式和选通工作方式。红外探照灯的光源可以是电热光源、气体放电光源、半导体光源和激光光源。高压电源提供红外变像管进行图像增强的能量，一般为1.2万~2.9万V。

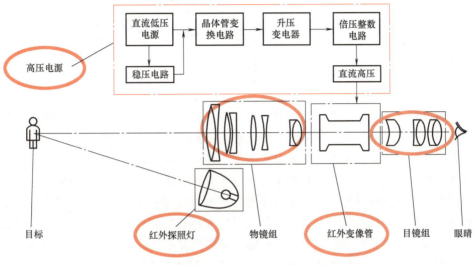

图6-39 主动式红外成像系统的结构

（2）**主动式红外成像系统的工作原理** 主动式红外成像系统的工作原理较为简单，在工作时用红外探照灯照射目标，目标反射的红外光经过物镜组初步聚焦，再经过红外变像管完成从近红外图像到可见光图像的转换并增强图像，最终经由目镜组形成图像。红外夜视仪具有成像清晰、对比度高、不受环境光源影响等优点。

2. 被动式红外成像系统

（1）**被动式红外成像系统的结构** 红外热成像系统是被动式红外成像系统，红外热像仪是基于红外热成像技术研制而成。被动式红外成像系统由三部分组成，即接收红外线的光学系统、对红外辐射进行聚焦的红外探测器，以及将红外探测器传输的电信号放大的视频放大器，如图6-40所示。其中，被动式红外成像系统的核心部分是红外探测器，该部分是红外成像的关键步骤。被动式红外成像首先巧用光学系统对感兴趣的目标或背景的红外辐射进行接收；然后利用红外探测器对光学系统接收的红外辐射进行聚焦，并根据辐射的强度大小转换成相应大小的电信号；最后，利用视频放大器对红外探测器转换成的电信号进行放大，并将放大信号传输到显示屏，最终显示出红外图像。

红外探测器有两种主要的成像方式，分别为光学机械扫描式和凝视焦平面阵列式。

光学机械扫描式的扫描方式为按行扫描，即扫描完前一行接着扫描下一行，由精密机械的动作和光学镜头控制红外探测器的"视线"，精密机械和光学镜头对"视线"的移动和摆动进行控制，因此，这种方式成像称为红外光学机械扫描式成像。红外光学机械扫描式成像主要存在以下缺点：一是扫描的结构相对比较复杂，控制精度受振动因素影响较

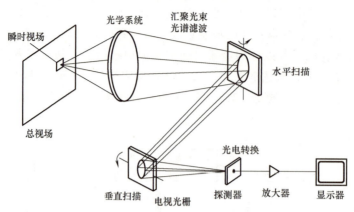

图 6-40 被动式红外成像系统的结构

大,比较容易损坏;二是成像速度较慢,对于超高速的目标跟踪效果较差。因此,为了克服上述缺点,在 20 世纪六七十年代成功研制了一种新型的红外成像方式——红外凝视焦平面阵列式,该成像方式至今仍然是最受人们关注的成像方式。

红外凝视焦平面阵列式成像即焦平面上分布着红外探测器阵列,且阵列上分布着光敏器件,同时,物体的红外辐射能量分布图形被光敏器件所感知,由红外探测器将被感知的红外辐射转换成相应的电信号,该电信号通过放大器进行信号放大,放大的电信号被输出到读出电路模块,方便对多路信号进行传输,最终由显示器将被测目标的红外图像显示在屏幕上。焦平面阵列有四种结构类型:准单片式焦平面、单片式焦平面、Z 型混合式焦平面及平面混合式焦平面。红外凝视焦平面阵列的工作性能除了与探测器性能,如量子效率、光谱响应、噪声谱、均匀性等有关外,还与探测器探测信号的输出性能有关。在性能方面,凝视焦平面阵列成像远远优于光学机械扫描式,因为由单片集成电路组成的探测器,将被测目标全部进行聚焦,且图像的显示效果更加清晰,使用起来也较为方便。同时,红外热像仪较为轻便小巧,具有连续放大、自动调焦、语音注释图像和点温等众多功能。

(2) 被动式红外成像系统的工作原理 被动式红外成像系统不发射红外线,依靠目标自身的红外辐射形成热图像,故又称为热像仪。其原理为绝对零度以上的物体都要辐射能量,温度越低,波长越长。一般室温时,辐射能量为肉眼不可见的红外线。由于物理中温度的绝对零度不可能达到,所以几乎自然界中的所有物体都会辐射出红外线。同时,每一种物体发出的红外辐射都载有该物体本身特有的信息,因此,对目标物体所发出的辐射能量进行接收、检测与采集,接着对探测器所传输出来的信号进行重新排列,就可以模拟目标物体的表面温度。

与可见光系统和雷达系统相比,红外成像系统的特点为:在环境适应性方面,红外光优于可见光,在恶劣气候和夜间环境下的工作能力较强;对比可见光,红外辐射透过雾霾等环境的能力较强,即部分视觉上的障碍可通过红外成像克服,进而达到探测目标的目的,因此红外成像所具有的抗干扰能力较强;红外光的波长相比雷达波较短,因此对于高分辨率的目标图像可比较容易地获得;相比于可见光,红外成像识别伪装目标的能力较强,其主要利用目标与背景之间的折射率差和温差进行探测识别,同时也具有较强的辨别真伪的能力;相比于激光和雷达,红外成像具有探测安全性高、保密性强的特点,主要体现在红外传感器是被动地对目标的热辐射进行接收,隐蔽性好。

车载红外夜视仪会自动调整以适应场景的变换,红外热像仪可自动优化图像并提供最佳的对比度和亮度。车载红外夜视仪具有凸显不发光散热体、探测距离远、防眩目和全天候使用等功能。

远红外夜视仪辅助驾驶系统能够在全天候条件下为驾驶人自动识别并凸显行人、车辆和动物等不发光的散热体,通过显示前照灯光束范围以外的道路情况帮助驾驶人更好地了解整体行驶路况,有效地改善光线不足时的视觉效果。在视野良好的情况下,远红外夜视仪探测距离可达300m,而在恶劣的天气条件下,如大雨、大雾、沙尘等,远红外夜视仪的作用距离会有一定程度的缩减。由于远红外夜视仪的作用距离较之汽车上的近光灯和远光灯均有明显的优势,其针对潜在危险的预报警功能在安全防护方面为驾驶人赢得了宝贵的时间,这对于避免交通事故、保障车内人员的人身和财产安全来说是非常重要的。红外夜视仪通过采集外部红外辐射能量而形成相应的影像,在会车时对面来车的远光灯对红外成像无任何影响,可以有效地降低驾驶人因眩目带来的行车安全隐患,能够适应雨、雾、霾、沙尘等恶劣天气,提升会车时驾驶人的安全性。当红外夜视仪处于温度较低的工作环境时,夜视仪内部的温度传感器会检测外部温度,若温度较低,夜视仪会自动启用内置的加热功能以去除夜视仪镜头表面所结的冰或霜。

6.5 距离传感器

随着汽车保有量的不断提升,其安全问题变得日渐突出。感知系统作为汽车主动安全的核心,可以有效降低事故的发生概率。车载雷达作为感知系统的核心部件,对汽车主动安全具有重要的作用。雷达系统可以实现对目标的自主检测,并将检测结果发送至汽车控制系统从而规划行驶方案。成熟的车载雷达技术是提高汽车安全性能的基础,同时也是实现自动驾驶的必要条件。目前常用的车载雷达有激光雷达、毫米波雷达和超声波雷达。

6.5.1 激光雷达

激光雷达通过获得发射信号与该信号被目标反射回来的回波信号之间的时间差来得到距离信息,相较于微波,激光波束更窄,波长短几个数量级,因此与微波雷达相比,激光雷达更加容易实现小型化,同时也具有更好的抗干扰能力,被广泛应用于测量目标的距离、速度信息,并可实现目标的检测和成像,在测绘、导航等领域具有重要的作用。

激光雷达按结构可分为机械式激光雷达和固态激光雷达。

1. 机械式激光雷达

机械式激光雷达通过不断地旋转发射头,将激光发射到目标物体,并接收物体反射的激光,达到动态扫描并接收信息的目的。机械式激光雷达的内部结构如图6-41

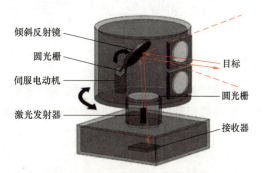

图6-41 机械式激光雷达的内部结构

所示。

由激光发射器发射激光，经倾斜反射镜反射至目标，回波信号经由同样路径返回至接收器，期间由光学编码器进行对光线的调制，最终获得所需的目标信息。机械式激光雷达在竖直方向排列有多个激光发射器，可以从不同角度向外发射激光，实现垂直角度的覆盖，同时在高速旋转的伺服电动机的带动下，实现水平方向360°的全覆盖，其原理框图如图6-42所示。激光雷达测距形式分为三角测距和TOF（time of flight，飞行时间）测距两种，其中三角测距原理如图6-43所示。

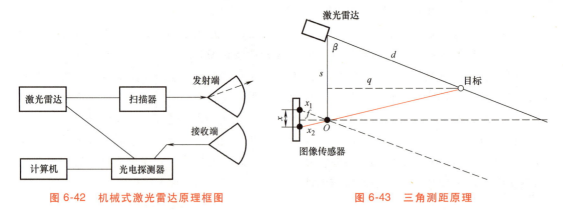

图6-42 机械式激光雷达原理框图　　　　图6-43 三角测距原理

由激光雷达发射激光，经过物体反射后被图像传感器捕捉，设捕捉点为 x_2，经过焦点 O 作一条虚线平行于入射光线，交图像传感器于点 x_1，由于 β 角已知，所以可得 x_1 的位置。记 x_1、x_2 之间的距离为 x，由三角形相似可得

$$\frac{q}{f}=\frac{s}{x} \tag{6-14}$$

又有 $\sin\beta=\dfrac{q}{d}$，结合式（6-14）可得目标距离 d 为

$$d=\frac{sf}{x\sin\beta} \tag{6-15}$$

TOF测距原理如图6-44所示。

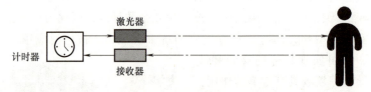

图6-44 TOF测距原理

由激光器发射激光脉冲，计时器记录发射时间 t_1，激光脉冲经物体反射后由接收器接收，计时器记录接收时间 t_2，由于光速 c 已知，可知目标距离 d 为

$$d=\frac{1}{2}c(t_2-t_1) \tag{6-16}$$

TOF测距广泛应用于激光雷达，与三角测距相比，具有以下优势：

1）测量距离。随着目标距离变远，三角测距法所测的 x 的值会越来越小，测量误差越来越大，精度逐渐降低。

2）采样率。三角测距法的采样率一般在 20kHz 以下，难以满足实时性和准确性的高需求。

3）帧率。三角测距法雷达的最高帧率通常在 20Hz 以下，而 TOF 测距法雷达的最高帧率可达 30~50Hz，转速越高意味着图像帧率越高，信息越准确。帧率是以帧为单位的位图图像连续出现在显示器上的频率（速率），帧率也可以称为帧频率，单位为 Hz。

但 TOF 测距的实现也有技术上的难点：

1）由于光速过快，测量时间很短，因此对于计时器的精度要求很高。

2）发射器需要发射高质量的脉冲光，接收器需要在接收脉冲光时尽量保持信号不失真。

3）对同一距离的物体测距，回波信号会有一定的差异，需要采用特殊方式进行处理。

2. 固态激光雷达

固态激光雷达的主要实现方式有微机电系统（micro-electro-mechanical system, MEMS）、面阵闪光（flash）以及光学相控阵（optical phased array, OPA）等。

(1) MEMS 激光雷达　通过光学扫描镜，使入射光束按照特定的方式和时间顺序发生反射，从而在像面上实现扫描成像的目的，其主要通过电热效应、静电效应、电磁效应和压电效应来驱动微振镜进行激光束的偏转。相较于传统的扫描镜，微振镜具有尺寸小、成本低、扫描频率高、响应速度快和功耗低等优点，已被广泛地应用在激光雷达、内窥镜、3D 扫描成像等领域。微振镜驱动方式见表 6-2，性能对比见表 6-3。

表 6-2　微振镜驱动方式

驱动方式	描述
电热效应	利用电能转换为热能，再转换为机械能驱动。对电热双压电晶片驱动的微振镜加热，由于金属铝的形变大于介质硅，从而形成微振镜的形变振动
静电效应	利用带电导体间的静电作用力来驱动微振镜偏转，具有功耗低、速度快、兼容性好的优点，是目前使用广泛的微振镜驱动方式
电磁效应	系统内部封装可动磁性物质或可动线圈产生磁场，通过施加磁场形成洛伦兹力使得线圈产生偏转，从而驱动微振镜偏转
压电效应	应用压电材料的压电效应实现驱动，驱动力大，响应速度快，但压电材料具有迟滞现象

表 6-3　微振镜驱动方式性能对比

驱动方式	速度	驱动力	幅度	电压
电热驱动	慢	大	大	较低
静电驱动	快	小	较小	高
电磁驱动	慢	大	大	低
压电驱动	快	大	小	高

(2) Flash 激光雷达　属于非扫描式激光雷达，采用类似照相机的工作模式，发射的面阵激光照射到目标上，目标对入射光产生散射，由于物体具有三维空间属性，所以照射

到物体不同部位的光具有不同的飞行时间，这些光被焦平面阵列探测器探测，输出为具有深度信息的三维图像。Flash 激光雷达系统如图 6-45 所示。

图 6-45　Flash 激光雷达系统

Flash 激光雷达主要探测近距离场景，其雷达性能主要决定于焦平面探测器阵列。焦平面探测器可以使用 PIN 型光电探测器或雪崩型光电探测器，前者主要用于短距离探测；后者探测灵敏度高，可进行远距离探测。Flash 激光雷达易于实现小型化的设计，但价格昂贵。

（3）OPA 激光雷达　光学相控阵发射器由若干个发射接收单元组成阵列，通过改变加载在不同单元的电压，进而改变不同单元发射的光波特性，实现对每个单元光波的独立控制。通过调节每个相控单元辐射出的光波之间的相位关系，在设定方向上产生互相加强的干涉，从而产生高强度光束；并且使得其他方向上各个单元辐射出的光波相互抵消，从而实现光束的扫描。

光学相控阵的制造工艺难度较大，原因是其要求光学相控阵列单元尺寸必须不大于半个波长。目前普通激光雷达的工作波长均在 $1\mu m$ 左右，这就意味着阵列单元的尺寸必须不大于 500nm，而且阵列数越多，阵列单元的尺寸越小，能量越向主瓣处集中，这就要求加工精度更高。此外，材料选择也是十分关键的要素。

3. 激光雷达的应用与发展

激光雷达的发展在很大程度上依托于自动驾驶的兴起，早期的自动驾驶技术仅通过视觉对环境进行感知，对强光、黑暗、光影较多的复杂地面环境难以处理，并且它对算法要求较高。2004 年的 DARPA 美国无人驾驶车辆挑战赛中，斯坦福大学车队通过安装多台单线激光雷达增加车辆对环境的感知，获得了该届比赛的冠军，这使得激光雷达在自动驾驶领域得到重视。激光雷达对环境的感知是通过形成点云图像，对周围的环境进行三维建模来获得的，如图 6-46 所示。目光激光雷达的供应商主要有 Velodyne、Sick、速腾聚创、镭神智能、思岚科技等。

近几年国内车载激光雷达有了新的突破。速腾聚创发布的 RS-Ruby 128 线激光雷达探测距离可达 200m，垂直视场角为 40°，角分辨率最低可达 0.1°；北科天绘发布的 C-Fans-128 高分辨力激光雷达探测距离达 200m，频率最大可达 80Hz；禾赛科技发布的 Pandar128 激光雷达，其角分辨率也达到了 0.1°，每秒获取的探测点数达 3456000 点。同时，各激光雷达系统结合对应算法，使得车辆的环境感知能力得到进一步加强，推动了自动驾驶技术的发展。

图 6-46 激光雷达点云图像

6.5.2 毫米波雷达

毫米波雷达是指工作在毫米波波段（millimeter wave）探测的雷达。通常毫米波是指 30~300GHz 频域（对应波长为 1~10mm）的电磁波。车载毫米波雷达常见的发射频率为 24GHz 和 77GHz，具有较强的穿透雾、灰尘的能力，受光照条件、天气环境影响小，可准确获取障碍物与毫米波雷达的相对距离和速度。这种可靠性是其他传感器难以达成的，所以在高级驾驶辅助系统（ADAS）这样一个对安全性、可靠性要求比较高的领域，毫米波雷达拥有难以撼动的地位。

在智能驾驶传感器领域，与激光雷达相比，毫米波雷达在技术上已非常成熟，自 20 世纪 90 年代应用于汽车领域以来，现已成为中高端汽车的标配。其市场出货量相当可观，以我国市场为例，2018 年车载毫米波雷达实际出货量为 358 万颗，预计到 2025 年，出货量将达到 1000 万颗。

根据辐射电磁波方式不同，毫米波雷达主要有脉冲体制和连续波体制两种工作体制。脉冲体制雷达技术比较成熟、测量过程简单、精度高，但当目标距离较近时，其脉冲收发时间短，需要采用高速信号处理技术，使得结构更加复杂、成本上升，因此脉冲体制雷达一般应用于军用设施。连续波体制按照调制方式又可以分为频移键控（frequency-shift keying, FSK）、相移键控（phase-shift keying, PSK）、恒频连续波（continuous wave, CW）、调频连续波（frequency-modulated continuous wave, FMCW）等。FSK 波形针对单目标效果显著，但不能同时测量多个目标。PSK 波形允许信息更有效地随无线电通信信号传送，但宽带效率低。CW 波形可以探测目标速度，但不能探测距离。FMCW 波形具有良好的技术特性，测量距离远、精度高、发射功率低、满足系统实时信号处理等一系列优点，被广泛应用在车载毫米波雷达上。

FMCW 雷达系统通过天线向外发射连续调频毫米波，并接收目标的反射信号。发射波的频率随时间按一定的调制规律变化，一般调制信号分为三角波信号和锯齿波信号，两者都是通过线性 FMCW 调频实现。线性 FMCW 是频率随时间线性变化的正弦信号，图 6-47a 所示为其幅度与时间的关系，其频率与时间的关系如图 6-47b 所示。其中，f_c 为起始频率，ΔF 为带宽，T_c 为周期。

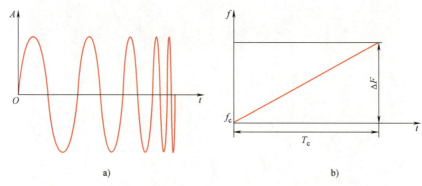

图 6-47　线性 FMCW 幅度、频率与时间的关系
a）幅度与时间的关系　　b）频率与时间的关系

三角波发射信号与接收信号的频率变化如图 6-48a 所示。反射波与发射波的形状相同，只是在时间上有一个延迟 Δt，Δt 与目标距离 R 的关系可表示为

$$\Delta t = 2R/c \tag{6-17}$$

式中，c 为光速。发射信号与反射信号的频率差即为混频输出的中频信号频率 IF，如图 6-48b 所示。

根据三角形几何关系，由图 6-48a 可得

$$\frac{\Delta t}{IF} = \frac{T/2}{\Delta F} \tag{6-18}$$

式中，T 为调制三角波的周期；ΔF 为调频带宽。

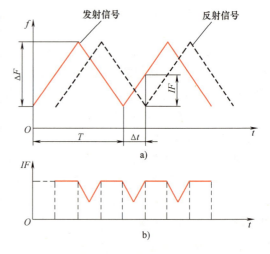

图 6-48　三角波测距原理
a）三角波发射信号与接收信号的频率变化
b）混频输出的中频信号频率 IF

由式（6-17）、式（6-18）可得目标距离 R 为

$$R = \frac{cT}{4\Delta F} IF \tag{6-19}$$

也就是说，目标距离与雷达混频输出的中频信号频率成正比。

如果反射信号来自一个相对运动的目标，则反射信号中包括一个由目标相对运动所引起的多普勒频移 f_d，如图 6-49 所示。在三角波的上升沿和下降沿输出的中频信号频率可分别表示为

$$f_{b+} = IF - f_d \tag{6-20}$$

$$f_{b-} = IF + f_d \tag{6-21}$$

式中，IF 为目标相对静止时的中频信号频率；f_d 为多普勒频移，其符号与目标相对运动的方向有关。

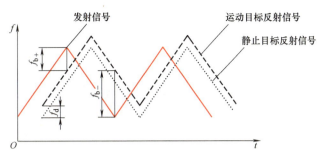

图 6-49　三角波测速原理

由式（6-20）、式（6-21）可得

$$f_d = \frac{f_{b-} - f_{b+}}{2} \tag{6-22}$$

根据多普勒原理，目标的相对运动速度 v 为

$$v = \frac{c}{4f_0}(f_{b-} - f_{b+}) = \frac{\lambda}{4}(f_{b-} - f_{b+}) \tag{6-23}$$

式中，f_0 为发射波中心频率；λ 为发射波波长。速度 v 的符号与目标相对运动方向有关，当目标靠近时 v 为正，反之 v 为负。

由式（6-19）和式（6-23）就可以计算出目标距离和目标相对运动速度。

三角波调制信号原理简单，信号周期相对较大，可达到毫秒级别，对硬件的要求不高，并且对单一目标的检测效果优异，但在环境复杂的多目标场景下，容易出现误检情况，目前在车载毫米波雷达上很少采用。

锯齿波调制信号通过发送大量的锯齿波信号来处理回波信号，从而得到目标的方位参数和运动状态。发射信号和回波接收信号如图 6-50 所示，回波信号形状和发射信号相同，相差时间 Δt。

由三角形几何关系可得中频信号频率 IF 为

$$IF = \Delta t S = \frac{2RS}{c} \tag{6-24}$$

式中，S 为发射信号的频率变化率，即图 6-50 中直线的斜率。

由式（6-24）可推出距离表达式 R 为

$$R = \frac{IFc}{2S} \tag{6-25}$$

同三角波测距原理类似，目标距离和中频信号的频率成正比。

锯齿波测速原理如图 6-51 所示。对于相同配置的系列发射信号，由于运动目标在发射信号的不同周期的相对位置不同，导致回波信号延迟时间 Δt 相差 $\Delta \tau$，对应的中频信号也有相同的时差。对于前一个回波信号，取刚抵达的时间点为采样点，由中频信号生成原理可知，C 点相位为 A 点和 B 点的相位差。$T_c + \Delta \tau$ 时间之后，F 点相位为 D 点和 E 点的相位差。因为 B 点和 E 点均等于发射信号的初始相位，所以 C 点和 F 点的相位差等于 A 点和 D 点的相位差。A 点和 D 点的相位差取决于时间差 $\Delta \tau$，可表示为

$$\Delta \phi = 2\pi f \Delta \tau \tag{6-26}$$

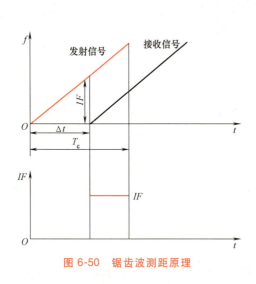

图 6-50 锯齿波测距原理

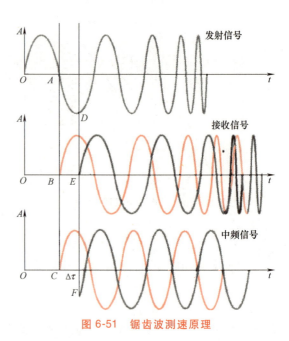

图 6-51 锯齿波测速原理

速度与时间的关系,以及电磁波波长与频率之间的关系可表示为

$$\Delta \tau = \frac{2\Delta d}{c} \tag{6-27}$$

式中,Δd 为发射天线和接收天线的波程差,有

$$\Delta d = vT_c \tag{6-28}$$

$$c = \lambda f \tag{6-29}$$

由式(6-26)~式(6-29)可求出速度表达式为

$$v = \frac{\lambda \Delta \phi}{4\pi T_c} \tag{6-30}$$

锯齿波测量目标的速度和距离信息仅仅依靠一根发射天线和一根接收天线就能够实现,而要想进一步确定目标的方位角,必须增加接收天线的数量。图 6-52a 所示的天线配置为一发两收,由于回波到达接收天线的距离不同,对应的中频信号产生的相位差 $\Delta \phi$ 为

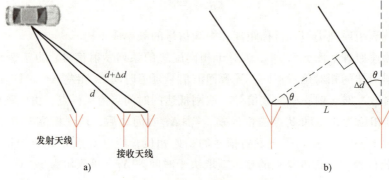

图 6-52 锯齿波测量方位角原理

$$\Delta\phi = \frac{4\pi\Delta d}{\lambda} \tag{6-31}$$

一般目标距离远大于接收天线的间距 L，可近似认为回波传播方向平行，如图 6-52b 所示，由三角形几何关系可得

$$\Delta d = L\sin\theta \tag{6-32}$$

式中，θ 为目标的方位角。

综合式（6-31）、式（6-32）可得方位角计算公式为

$$\theta = \arcsin\frac{\lambda\Delta\phi}{4\pi L} \tag{6-33}$$

要建立一个毫米波汽车防撞雷达系统，必须明确雷达传感器的技术规范。根据国内外多年的研发经验，要求毫米波汽车防撞雷达必须满足以下技术要求：

1）毫米波汽车防撞雷达系统应能够准确地探测到雷达前方扫描区域内的所有运动和静止的车辆目标。对于类型不同因此反射截面积不同的车辆目标，系统应该具有一定的动态范围，以保证正确地判断和预警。

2）毫米波汽车防撞雷达的电磁辐射能量不能超过法定范围，发射功率应在 mW 级，典型值不大于 100mW。为了保证系统的实时性，其一次刷新时间应在 ms 级，不大于人的一次刹车反应时间（据统计表明，人的一次刹车反应时间为 0.3s）。

3）远距离毫米波雷达系统应保证足够小的天线发射角，以避免受到临近车道上的车辆目标的干扰。

4）为了能够和汽车进行整体配套，要求毫米波汽车防撞雷达在保证性能的情况下，应做到整机体积最小、质量最轻。

5）应与汽车其他电子系统做到电磁兼容。毫米波汽车防撞雷达发射的信号不影响汽车其他电子设备的工作，并且在汽车点火等干扰比较严重的情况下，防撞雷达能够保持正常工作。

6.5.3　超声波雷达

超声波雷达是利用超声波在超声场中的物理特性而制造的装置。人耳能听到的声波频率为 20Hz~20kHz，频率低于 20Hz 的声波称为次声波，频率超过 20kHz 的声波称为超声波。相较于激光雷达和毫米波雷达，超声波能量消耗较为缓慢，防水、防尘性能好，穿透性强，测距方法简单，成本低，且不受光线条件影响，特别适合于短距测量。超声波雷达按其结构可分为直探头、斜探头、双探头和液浸探头；若按其工作原理又可分为压电式、磁致伸缩式、电磁式等。目前应用最广泛的是压电式超声波雷达。

1. 超声波雷达的结构

压电式超声波雷达是利用压电材料的压电效应而工作的，其常用的压电材料是压电晶体和压电陶瓷。压电式超声波探头主要由压电晶片（敏感元件）、吸收块（阻尼块）、保护膜等组成，其结构如图 6-53 所示。压电晶片的两面镀有银层，用作导电极板。阻尼块

的作用是降低晶片的机械品质,吸收声能量。如果没有阻尼块,当激励的电脉冲信号停止时,晶片将会继续振荡,加长超声波的脉冲宽度,使分辨率变差。压电晶片多为圆板形,其厚度 d 与超声波频率 f 成反比,即

$$f = \frac{1}{d}\sqrt{\frac{E_{11}}{\rho}} \qquad (6-34)$$

式中,E_{11} 为压电晶片沿 x 轴方向的弹性模量;ρ 为压电晶片的密度。

2. 超声波雷达的工作原理

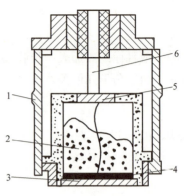

图 6-53 压电式超声波探头的结构
1—金属外壳 2—吸收块 3—保护膜
4—压电晶片 5—接线片 6—导电螺杆

超声波雷达产生超声波,是利用逆压电效应的原理工作的。所谓逆压电效应,就是在压电晶片上施加交变电压,压电晶片将发生交变机械变形,从而产生同频振动而发射超声波。而超声波探头接收超声波时则利用正压电效应原理工作的。所谓正压电效应,就是在压电晶片的特定方向上施加压力(超声波),压电晶片就会发生变形,并产生与超声波频率相同的高频电荷。图 6-54 所示为超声波探头的发射和接收电路。

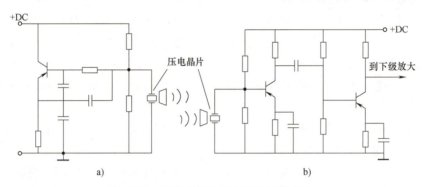

图 6-54 超声波探头的发射和接收电路
a) 发射电路 b) 接收电路

超声波发射探头向某一方向发射超声波,发射时刻开始计时,超声波在空气中传播,途中碰到障碍物就立即返回,超声波接收探头收到反射波立即停止计时。根据计时器记入的时间 T,就可以计算出发射点距障碍物的距离 S,这就是所谓的 TDF 测距法。即

$$S = \frac{CT}{2} \qquad (6-35)$$

式中,C 为超声波的声速,在标准状态下,$C = 340 \text{m/s}$;T 为自发射出超声波到接收到反射波的时间差。

超声波测距由控制单元输出 40kHz 的脉冲信号,通过多路控制开关,被放大后送至超声波发射探头,由发射探头转换成声波发射出去,该声波经过一定的传播时间,到达目标并反射回来,被超声波的接收探头接收变成电信号,经放大、滤波、整形后,还原成与发射波相似的方波,经控制单元计算后将结果送到显示器或语音报警器发出报警提示。

3. 超声波雷达的应用

常见的超声波雷达有两种：一种安装在汽车前后保险杠上，即用于测量汽车前后障碍物的倒车雷达，业内称为 UPA，其探测距离一般为 15~250cm；另一种安装在汽车侧面，用于测量侧方障碍物距离的超声波雷达，业内称为 APA，其探测距离一般为 30~500cm，如图 6-55 所示。图中的汽车配备了前后向共 8 个 UPA，左右侧共 4 个 APA。

超声波雷达的基础应用是泊车辅助。自动泊车功能需要经历两个阶段，即识别库位和倒车入库。车位检测依赖 APA 传感器。当车辆缓慢驶过停车位时，如图 6-56 所示，APA 传感器可以探测出停车位的近似长度。当探测的停车位长度大于汽车泊入所需的最小长度时则认为当前空间有空车位。

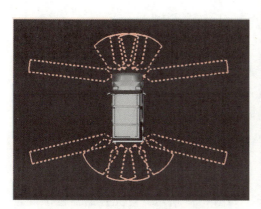

图 6-55 超声波雷达的探测范围

图 6-56 泊车库位检测

超声波雷达还应用于高速横向辅助。特斯拉 Model S 在 Autopilot 1.0 时代就实现了高速公路的巡航功能，为了提升高速巡航功能的安全性和舒适性，特斯拉将用于泊车的 APA 传感器也用在了高速巡航上。当一侧驶过的汽车离自车较近时，Model S 在确保另一侧有足够空间的情况下，自主地向另一侧微调，降低与其他汽车发生碰撞的风险。

6.6 车身控制系统的其他传感器

6.6.1 光量（亮）传感器

光量传感器具有非接触、响应快、性能可靠等特点，因此在工业自动化装置中获得了广泛应用。在汽车上，光量传感器可用于自动控制汽车上各种灯具的点亮和熄灭。

1. 光量传感器的结构

光量传感器主要由光敏元件、光敏处理电路和微处理器三个模块组成，结构如图 6-57 所示。光电式光量传感器内装有半导体元件硫化镉（CdS），硫化镉（CdS）为多晶硅结构。为了增大与电极的接触面积，通常把硫化镉做成曲线形状，从而提高传感器的灵敏度。

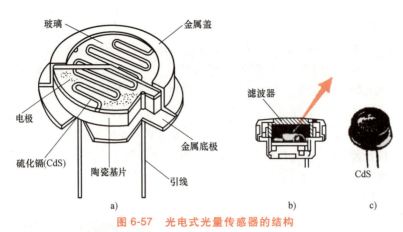

图 6-57 光电式光量传感器的结构

a) 传感器内部结构　b) 信号处理器　c) 传感器实物图

2. 光量传感器的工作原理

光量传感器的光敏元件接收外部环境光照，光敏处理电路用于采集电压，微处理器进行分析和计算，从而判断外部环境的照度。光敏元件硫化镉（CdS）的特性曲线如图 6-58 所示。当有光照射到传感器上时，半导体元件的阻值发生变化。当周围环境照度较低时，其阻值较大；而当周围照度较高时，其阻值变小。光量传感器把周围环境照度的变化转换成元件阻值的变化，从而进行分析和计算。

3. 光量传感器的应用

光电式光量传感器可用于汽车灯光控制器上，如图 6-59 所示。灯光控制器位于仪表板的上方，用于实现灯光的自动控制。傍晚时，灯光控制器自动点亮尾灯，当天色更暗时，则点亮前照灯。此外，对面来车时，灯光控制器还具有变光功能。图 6-60 所示为灯光控制器的系统电路。其工作过程为：点火开关闭合时，灯光控制器的转换开关置于 AUTO（自动）档，当灯光控制器得到传感器传来的信号后，可自动控制尾灯及前照灯的

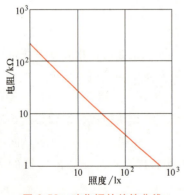

图 6-58 硫化镉的特性曲线

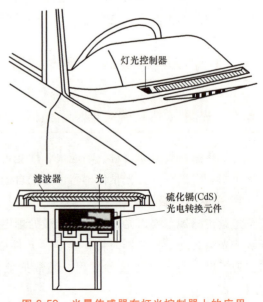

图 6-59 光量传感器在灯光控制器上的应用

亮灭；点火开关断开时，灯光控制器的电源电路也断开，这时其将不受环境条件的限制而熄灭车灯。此外，利用灵敏度调整电位器可以调整自动亮灯及熄灯时的敏感程度。

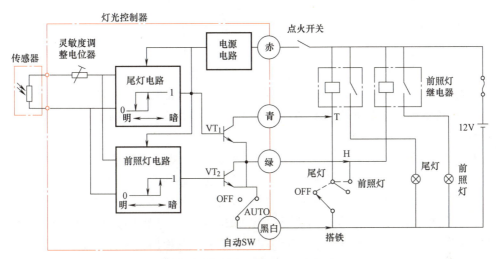

图 6-60　灯光控制器的系统电路

6.6.2　湿度传感器

湿度传感器是能够感受外界湿度变化，并通过湿敏元件的物理或化学变化将湿度大小转换成电信号的器件。汽车上使用的湿度传感器一般都采用半导体材料制成的湿敏元件，特别是金属氧化物半导体湿敏元件得到了广泛的应用。湿度传感器主要有湿敏电阻/电容式和结露式两种形式。

1. 湿度传感器的结构

湿度传感器的核心部分是湿敏元件，湿敏元件的结构如图 6-61 所示，湿敏元件一般由基体、电极和感湿层等组成。湿敏元件的基体为不吸水且耐高温的绝缘材料，如聚碳酸板、氧化铝等。在基体之上，常用丝网印刷法加工出两个电极。电极常用不易氧化的导电材料（如金、银和铂）等制成。基体、电极加工完成之后，覆盖感湿材料，然后在几百摄氏度的温度下烧结成感湿层。感湿层是湿敏元件的主体，厚度通常仅有几微米到几十微米，可随空气湿度变化而改变阻值，即吸湿或脱湿。

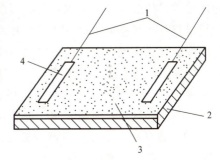

图 6-61　湿敏元件的结构

1—引线　2—基体　3—感湿层　4—金属电极

2. 湿度传感器的工作原理

湿敏元件的工作原理主要是物理吸附和化学吸附。其基本特点是在基体上覆盖感湿材料从而形成感湿层，元件的电阻率和电阻值随着吸附在感湿层上的空气中的水蒸气含量变化而变化，利用这一特性即可测量湿度。具体来讲，感湿层为微型孔状结构，极易吸附它周围空气中的水分子。由于水是导电物质，当感湿层中水分子含量增多时，就会引起电极间电导率的上升。湿敏元件的感湿层还具有电介质特性，其正离子可以吸附空气中水分子的羟基（OH⁻），在外加电压的作用下，产生载流子移动。这种现象的变化是可逆的，即当空气中水蒸气含量减少时，感湿层又会释放羟基，引起电导率下降。为了不使感湿层因极化而降低感湿灵敏度，使用时应采用交流驱动或脉冲驱动。

湿度传感器是基于其功能材料能发生与湿度有关的化学反应或物理效应的基础上制成的，具有可将湿度物理量转换成电信号的功能，该功能可以通过与湿度有关的电阻或电容的变化、体积的膨胀以及元器件的其他某些电参数的变化进行检测。湿度传感器的特性参数主要有湿度量程、感湿特征量-相对湿度特性曲线、灵敏度、湿度温度系数、响应时间、湿滞特性等。

(1) **湿度量程**　湿度传感器能够比较精确测量的环境相对湿度（或绝对湿度）的最大范围，称为湿度传感器的湿度量程。由于各种湿度传感器所使用的功能材料不同，并且元件工作所依据的物理效应或化学反应不同，致使湿度传感器不一定能够在整个相对湿度范围内（0~100%RH）都具有可供使用的湿度敏感特性。某些湿度传感器仅适用于某一段相对湿度范围。因此，湿度传感器的湿度量程是表示其使用范围的特性参数。显然，湿度传感器的湿度量程以 0~100%RH 为最佳；湿度量程越大，湿度传感器的使用价值就越大。

(2) **感湿特征量-相对湿度特性曲线**　湿度传感器都有其自身的感湿特征量，如电阻、电容、击穿电压、沟道电阻等。湿度传感器的感湿特征量随环境相对湿度（或绝对湿度）的变化曲线，称为湿度传感器的感湿特征量-相对湿度特性曲线（简称感湿特性曲线）。图 6-62 所示为 TiO_2-V_2O_5 湿度传感器的感湿特性曲线。

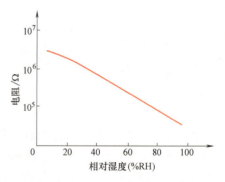

图 6-62　TiO_2-V_2O_5 湿度传感器的感湿特性曲线

湿度传感器的感湿特性曲线表示其感湿特征量随环境湿度的变化规律。从感湿特性曲线可以确定湿度传感器的最佳使用范围及其灵敏度。此外，通过感湿特性曲线还可以进一步探讨并改进湿度传感器的性能和工作机理。性能良好的湿度传感器的感湿特性曲线应当在整个相对湿度范围内变化连续，其斜率一致（即线性）而且大小适中。若感湿特性曲线斜率过小，曲线平坦，则灵敏度降低；若斜率过大，曲线太陡，将造成测量上的困难。

(3) **灵敏度**　湿度传感器的灵敏度反映了相对于环境湿度的变化其感湿特征量的变化程度。因此，灵敏度通常表示为器件感湿特性曲线的斜率。当湿度传感器的感湿特性曲线为线性时，灵敏度可用直线的斜率来表示。然而，多数湿度传感器的感湿特性曲线是非线性的，在不同的相对湿度范围内曲线具有不同的斜率。目前，较为普遍采用的方法是用湿度传感器在不同环境下的感湿特征量之比来表示其灵敏度。

(4) **湿度温度系数**　湿度传感器的湿度温度系数是表示其感湿特性曲线随环境温度而变化的特性参数。在不同的环境下，湿度传感器的感湿特性曲线是不同的。感湿特性曲线随环境温度的变化越大，由感湿特征量所表示的环境相对湿度与实际的环境相对湿度之间的误差就越大。因此，环境温度的不同直接影响湿度传感器的测湿误差。

湿度传感器的湿度温度系数定义为：在湿度传感器感湿特征量恒定的条件下，该感湿特征量值所表示的环境相对湿度随环境温度的变化率。湿度温度系数 a 的计算公式为

$$a = \frac{d(RH)}{dT} \tag{6-36}$$

单位为%RH(℃)$^{-1}$。由湿度温度系数 a，即可得知湿度传感器由于环境温度的变化所引起测量误差，如湿度传感器的 $a = 0.3\%RH$（℃）$^{-1}$，如果环境温度变化 20℃，就将引起 6%RH 的测湿误差。

在校准误差方面，通常会使用温度补偿的方法。在进行温度补偿时，会选择软硬件相结合的方式。硬件补偿会让阻值随温度变化而呈现出指数变化的湿敏电阻脱离指数状态而呈现一种线性的关系；软件补偿指的是对拟合方程进行温度参量的引进和数学模型的建立。采用温度补偿技术可使测量误差有所减小。

（5）响应时间　湿度传感器的响应时间，就其含义而言，应当是在规定的环境温度下，环境由起始相对湿度瞬时达到终止相对湿度时，感湿特征量由起始值改变到终止相对湿度的对应值所需要的时间。湿度传感器的感湿特征量是随环境相对湿度而变化的。当环境湿度发生变化时，湿度传感器将随之发生吸湿、脱湿以及动态平衡过程。完成这一过程需要一定的时间，且不同的湿度传感器完成这一过程所需要的时间是不同的。湿度传感器的响应时间是其完成此过程所需时间的特性参数。显然，响应时间越短越好。

实践证明，当环境相对湿度改变 $\Delta(RH)$ 时，如果湿度传感器的感湿特征量相应地改变 ΔK，那么在响应过程中某个时刻 t 的感湿特征量的改变量 ΔK_t 为

$$\Delta K_t = \Delta K(1 - e^{-t/\tau}) \tag{6-37}$$

式中，τ 为时间常数。

由式（6-37）可知，当 $t = \tau$ 时，有

$$\Delta K_t = \Delta K\left(1 - \frac{1}{e}\right) \approx 0.632\Delta K \tag{6-38}$$

因此把 τ 作为湿度传感器的响应时间的量度。在使用过程中，通常对响应时间 τ 规定如下：如果湿度传感器由某起始相对湿度环境瞬时置入某终止相对湿度环境，其感湿特征量的改变量应为 ΔK，当感湿特征量由起始值变化到改变量为 $0.632\Delta K$ 时，所经过的时间即定义为湿度传感器的响应时间。可见，湿度传感器的响应时间与环境的起始和终止相对湿度密切相关，因此在标记响应时间时应写明湿度变化区的起始与终止状态。

（6）湿滞特性　一般情况下，湿度传感器不仅在吸湿和脱湿两种情况下的响应时间有所不同（大多数湿敏器件的脱湿响应时间大于吸湿响应时间），而且其感湿特性曲线也不重合，这种特性称为湿滞特性。在吸湿和脱湿时，两种感湿特性曲线形成一条环形回线，称为湿滞回线。

湿度传感器的弊端体现在湿敏元件的线性度及抗污染性差，在检测环境湿度时，很容易被污染从而影响其测量精度和稳定性等。

3. 湿度传感器的应用

湿度传感器可以实时监测车内的空气湿度状况，如图 6-63、图 6-64 所示。在雨雪天

或室内外温差较大时,车内玻璃上容易凝结出一层雾,这会严重影响驾驶安全,湿度传感器的应用可以自动解决这一问题。当车内空气湿度高于75%时,车内空气中的水分将逐渐以细小的水珠的形式析出,并凝结在温差较大的车内壁上。此时,车内安装的湿度传感器便会检测到空气湿度超标,从而自动打开车载空调系统,并根据车内外的温度,合理地自动调节空调温度和排风量。另外,湿度传感器可以被安装在车外,用于检测车外进入发动机的空气湿度,从而根据空气湿度的不同自动调节发动机的空燃比。

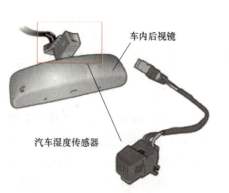

图 6-63　汽车湿度传感器的安装位置　　　　图 6-64　汽车湿度传感器的应用

6.6.3　雨量传感器

雨量传感器用于检测是否下雨或者下雨时雨量的大小。其分类有压电振子式、电容式、电阻式、红外线式等。

1. 压电振子式雨量传感器

(1) **压电振子式雨量传感器的结构**　如图 6-65 所示,压电振子式雨量传感器由振动板、压电元件、放大电路、外壳及阻尼橡胶等构成,其核心部分是压电元件。

振动板的作用是接收雨滴的冲击能量,按自身的固有振动频率进行弯曲振动,并将振动传递给粘贴在其内侧的压电元件,由压电元件将振动板传来的变形转换成电压信号。雨量传感器上的压电元件的结构如图 6-66 所示。放大电路由晶体管、IC 块、电阻以及电容等 30 多个部件构成,这些部件共同汇总成一个混合集成电路块。振动板要通过阻尼橡胶才能在外壳上保持弹性,阻尼橡胶除了可以屏蔽车身传给外壳的高频振动外,其支撑刚性还可以保证不影响振动板的振动工况。压电振子式雨量传感器安装在车身外部,安装在一个具有足够强度与密封性的不锈钢外壳内。

(2) **压电振子式雨量传感器的工作原理**　压电振子式雨量传感器,利用雨滴冲击引起压电振子形变而产生电信号,其工作原理如图 6-67 所示。它利用压电振子的压电效应进行工作,当雨滴冲击到传感器表面时,压电振子按雨滴的强度与频率发生振动,引起压电振子发生形变,从而使压电元件的端子上输出电压。雨小时振动较弱,雨大时振动较强,以此间接测量雨量的大小。雨量和输出电压的关系如图 6-68 所示,其大小一般为 0.5~300mV。

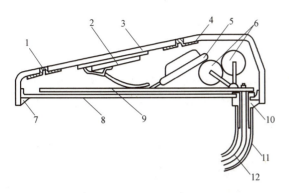
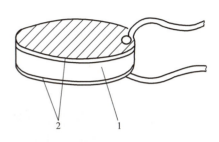

图 6-65 压电振子式雨量传感器的结构

1—阻尼橡胶 2—压电元件 3—不锈钢振动板
4—上盖（不锈钢） 5—混合集成电路块 6—电容器
7—密封条 8—下盖 9—电路板
10—密封套 11—套管 12—线束

图 6-66 压电元件的结构

1—陶瓷（钛酸钡） 2—电极（金属蒸发）

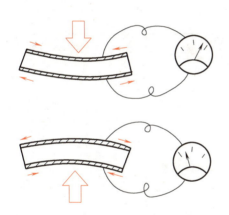
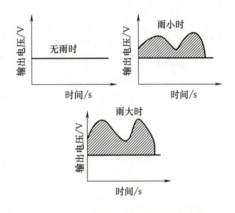

图 6-67 压电振子式雨量传感器的工作原理

图 6-68 雨量与输出电压的关系

2. 电容式雨量传感器

电容式雨量传感器安装在车体外部，风窗玻璃外侧。电容式雨量传感器通过雨量变化引起介电质发生变化，从而引起表面电容器的电容量发生变化，由此间接得到雨量的大小，其工作原理如图 6-69 所示。风窗玻璃外表面处空气充当介电质层，如果雨滴落在风

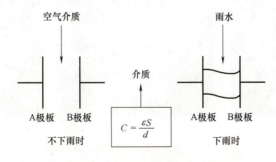

图 6-69 电容式雨量传感器的工作原理

窗玻璃上，表面电容器的电容量就会改变。无雨滴时，介质为空气，空气比水的介电常数小很多，因此可间接检测出是否下雨。

3. 红外线式雨量传感器

红外线式雨量传感器安装在车体内部，风窗玻璃内侧中部的位置。其检测雨量的原理是通过检测接收到的反射回来的红外线的多少来判别雨量的大小。雨量传感器内的 LED 向风窗玻璃发射红外线，发射的红外线透过玻璃入射到玻璃外表面，依据风窗玻璃外表面的状况（有雨、无雨）反射回来一定数量（相当于光的强弱）的红外线，反射回来的红外线被雨量传感器中的光电二极管吸收，并转换为相应大小的电信号，送入刮水器控制模块控制刮水器臂进行相应的动作（刮刷、静止）。无雨时，光电二极管接收到的红外反射光线最多；一旦风窗玻璃上有了雨滴，光电二极管接收到的红外反射光线就会相应减少。红外线式雨量传感器的工作原理如图 6-70 所示。

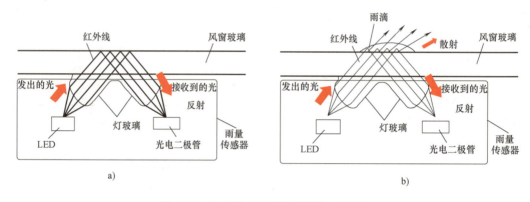

图 6-70 红外线式雨量传感器的工作原理
a）无雨滴 b）有雨滴

4. 雨量传感器的应用

雨量传感器在汽车上的应用主要有：①刮水器，实现刮水器的自动运动，并根据雨量大小对刮水器的运动速度进行自动调节，如图 6-71a 所示；②车灯，在雨天可以根据雨量大小自动调节灯光亮度，避免长时间开启远光灯对其他驾驶人或路人造成影响，如图 6-71b 所示；③天窗，在开始下雨时自动关闭天窗，如图 6-71c 所示。

图 6-71 雨量传感器在汽车上的应用
a）刮水器 b）车灯 c）天窗

这里简要介绍下汽车上应用雨量传感器的间歇式刮水系统,其构成如图6-72所示。该系统用雨量传感器代替了无级调速式间歇式刮水系统内用于设定刮水间歇时间的可变电阻器。工作时,雨量传感器将雨量的大小转换为与之相对应大小的电信号,经放大后送入间歇控制电路,给充电电路充电,使充电电路中电容两端的电压上升,当电压上升至与基准电压相等时,驱动电路使刮水电动机工作。雨量越大,感应电信号越强,充电速度越快,间歇工作频率越高,相反工作频率越低。根据雨量的大小,间歇式刮水系统可以实现无级调速。

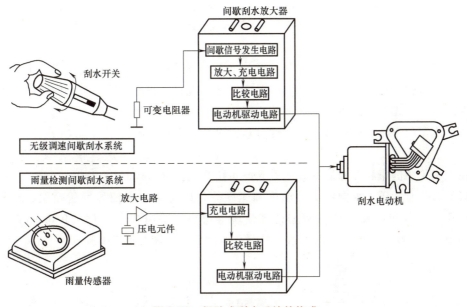

图6-72 间歇式刮水系统的构成

思考题与习题

1. 简述碰撞传感器的分类及相应特点。
2. 简述全球定位系统(GPS)的构成及其工作原理。
3. 简述CCD图像传感器与COMS图像传感器在结构和应用上的差别。
4. 简述激光雷达的分类及相应特点。
5. 毫米波汽车防撞雷达的技术要求有哪些?
6. 什么是正压电效应?什么是逆压电效应?
7. 超声波雷达有哪些技术指标?适用于什么场合?
8. 简述湿度传感器的特性参数。

第7章

新型传感器及其在汽车上的应用

7.1 汽车轮胎健康状况在线监测传感器

汽车安全行驶中,轮胎的健康状况至关重要。为了能够反映轮胎的健康状况,可以对汽车轮胎在行驶过程中的应力、压力、温度等进行监测,通过对这三个量的监测来判断轮胎的健康状况。光纤传感器目前已成功应用于汽车轮胎健康状况监测,同时,该传感器也被应用于汽车的车轮速度监测,可实现对车轮速度的实时检测。

1. 监测系统

在汽车轮胎健康状况监测系统中,光纤布拉格光栅(fiber bragg grating,FBG)传感器可测得的参数有胎压、纵向应力、温度和速度等。该系统由光信号发送模块、3dB 耦合器、FBG 传感器和信号解调与数据处理模块等组成,采用频分复用(frequency division multiplexing,FDM)技术实现各参数的检测。监测系统框图如图 7-1 所示。

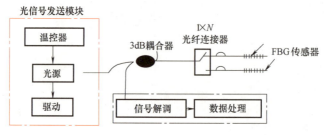

图 7-1 监测系统框图

2. 工作原理

光纤布拉格光栅传感器是一种应用光纤光栅对环境因素的感知原理而研制的传感器。FBG 是一种在纤芯内形成的空间相对周期性分布的光栅,其结构如图 7-2 所示。光栅周期是沿着光纤的长度方向刻写的,当光纤光栅所处的环境因素发生变化时,会引起光纤的伸长或者缩短,光栅周期将发生变化,其反射的中心波长也将随之发生变化,通过测量这种变化即可感知环境因素的变化。温度和纵向应力可通过这种方法被直接测量,而其他一些环境参量,如电磁场、压力等,也可以通过适当的转换装置,转换成应力来测量。

保偏光纤(polarization maintaining optical fiber,PMF)是一种特种光纤,通过增加光纤固有双折射性能来克服在传输过程中环境因素对光纤中偏振态的影响,其光栅的中心波长是由两个快慢轴上的固有折射率来决定的。均匀 FBG 具有严格均匀的周期性折射率,其中心波长为

$$\lambda_B = 2\Lambda n_{eff} \tag{7-1}$$

式中，λ_B 为中心波长；Λ 为光栅周期；n_{eff} 为有效折射率。

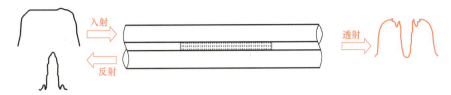

图 7-2　FBG 的结构

如果在保偏光纤的两个快慢轴上刻写两个 FBG，其中心波长分别为

$$\lambda_{Bx} = 2\Lambda n_x \tag{7-2}$$

$$\lambda_{By} = 2\Lambda n_y \tag{7-3}$$

那么，不同轴上的两个 FBG 的中心波长差为

$$\Delta\lambda = 2\Lambda\Delta n \tag{7-4}$$

其中，$\Delta n = n_x - n_y$。

虽然通过以上方法可以得到不同的中心波长，但其光栅波谱上有两个靠得很近的波峰，不利于环境因素的测量，于是通常采用在光纤的同一位置分别刻写两个波长值相隔很大的双光栅作为传感探头的方法，利用双光栅对温度和纵向应力的灵敏系数不同来测量温度和纵向应力。FBG 的中心波长 λ_B 对应变和温度的敏感性可表示为

$$\Delta\lambda_{B1} = K_{\varepsilon 1}\varepsilon + K_{T1}\Delta T \tag{7-5}$$

$$\Delta\lambda_{B2} = K_{\varepsilon 2}\varepsilon + K_{T2}\Delta T \tag{7-6}$$

式中，$K_{\varepsilon 1}$、$K_{\varepsilon 2}$ 和 K_{T1}、K_{T2} 分别为两个 FBG 的应变系数和温度系数，其值主要由光纤材料、布拉格光栅周期决定。

由于两个 FBG 的光栅周期相差较大，两个 FBG 的应变系数和温度系数也不相同，通过求解上述二元一次方程组，就可求得应变和温度变化量。

如果光栅所在处的温度和轴向应变发生变化，同一个光栅的两个波峰将会向长波或者短波方向移动，但两个波峰之间的间距（即波长差）不会发生变化。而在压力即横向应力的作用下，两个波峰之间的间距会增大或者减小，所以可以以此现象来测量轮胎所受压力的变化，如图 7-3 所示。

同样如果把 FBG 粘贴在轮胎上，在汽车行驶过程中，轮胎上的 FBG 会受到周期性的冲击压力的作用。在此压力作用下，同一个 FBG 的两个波峰会周期性地张开和复原，两个波峰每张开一次，相当于给出一个脉冲信号。用一个计时器记录两个脉冲之间的时间间隔 τ，并假定轮胎的周长（$2\pi R$）为定值，则车轮速度为

$$v = 2\pi R / \tau \tag{7-7}$$

用 FBG 传感器检测汽车车轮速度，成本低、能耗小、耐久性好、精确度高、信号稳定性好，而且光纤尺寸小、质量轻，对车轮的影响几乎可忽略不计，因此广泛应用于汽车车轮速度监测。

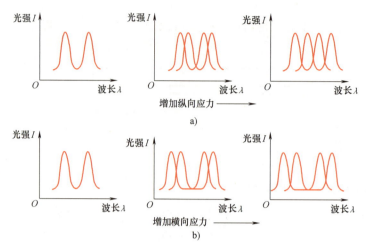

图 7-3　在纵向应力和横向应力作用下 FBG 传感器的响应

a）在纵向应力作用下波长的漂移　b）在横向应力作用下波长差的变化

7.2　车内空气质量监测传感器

7.2.1　概述

车内空气污染物包括甲醛、苯系物、氨等，主要来源于车内的塑料件、地毯、顶毡、座椅和其他装饰使用的胶水。这些污染物对皮肤、呼吸系统、血液、心血管都有损害，轻则引起头晕、胸闷、呼吸道炎症，还会对人的神经有麻痹作用，严重时甚至会致癌。中国室内装饰协会室内环境监测中心曾对 200 辆汽车进行监测，参照室内空气质量标准，测试中近 70% 的汽车都存在车内空气甲醛或苯含量超标问题，而且大部分汽车甲醛超标都在 5、6 倍以上，其中新车车内的空气质量最差。车内空气中含有很多挥发性的物质，包括烷烃（如二氯甲烷、十六烷等）、烯烃（如氯乙烯等）、芳烃、醛类（如甲醛、乙醛等）以及酮类，统称为挥发性有机化合物（volatile organic compounds，VOC）。随着汽车市场竞争的加剧，有些汽车厂商通过使用劣质的内饰材料降低生产成本，由此导致车内 VOC 的增加，所以对车内空气质量的监测尤为重要。车内空气质量监测系统的传感器的主要作用就是监测车内是否含有有毒气体以及有毒气体的浓度。

7.2.2　车内有毒气体监测传感器

1. 半导体气体传感器

半导体气体传感器是利用半导体与气体接触时电阻或功函数发生变化这一特性来检测气体，所以按照半导体变化的物理性质可分为电阻式和非电阻式两种。电阻式半导体气敏元件是根据半导体接触到气体时其阻值的改变来检测气体，而非电阻式半导体气敏元件是根据气体的吸附和反应使其某些特性发生变化，从而实现对气体进行直接或间接检测。

电阻式半导体气体传感器采用 SnO_2、ZnO 等金属氧化物材料制备，有多孔烧结件、厚膜、薄膜等形式。根据半导体与气体的相互作用是发生在表面还是体内，半导体气体传感器分为表面控制型与体控制型。表面控制型电阻式传感器包括 SnO_2 系传感器、ZnO 系传感器、其他金属氧化物（WO_3、V_2O_5、CdO、Cr_2O_3 等）材料传感器和采用有机半导体材料的传感器等。体控制型电阻式传感器包括 Fe_2O_3 系传感器、ABO_3（钙钛矿型氧化物）型传感器和燃烧控制用传感器，可检测甲烷、丙烷、H_2、CO 等还原性气体，O_2、NO_2 等氧化性气体，以及具有强吸附力的胺类和水蒸气等。

根据半导体的类型，半导体气体传感器分为 n 型和 p 型。n 型气体传感器对还原性气体有响应；而 p 型气体传感器对氧化性气体有响应。SnO_2、ZnO、TiO_2 等金属氧化物半导体气敏材料属于 n 型半导体，其表面在空气中吸附氧分子，并从半导体表面获得电子而形成氧的负离子吸附，使半导体中的电子密度减少，从而使表面电阻增加。当还原性气体（如 H_2、甲烷等）作为待测气体与传感器表面接触时，原来吸附的氧与还原性气体反应释放出电子，从而使传感器电子密度增加，电阻值下降。解析时，金属氧化物半导体又会自动恢复氧的负离子吸附，使电阻值恢复到初始状态。这就是金属氧化物半导体气体传感器检测还原性气体的基本原理，其结构如图 7-4 所示。

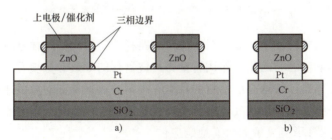

图 7-4 金属氧化物半导体气体传感器的结构
a）正视图 b）侧视图

半导体气体传感器具有灵敏度高、响应快、使用简单等特点，可用于可燃气体防爆报警器，CO、H_2S 等有毒气体的监测器。此外这种传感器成本低廉，适宜用于民用气体检测的需求。通过稳定性研究，一些传感器可用于气体浓度的定量监测。半导体气体传感器在防灾、环境保护、节能、工程管理、自动控制等方面有广泛的应用。

但半导体气体传感器稳定性较差，受环境影响较大。每一种传感器的选择性都不是唯一的，输出参数也不能确定。因此，不宜用于要求计量准确的场合。另外，半导体气体传感器还需要在高温下工作，加热温度一般为 200~400℃，因此每次使用前都需预热。

2. 质量敏感型气体传感器

广泛应用于有毒有害气体检测的气体传感器主要包括两种类型：石英晶体微天平（QCM）和表面声波器件（SAW）。由于这两种气体传感器的工作原理主要应用了质量敏感效应，所以可将它们归类于质量敏感型气体传感器。由于质量敏感型气体传感器结构紧凑、工艺性好、成本低、适宜于批量生产，因此已经被广泛地应用于有毒有害气体的检测。其结构分别如图 7-5 和图 7-6 所示。

QCM 和 SAW 质量敏感型气体传感器本身对气体不具有选择性，其对被测气体的选择

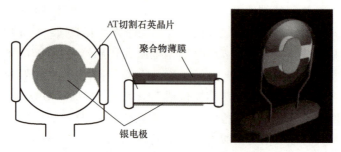

图 7-5　QCM 质量敏感型气体传感器的结构

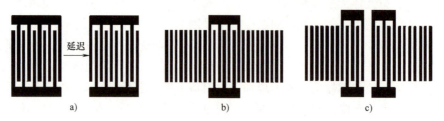

图 7-6　SAW 质量敏感型气体传感器的结构
a）延迟线型　b）单端口谐振　c）双端口谐振型

性依赖于表面涂层物质的性质。如果对声波传播路径涂覆不同的气体敏感材料，然后将敏感材料与被测气体参量之间的相互作用转换为声波器件的等效参数变化，这样便构成了不同的声波型气体传感器。敏感涂层材料的种类有很多，根据检测对象的不同需要选择具有特异吸附性能的敏感材料。对于气体敏感涂层材料的要求主要有以下几个方面：

1）对被测气体分子能灵敏而快速地响应。

2）选择性好，气体环境中其他气体分子在一定浓度比范围内对传感器输出无显著干扰。

3）性能稳定，无挥发性，不流失，热稳定性与化学稳定性能满足要求。

4）吸附具有可逆性，可利用适当的方法使所吸附的被测气体分子在短时间内解析，以保证传感器可多次重复使用。

5）重复性与再现性好，使用寿命长。

6）能够简便、均匀、稳定可靠地涂覆于表面。

7）除非用于湿度测量，否则敏感材料应无显著吸湿性。

目前常用的气体敏感涂层材料有有机聚合物、超分子化合物、无机物材料等。

微悬臂梁式气体传感器是另一种质量敏感型气体传感器，它通过测量吸附在涂覆于传感器探测区表面的敏感材料上的气体的质量变化而引起的结构谐振频率的变化来检测气体的多少，在车内气体检测中得到了广泛的应用。图 7-7 为压电激励的悬臂梁式质量敏感型气体传感器检测系统。气体连续地通过安装有微悬臂梁式气体传感器的等温流动通道，引起传感器结构的稳态谐振频率变化，从而得到气体浓度。由于被测气体的质量变化量很微小，传感器必须具有很高的灵敏度。常规基于等截面梁的传感器，其灵敏度与谐振频率相关，而谐振频率依赖于传感器的尺寸，尺寸越小，谐振频率越高，灵敏度越大。因此，传感器小型化和微型化是近年来提高传感器灵敏度的发展趋势。但由于工艺等方面的限制，单纯通过尺寸的缩小实现灵敏度的提高也受到了很大限制。由于传感器的灵敏度与结构的自振频率有关，而结构的频率取决于悬臂梁截面的抗弯刚度以及单位长度的质量分布，因此相关人员提出通过改变结构的刚度和质量分布，即改变悬臂梁的截面形式和改变悬臂梁截面沿轴线方向的变化来提高传感器的灵敏度，如图7-8、图7-9所示。

作为一种极具应用前景的快速、实时检测手段，质量敏感型气体传感器的发展将主要

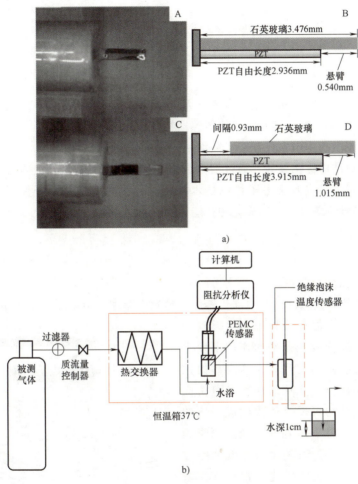

图 7-7　压电激励的悬臂梁式质量敏感型气体传感器检测系统

a）传感器结构　b）气体检测系统

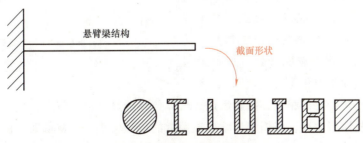

图 7-8　悬臂梁截面的几何结构

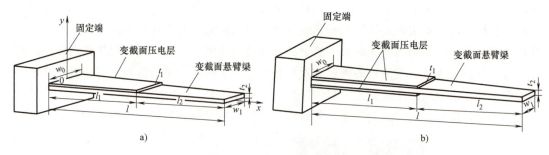

图 7-9 变截面悬臂梁式气体传感器的结构形式
a) 单压电片结构　b) 双压电片结构

集中在以下几个方面：

1) 结合有机聚合物、超分子化合物、无机物材料等敏感材料的优缺点，设计和发展高选择性、高灵敏度、高稳定性的气体传感器特异敏感涂层材料。

2) 纳米级厚度、均匀、稳定、牢固涂层工艺的研究。

3) 传感器的结构优化设计，通过结构优化设计以提高对选择性气体的灵敏度。

4) 微传感器的研究及微电子机械技术在传感器领域的应用，开发无源无线传感技术，以实现传感器的微型化、集成化和智能化。

7.2.3 车内有毒气体浓度监测传感器

1. 接触燃烧式气体传感器

接触燃烧式气体传感器是利用催化燃烧的热效应原理，由检测元件和补偿元件配对构成测量电桥，在一定温度条件下，可燃气体在检测元件载体表面及催化剂的作用下发生无焰燃烧，使得载体温度升高，其内部的铂丝电阻温度也相应升高，从而使平衡电桥失去平衡，输出一个与可燃气体浓度成正比的电信号，其结构如图 7-10 所示。通过测量铂丝电阻变化量的大小，可测得可燃气体的浓度。一般来说，可燃气体燃烧通常与气体浓度、温度有关，若不具备这些条件，就不会燃烧。但是，在氧化活性催化剂中低于着火点的温度、气体往往也能发生燃烧。基于强催化剂使气体在其表面燃烧时产生热量，使传感器温度上升，这种温度变化可使贵金属元件的电导随之发生变化。

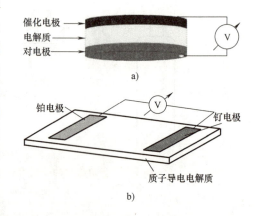

图 7-10 接触燃烧式气体传感器的结构
a) 圆柱形　b) 平面形

与半导体气体传感器相比，接触燃烧式气体传感器具有以下特点：气体传感器输出特性线性好；重复性精度高；对周围环境中温湿度的依赖较小；价格低廉。但接触燃烧式气体传感器主要用于可燃气体的检测，其选择性局限于区别可燃气体和不可燃气体。凡是可以燃烧的气体，都能够检测；凡是不能燃烧的气体，传感器都没有任何响应。但接触燃烧式气体传感器在可燃气体范围内无选择性，且由于在暗火条件下工作，有引燃爆炸的危险。另外，接触燃烧式传感器长时间暴露在酸性气体或含硫、铅等环境中，容易导致催化剂中毒，灵敏度下降，带来"有险不报"的危险。

2. 电化学式气体传感器

相当一部分可燃的、有毒有害气体都有电化学活性，可以被电化学氧化或者还原。电化学式气体传感器便是利用这些反应分辨气体成分、检测气体浓度。电化学式气体传感器通过与被测气体发生反应并产生与气体浓度成正比的电信号来工作。典型的电化学式气体传感器由传感电极（工作电极）和参考电极组成，并通过电解质隔开，如图7-11所示。气体通过透气孔进入传感器，通过过滤器和透气膜到达电极表面。这种方法允许适量气体与传感电极发生反应，以形成充分的电信号，同时防止电解质泄露。穿过透气膜扩散的气体与传感电极发生反

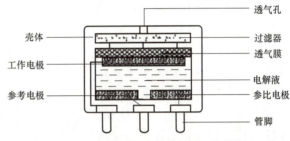

图7-11 电化学式气体传感器的结构

应，传感电极可以采用氧化机理或还原机理。这些反应由针对被测气体而设计的电极材料进行催化。通过电极间连接的电阻器，与被测气体浓度成正比的电流会在正极与负极间流动，测量该电流即可得到气体的浓度。由于该过程中会产生电流，因此电化学式气体传感器又常被称为电流式气体传感器或微型燃料电池。

电化学式气体传感器对工作电源的要求很低。实际上，在气体监测可用的所有传感器类型中，电化学式气体传感器的功耗最低。因此，这种传感器广泛用于包含多个传感器的移动仪器中。它们是在有限空间应用场合中使用最多的传感器。电化学式气体传感器通常对其目标气体具有较高的选择性。选择性的程度取决于传感器类型、目标气体以及传感器要检测的气体浓度。最好的电化学式气体传感器是检测氧气的传感器，它具有良好的选择性、可靠性和较长的预期寿命。其他电化学式气体传感器容易受到其他气体的干扰。干扰数据可利用相对较低的气体浓度计算得出。在实际应用中，干扰浓度可能很高，会导致读数错误或误报警。电化学式气体传感器内的电池电解质是一种水溶剂，用透气膜予以隔离，透气膜具有防止水溶剂泄漏的作用。然而，和其他气体分子一样，水蒸气可以穿过透气膜，因此在高湿度条件下，长时间暴露可能导致过量水分蓄积并导致泄漏；而在低湿度条件下，传感器可能由于失去水分而干结。电化学式气体传感器对温度也非常敏感，因此通常采取内部温度进行补偿。

3. 红外吸收型气体传感器

大部分气体在中红外区都有特征吸收峰，检测特征吸收峰位置的吸收情况，就可以确定气体浓度。如果光源光谱覆盖一个或多个气体的吸收线，则光通过被测气体时就会发生衰减，输出光强I、输入光强I_0和气体浓度C之间的关系满足朗伯-比尔（Lambert-Beer）吸收定律，即

$$I = I_0 \exp(-\alpha_m LC + \beta + \gamma L + \delta) \tag{7-8}$$

式中，α_m 为摩尔分子吸收系数；C 为气体浓度；L 为光和气体的作用长度；β 为瑞利散射系数；γ 为米氏散射系数；δ 为气体密度波动造成的吸收系数。通过光强的变化可测出气体浓度，而通过确定特征吸收峰的位置可以进一步确定气体的种类，达到气体探测的目的，其检测系统如图 7-12 所示。

红外吸收型气体传感器可以有效地分辨气体的种类，准确测定气体浓度。与其他气体传感技术相比，这种传感技术具有测量灵敏度高、气体鉴别能力强、响应速度快、耐高温及潮湿能力强、气体传感探头（气体吸收盒）简单可靠以及易于形成网络等优点。但受光源强度的波动、光纤折射率的变化、连接器的损耗和外界干扰等因素的影响较大。红外吸收型气体传感器

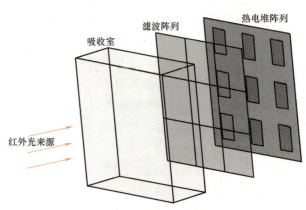

图 7-12　红外吸收型气体传感器检测系统

过去都是大型的分析仪器，但是近些年，随着以 MEMS 技术为基础的传感器工业的发展，这种传感器的体积已经由 10L、45kg 的"巨无霸"，减小到 2mL（拇指大小）左右。由于可使用无须调制光源的红外探测器，使得仪器完全没有机械运动部件，完全实现了免维护。红外吸收型气体传感器可成功地应用于 CO_2、甲烷的检测。目前红外吸收型气体传感器的供应商几乎都在欧洲，如德国的 Sensors。

红外吸收型气体传感器是一项综合交叉的新兴探测技术。光源的发展、新型特殊光纤的研制技术和探测方法的改进，都将极大地推动红外吸收型气体传感器的发展。红外吸收型气体传感器的发展趋势主要有四个方面：小型化、远距离实时监控、多点或网络化、多气体成分探测。

7.3　驾驶人状态监测传感器

疲劳驾驶是造成道路交通安全事故的人为因素之一，为了减轻驾驶人由于过度疲劳导致的安全事故伤害，对驾驶人疲劳状态的监测具有重要的现实意义。疲劳驾驶是指驾驶人在驾驶的过程中出现疲倦状态，导致不能正常驾驶。驾驶人产生疲劳之后，思维能力下降，反应迟钝，注意力分散，视力下降，容易引发交通事故，极大程度上威胁了驾驶人及行人的生命安全。

7.3.1　驾驶人状态监测的基本原理

驾驶人状态监测系统最早应用于飞机等高级辅助驾驶或自动驾驶程度比较高的领域，初期的驾驶人状态监测系统是一种基于人体疲劳时生理反应特征信号的监测系统。从驾驶人自身特征出发，使用某种设备获取驾驶人的生理反应特征信号或者利用驾驶人的正常驾

驶状态与疲劳驾驶状态的特征模式的不同,通过视觉传感器采集驾驶人面部各种器官特征,利用相应的模式识别技术来判别驾驶人是否处于疲劳状态。根据使用信号属性的不同,驾驶人状态监测系统可分为直接监测和间接监测两种。其中,通过获取驾驶人的驾驶行为信号以及车辆的状态参数,采用统计分析、机器学习等方法分析驾驶人状态的监测系统称为间接监测系统;而通过传感器获取驾驶人面部运动、眼部运动、心电、脑电等直接表征驾驶人疲劳状态的特征信号,用以判断驾驶人状态的监测系统称为直接监测系统。与采集心电和脑电信号相比,采集驾驶人面部运动和眼部运动信号比较简单方便且精度较高,所以基于驾驶人面部运动信号和眼部运动信号的直接监测系统应用比较广泛。

目前的驾驶人状态的监测系统主要有以下几种:

1. 梅赛德斯-奔驰公司的 Attention Assist 和大众公司的疲劳驾驶识别系统(MKE)

Attention Assist 是德系汽车驾驶人状态监测系统的代表,采用的是间接监测系统,其工作原理如图 7-13 所示,它依据驾驶人的驾驶行为和车辆状态参数,如车速、发动机转速、横摆角速度、侧向加速度、转向盘转角速度和角加速度等信号及各信号的后处理参数,综合考虑以上因素进行分析、计算得到驾驶人状态的监测结果。Attention Assist 除覆盖正常行驶工况外,还考虑外部干扰对疲劳监测的影响,如侧风、路面凸起和斜坡等多种工况,使其适用范围更广、精度更高。Attention Assist 有效车速区间为 80~180km/h,在监测到驾驶人疲劳时会主动报警并在仪表盘上显示提示信息。Attention Assist 已于 2011 年应用于梅赛德斯-奔驰 B 级车上。大众公司的疲劳驾驶识别系统(MKE)与梅赛德斯-奔驰公司的 Attention Assist 类似,根据驾驶人的驾驶行为,如转向盘运动、车速、行驶时间等估计驾驶人的疲劳程度。如果驾驶人处于疲劳状态,则发出蜂鸣声提醒驾驶人并在仪表盘上显示提示信息,显示时长为 5s;如果驾驶人未采取任何措施,提醒信息会重复出现。MKE 的工作车速大于 65 km/h,除被动触发外,还能在连续行驶时间超过 4h 的情况下主动触发,提醒驾驶人驾驶时间过长需要停车休息;如果驾驶人未停车休息而继续行驶,MKE 会在 15min 后再次提醒。如果用户不想激活 MKE,可以在设置中选择关闭。MKE 现已应用于迈腾、凌渡等车型。

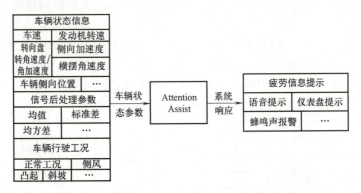

图 7-13 Attention Assist 的工作原理

2. 福特公司的 Driver Alert System

与德系汽车基于驾驶人的驾驶行为和车辆的状态参数来监测驾驶人状态不同,福特公司不仅采用了间接监测系统,还采用了直接监测系统,从车辆的状态参数、周围环境、驾驶人的驾驶行为和生理反应特征信号四个维度出发，依靠大而全的数据源使得监测算法的准确性得到了较大提高。但是，大量数据运算时需要占用较大内存，一般很难集成到某一电子控制系统的控制器里，而需要额外增加一个控制器，用于 Driver Alert System 的数据运算。Driver Alert System 在后视镜的后方安装了一个前置摄像头，以获取车辆运动轨迹信息。现在福克斯、S-MAX 和 Galaxy 系列车型都配备了 Driver Alert System，在监测到驾驶人疲劳时提供报警功能。Driver Alert System 的工作原理如图 7-14 所示。

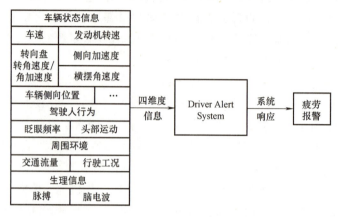

图 7-14 Driver Alert System 的工作原理

3. 丰田公司的 Driver Monitor 和日产公司的驾驶人疲劳预警系统（DAS）

丰田公司在 Lexus 和商用车上配备的 Driver Monitor 由电装株式会社提供，采用的是直接监测系统，利用摄像头获取驾驶人面部运动信号和眼睛运动信号，结合红外传感器获得的驾驶人头部位置和运动信息来识别驾驶人状态。当发现驾驶人处于疲劳状态时，车辆会发出警报提醒驾驶人，Driver Monitor 的工作原理如图 7-15 所示。Driver Monitor 识别驾驶人疲劳状态的精度相当高，但是需要车辆额外安装一个摄像头和红外传感器，硬件成本较高。随着车辆高级驾驶辅助系统（ADAS）和生物识别技术的普及，Driver Monitor 应用范围将越来越广。与丰田公司不同，日产公司采用间接监测系统来监测驾驶人状态。其原理是当驾驶人处于疲劳状态时，转向操纵行为与正常驾驶情况下的转向操纵行为存在较大差异，如疲劳时驾驶人转向操作可能逐渐变缓甚至停下，因此可以根据驾驶人的转向行为信号监测驾驶人状态。日产公司利用电动助力转向（EPS）系统的转向盘转角与角加速度、转向盘力矩信号，结合车辆的状态参数和车内环境信息，如车速、侧向加速度、横摆角速度、车内温度、刮水器、空调控制等信号，判断驾驶人是否疲劳。日产公司的驾驶人疲劳预警系统（DAS）现在已经应用在日产 Murano 和 Maxima 轿跑上。

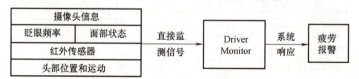

图 7-15 Driver Monitor 的工作原理

4. 沃尔沃公司的驾驶人安全警告系统（DAC）

沃尔沃公司的 DAC（driver alert control）除了监测驾驶人疲劳状态外，还能监测驾驶人注意力是否分散，其采用的是间接监测系统和直接监测系统相结合的方式。DAC 硬件包括摄像头、各种车辆状态传感器、车辆轨迹传感器和控制器。控制器综合分析驾驶人头部位置和角度、眼睛运动、车辆与车道的相对位置、转向盘操纵状态等数据判断当前的驾驶状态,并与内置于控制器中记录器里的驾驶人的正常驾驶状态对比,判断驾驶人是否处于疲劳或注意力分散状态;如果是,则发出声音信号提醒驾驶人,并在仪表盘上显示提示信息。DAC 还可以与其他驾驶辅助系统,如车道保持、自适应巡航、碰撞预警等集成,除警报提醒外还能主动对车辆运动进行有效干预。当车速高于 65km/h 时,DAC 激活;当车速低于 60km/h 时,DAC 休眠。DAC 的工作原理如图 7-16 所示。

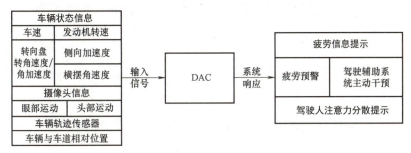

图 7-16　DAC 的工作原理

7.3.2　驾驶人状态监测传感器类型及原理

1. 脑电类传感器

脑电波(electroencephalogram,EEG)是一种使用电生理指标记录大脑活动的方法,是大脑在活动时大量神经元同步发生突触后电位经总和后形成的,它记录着脑神经细胞的电生理活动和电波变化。脑电波对于癫痫、脑中风的诊断有辅助功能,是医疗和健康管理研究领域的重要临床指标。

根据频率变动范围,脑电波可划分为 δ 波(1~3Hz)、θ 波(4~7Hz)、α 波(8~13Hz)、β 波(14~30Hz)4 个波段。除此之外,在人体觉醒并专注于某一事时,常可见一种频率较 β 波更高的 γ 波,其频率为 30~80Hz。α 波度量放松状态,可减少焦虑和压力,与运动表现、创造力也有一定关系。β 波多能体现人体清醒、警觉的状态,可以反映积极行动、思考分析等。当 β 波过高时,人体会出现压力大、紧张、焦虑等不良情绪。θ 波通常会在人体浅度睡眠或感到困倦时出现。δ 波则在成年人体深度睡眠时会出现。根据产品设计和精确度的不同,便携式脑电仪有不同数目的传感器、电极,可用蓝牙、Wi-Fi 传输。如图 7-17 所示的头戴式脑电仪传感器可获取脑电波中的 δ、θ、high-α、low-α、high-β、low-β、γ(middle-γ、low-γ)波。此外还能解析出衡量专注度的 attention 指标和衡量人脑冥想的 meditation 指标。

图 7-17　头戴式脑电仪传感器

通过对脑电信号(脑电节律、事件相关电位)的分析,可以掌握人体的疲劳程度。

脑电波在人的头部转动、喝水等动作出现时脑电信号变化会比较剧烈。故在使用脑电图监测疲劳时，可以通过区分波段反映人体的疲劳情况。而波段的提取及分类情况对于识别效果会有很大的影响，目前的研究均集中在对波段数据的特征提取及分类上，包括使用小波分析提取脑电波数据特征，对脑电波进行分类，或利用驾驶疲劳时脑电图谱分量的可再现性和重复性来监测疲劳状态。图 7-18 所示为驾驶人在不同状态下的脑电图。

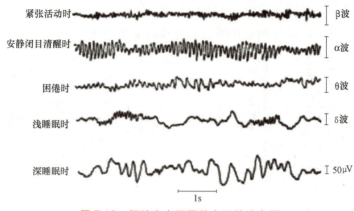

图 7-18　驾驶人在不同状态下的脑电图

2. 心电类传感器

心脏相当于人体内的电源，其活动受到交感神经与副交感神经平衡调节功能的影响。在每个心动周期内，心脏的起搏点、心房、心室陆续开始兴奋，心肌细胞动作电位会产生相应变化，这些生物电变化能够通过体液传导并反映至身体表面的特定区域，该动作电位被称作心电信号（ECG）。心肌细胞的电冲动使得心电生理运动拥有兴奋性、传导性、自律性等特征，能让人体不同部位表面皮肤出现电位差异，通过安装在皮肤表面的电极片记录心电信号的变化，心电图就是这样产生的。

心电图由一连串连续出现的波、段和间期构成，记录了心脏兴奋的产生、传播、恢复整个过程的微小变化，能够提取心电变异性指标。一个时域内的典型心电运动周期主要包括 P 波、QRS 波群、T 波和 U 波等。心电信号主要集中在几十毫伏的低频区间，是一种很微弱的生物电信号，容易受到强噪声（工频电、肌电）干扰，从而出现失真现象。心率（HR）和心率变异性（HRV）参数是研究驾驶疲劳的常用指标，这两类参数可以从原始的心电信号获得。其中心率是指某个时间段内的心跳次数，具有容易获取、抗干扰能力强和可靠性高的特点。心率变异性是指时域或频域分析中心脏跳动周期的细微变化，说明心率变化呈现出一定的不规则性，具有丰富的含义，其计算相对复杂。

通过对心电信号（包括 HR、HRV）的分析，也可以掌握人体的疲劳程度。驾驶人的心率变化与其驾驶状态有很大关系。强行超车、加减速、无视信号、慢行等驾驶行为都会增加心脏和血管等循环器官的负担，一定程度上加速心跳。采集心电信号的设备比较多，比较常见的有如图 7-19 所示的智能手环设备，该设备对驾驶人无干扰、无侵入性，可有效采集心电信号数据。

3. 肌电类传感器

在人体这个复杂系统中，感受器在受到外界刺激后，大脑皮层的中枢神经会发出肌肉

第7章 新型传感器及其在汽车上的应用

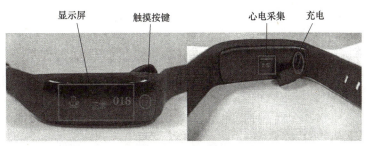

图7-19 智能手环设备

收缩或舒张指令,此时运动神经元的细胞体产生刺激,通过运动神经元轴突传播到肌肉纤维上,肌肉纤维是运动神经元的效应器,其拥有兴奋、收缩和舒张的特征。每个运动神经元能够联系多条肌肉纤维,当遇到神经冲动刺激时产生肌肉纤维的动作电位,使得肌肉纤维收缩从而产生肌肉力,该动作电位就是肌电信号(EMG),将这个部分称为运动神经单元。肌电信号在人体软组织内传播产生电流场,在肌电电极间表现出电位差,肌电测试仪通过记录电位差的变化,并通过转换器转换处理后得到的波形图就是肌电图。

肌电信号的测量方法包括插入式针电极测量和皮肤表面电极测量。由于针电极的测量方式会对肌肉造成一定程度的损伤,因此,这种类型的测试通常用于实验室中的动物试验。而皮肤表面电极测量具有使用方便、安全无损伤的特点,已经成为主要的测试手段。通过皮肤表面电极测量方法的驾驶人皮肤表面的肌电生理信号称为表面肌电信号(sEMG),它能够在一定程度上反映肌肉活动情况以及功能状态。因此,可以通过测量 sEMG 来研究驾驶疲劳。sEMG 的测量是通过电极引导和放大,从皮肤表面直接测量生物电信号。虽然个体差异性、肌肉部位的选择、肌电电极位置、信号采集设备的选择会对 sEMG 参数产生影响,但是研究发现 sEMG 随着人体疲劳程度的加剧表现出一定的规律性。常用的研究 sEMG 特征参数的方法主要有时域分析法和频域分析法。

肌电图中肌电信号的中值频率、平均功率频率以及积分肌电值等分析可以反映人体的疲劳程度,且肌电图的频率随着疲劳的产生和程度的加剧呈现下降趋势,而肌电图的幅值增大则表明疲劳程度加剧。sEMG 的采集质量会直接影响驾驶人紧急制动意图识别的结果,故选择合适的采集设备是实验研究的核心基础。图 7-20 所示为杭州交浦科技有限公司生产的 ELONXI EMG 100-Ch-Y-RA 肌电仪系统。

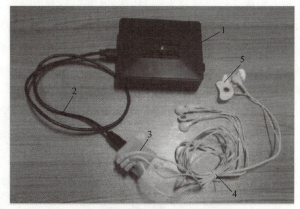

图7-20 ELONXI EMG 100-Ch-Y-RA 肌电仪系统
1—肌电仪主设备 2—转换器连接线 3—通用电极接口转换器
4—通用电极连接线 5—湿电极片

4. 视觉传感器

视觉疲劳状态监测广泛采用一段时间内眼睛闭合所占据的时间百分比作为判断疲劳的指标。卡内基梅隆研究所通过反复试验和论证,指出单位时间内眼睛闭合程度(瞳孔被眼睑覆盖的面积比例）超过80%的时间占单位时间的百分比超过15%时与疲劳驾驶状态相关性最好。更进一步的方法是利用人的视网膜对不同波长红外光的反射量不同的生理特点，在相同照度的情况下，利用两个摄像头同时采集人脸图像，分析差分后瞳孔图像的大小和位置，可实现对驾驶人疲劳状况的全天候监测。

驾驶人在正常驾驶、说话及打哈欠（瞌睡）等状态下嘴部张开程度有所不同。当然，对于打哈欠这一种较为常见的驾驶人状态，需要规避一些误识别，如识别到一定时间内哈欠的次数超过一定阈值才算作是真正的疲劳状态，且每一次哈欠所影响的疲劳探测的权重会随着该时间窗口中的哈欠次数的增加而增加。驾驶人眼部、嘴部状态监测视觉成像图如图7-21所示。

图7-21 驾驶人眼部、嘴部状态监测视觉成像图

头部位置探测是利用驾驶人头部位置传感器来实现的，所谓的传感器其实是一个设计安装在相邻于驾驶人座位的电容电极传感器阵列，每个传感器都能输出驾驶人头部距离传感器的位置，可以计算出头部在 X、Y、Z 三维空间中的位置。假设以头部朝向近似为视线方向为前提来研究驾驶人头部朝向角度与注意力分散之间的关系。根据人脸形状和面部器官的分布，利用机器视觉监测技术和椭圆拟合方法获得驾驶人的面部三维朝向信息，由面部朝向可间接反映驾驶人的视线方向。通常驾驶人清醒、注意力集中时，其眼睛会注视前方，而当其视线出现一定程度的偏移时，则表现出一定的疲劳或注意力分散状态。因此，对于眼睛视线方向的监测显得尤为重要。图7-22所示为驾驶人头部位置、视线方向监测视觉成像图。

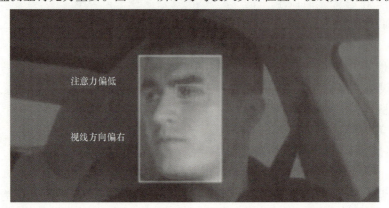

图7-22 驾驶人头部位置、视线方向监测视觉成像图

7.4 汽车传感器在车联网中的应用

7.4.1 车联网的定义

车联网的概念最初源于物联网，是指以现实生活中的行人、汽车、道路和城市为载体，按照一定的通信协议和数据传输标准，实现汽车对内对外的数据传输、信息交互，进而实现交通管理智能化、动态化、信息化的一体化网络。车联网技术是指装载在车辆上的电子标签通过无线射频等识别技术，实现在信息网络平台上对所有车辆的属性信息和静、动态信息进行提取和有效利用，并根据不同的功能需求对所有车辆的运行状态进行有效的监管和提供综合服务。车联网可以实现车与车之间、车与建筑物之间以及车与基础设施之间的信息交换，它甚至可以帮助实现汽车和行人、汽车和非机动车之间的"交流"。就像互联网把每个单台的计算机连接起来，车联网能够把独立的汽车连接在一起。

现代车联网的新定义是以车内网、车际网和车载移动互联网为基础，按照约定的通信协议和数据交互标准，在车与车、路、行人及互联网等之间，进行无线通信和信息交换的大系统网络，是能实现智能交通管理、智能动态信息服务和车辆智能化控制的一体化网络。

车联网具有以下特点：

1）车联网当中的网络节点以车辆为主，这就决定了车联网的高动态特性。车联网中的车辆节点移动速度更快、拓扑变化更频繁、路径的寿命更短。

2）车联网中车辆节点间的通信受到的干扰因素更多，包括路边的建筑物、天气状况、道路交通状况、车辆的相对行驶速度等。

3）车联网中受到车辆运动情况、道路分布状况等因素的影响，网络的连通性不稳定，这在一定程度上限制了车联网的推广使用。

4）车辆中有较大的承载空间，可以装备较高性能的车载计算机以及一些必要的外部辅助设备，如 GPS、GIS 等。

5）车联网对网络的安全性、可靠性以及稳定性要求更高。车联网的应用过程中，不允许出现一些不安全、不可靠的事件，否则可能会造成巨大的生命财产损失。

6）车联网的网络结构采用拓扑结构，可以对外界刺激做出快速的响应，同时，其特殊的结构也会使接入方式因环境而发生改变。

车联网的体系结构大体上可以分为感知层、网络层和应用层三个部分，其相互关系如下：

1）感知层主要负责感知和采集车辆自身与交通信号信息，通过相应技术手段，如无线传感器技术、导航定位技术等实现随时随地的掌握车辆运行情况、交通情况、道路情况、天气变化情况，以及人与车、车与车之间的复杂变换等的信息。感知层技术的实现，为应用层提供了详细的、全面的信息源。

2）网络层负责整理感知层收集到的信息，做好为应用层传输信息的准备。网络层技术的实现，可以方便用户实现远距离通信和远距离控制。网络层由承载网络和接入网络两部分组成。其中，承载网络主要由电信网、互联网、广电网和交通信息专用网络等组成；接入网络包括无线移动通信网络，如 2G/3G/4G 网络，现在可以实现 5G 网络通信，或者 WLAN、卫星通信等。

3）应用层主要负责提供不同类型的服务，以实现人、车、环境协同服务需求。通过把收集到的信息整合到应用层，可以实现人工智能交通管理、车辆的安全控制、交通信息的发布等功能，为个人、企业、公司提供了更多的快捷服务。

车联网的优势在于通过车联网可以提供更加安全的驾车行驶方式。车联网可以根据网络提供的交通、车辆、路况等信息，提前对道路上的其他车辆进行分析计算，选择最佳、最安全稳定的行驶路线和行驶速度，降低了事故发生的可能，提高了安全系数。同时也依靠网络提高了道路的通行能力和使用效率。在经济方面，通过车联网对汽车的控制，结合当前路况，计算出合适的档位和车速，以降低能耗、节约燃油，进一步减少尾气排放，有利于保护环境。

7.4.2 车联网的发展趋势

车联网是车辆与信息化相结合的高新技术。车联网通过集成多种通信技术将车辆内部各部件、车辆内部与外部世界之间连接成网络，形成融合车内网、车际网、车载移动互联网的一体化网络。目前，业界通常将远程信息服务（telematics）当成车联网。Telematics 最早是指由远程通信（telecommunications）和计算机（computers）技术构成的信息技术（information technology），用来描述基于计算机的信息远程传输和处理技术。Telematics 被广泛应用于各种传统领域的信息化，其定义常泛化为功能性或结构性的一般描述，如"现场实时或远程离线采集、汇总和存储相关数据的能力"。Telematics 是以信息化改造工业化的典型技术，反映了在信息技术领域远程通信和计算机的复合发展对经济和文化的冲击。根据服务对象和终端设备的多样性，Telematics 被广泛应用到金融保险、交通运输、教育公益、商业服务、汽车工业等领域。20 世纪末，随着无线通信、计算机、互联网、卫星定位和导航技术的迅速发展，Telematics 在汽车和交通领域的应用成为主流，出现了汽车-Telematics、运输-Telematics 和交通-Telematics，Telematics 已开始融入智能交通系统（intelligent transport systems，ITS）的发展，如图 7-23 所示。

车联网是借助网络系统将所有车辆有效连接在一起，从而实现信息检测、共享、传输。结合 ZigBee 技术、TD-LTE 技术和 Android 技术，由 Java 程序语言开发的功能完善的车联网应用软件，可快速实现路线规划、车辆报警等功能。除了上述已经提到的应用，车联网还有电子路牌、改善交通出行效率、提供车辆周边娱乐餐饮信息等应用趋势，极大程度地丰富了大众出行的便利性、合理性。如电子路牌是车联网结合城市地图、GPS 等信息，将各个交通枢纽的信息反馈给驾驶人，从而为驾驶人提供参考信息进行决策处理。车辆诊断功能方面，未来将借助传感器进行车辆即时动态的收集和处理，如车轮、档位、发动机等，根据评估结果可为驾驶人提供参考信息，如发动机是否需要维护保养等。再者借助红绿灯警告，可对道路指挥红绿灯等进行预估判断，为驾驶系统提供决策参考资料，以便相关人员结合红绿灯频率、运行状况等进行车速的调整，提高驾驶安全性。

除了车联网技术的发展外，通信技术作为车联网技术的核心，其类别需要满足不同对

第7章 新型传感器及其在汽车上的应用

图7-23 Telematics在智能交通系统的应用

象下的车联网通信。根据通信对象的不同,可以将通信划分为以下类别:车辆内部通信、车辆之间通信、人车通信、车路通信。

1)车辆内部通信。车辆内部通信是指汽车内部车载单元之间的信息交流和共享。车载终端设备与车内的传感器单元形成车辆自身的通信网络,主要用于车辆数据采集、监控车辆运行安全。车辆内部环境相对静止,可以采用车内短距离有线或无线通信方式,如CAN、蓝牙等,具有可靠性高、稳定性强、实时性高等优点。

2)车辆之间通信。车辆之间通信是指通过车载终端进行的车与车之间、双向的数据通信。车辆之间采用的通信技术包括微波通信、红外通信和专用的短程通信等,突出体现了安全性高、实时性要求准确的优势。车载终端可以采集周边车辆的各种信息,包括周边车辆的速度、方向、位置、车辆发出的信号等,而且通过车与车之间的通信,可以搭建一个交流平台,供参与者共享位置、方位、视频、短信等信息。

3)人车通信。人车通信是指人使用移动设备,如手机、计算机或其他智能设备与车载终端之间进行的通信。人车之间采用的通信技术包括蓝牙、RFID等,主要应用在车辆管理,智能钥匙和车辆信息服务上。

4)车路通信。车路通信是指车内终端设备和道路基础设备之间的信息交流,通过道路周边信息的采集,可以获得车辆周边信息,实现车辆和基础设施之间的智能交通。车辆和路边设施距离短,移动速度快,鉴于此特点,应采用微波或红外通信技术,实现车辆运行的监控。

针对已知的车联网发展信息,未来车联网的发展趋势,主要体现在以下几个方面:

1)以生态为中心的驾驶。随着地球石油储备的减少,油价将显著上升;同时车辆增多,尾气排放严重将引起环境污染,导致全球气候变暖。未来的驾驶将以生态为中心,减少化石燃料消耗和碳排放,促进可持续发展,并呈现出以下六大趋势:一是生态信号运行;二是生态车道控制;三是动态低排放区管理;四是支持可替代燃料汽车运行;五是生态出行信息服务；六是生态集成通道管理。

2）活动安全协议。活动安全协议主要包括安全驾驶、安全走廊服务和协同驾驶。

3）智能交通。未来，车辆本身就是一个通信集线器，它允许货物和数码设备连接互联网，提供车队管理和货运信息服务，如跟踪和定位货物、监视货物状态等。这些服务将嵌入整个货物供应链和物流链。

4）集成式移动服务。一些传统的互联网服务，比如可定制的社交网络等将迅速出现在汽车上。

5）智能协同交通。车辆的传感器收集信息，通过某种方式将数据发往云中心，云中心将数据隔离起来（网络安全），然后将数据分发到不同的部门处理，利用这些数据进行交通控制。

6）敏捷的导航系统。安装卫星导航系统的汽车将接近100%，系统根据每辆车提供的流量数据而不是传统的基础设施采集数据。依靠高度灵敏的导航系统，甚至可以将路边的路标撤去。部分导航系统将与主流的交通管理控制系统一体化，使车辆能快速获取系统的指示和建议。而导航系统计算路径时，将会根据驾驶人的喜好进行计算。

车联网将会是未来互联网的一部分，未来的车辆将能够同周围的其他车辆或环境共享信息和服务，如驾驶信息、生态驾驶信息、交通状况信息，以及周围的车辆和环境信息等。车联网所带动的新兴服务将是未来互联网服务不可分割的组成部分。来自环保、安全、经济、福利等方面的社会需求，必将导致利益相关者大力推动这些新兴服务的发展。车联网服务与未来的互联网服务是互动的，而未来互联网的概念会是车联网概念的基石。

由于我国的机动车保有量大，汽车数量众多而且增长迅速。随之而来的环境污染、交通堵塞、车辆事故等问题都不可忽视，车联网技术的发展将为预防和解决这些问题提供有力并有效的途径，其发展前景广阔。

7.4.3 车联网的关键技术

从车联网的定义、发展现状和趋势中可以看出，车联网的关键技术包括由三个应用关键技术和四个基础共性关键技术所形成的"三纵四横"关键技术体系。

从车联网的主要应用领域来看，车联网的应用关键技术主要包括三个方面：

1）车联网在汽车工业中应用的关键技术。通过信息化技术促进汽车工业的跨越式发展。主要研究内容包括车内网、车际网、车载移动互联网开发技术，基于车联网的北斗系统大规模应用技术，以及基于车联网的汽车服务技术，形成国家新能源战略新支点。

2）车联网在交通领域中应用的关键技术。通过信息化技术促进现代交通的跨越式发展。主要研究内容包括智能路侧单元、车路网开发技术，以及基于车联网的交通和公共安全服务技术，加速物联网产业战略转型。

3）车联网在金融保险领域中应用的关键技术。通过信息化技术促进金融保险业的发展，控制行业风险。主要研究内容包括移动支付、车贷管理、保险理赔识别技术，建立基于车联网的金融保险业务体系。

车联网的基础共性关键技术主要包括四个方面：

1）建立完整的车联网体系架构。研究重点包括：规划适合我国国情的车联网体系架构,制定车内网、车际网/车路网、车载移动互联网的硬件接口标准体系,制定车联网数据交互标准,明确车联网与相关专业领域的衔接关系。车内网是指基于成熟的总线技术建立的标准化整车网络,实现车内各电器、电子单元间的状态信息和控制信号在车内网上的传输,使车辆具有状态感知、故障诊断和智能控制等功能。车际网是指基于短程通信技术构建的车-车、车-路、车-行人/非机动车网络,实现车辆与周围交通环境信息在车际网上的传输,使交通参与者具有行驶环境感知、危险辨识、智能控制等功能。车载移动互联网是指基于远程通信技术构建车-互联网、车-中心/后端、车-云端网络,实现车辆与服务信息在车载移动互联网上的传输,使车联网用户具有智能信息服务、应用管理和控制等功能。车联网一体化网络框架如图7-24所示。

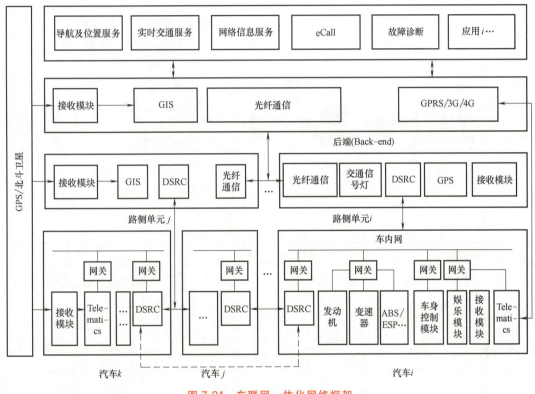

图7-24 车联网一体化网络框架

2)面向车联网的通信与网络技术。研究重点包括:融合卫星通信、3G/4G通信、DSRC通信、WLAN通信、车内总线通信的多模式通信技术,短程无线协同通信技术,车载移动自组织网络技术、智能网关及网络管理技术、多源异构数据协同技术。车联网中采取多模式协同通信技术,通过融合卫星通信(GPS/北斗)、远程无线通信(3G/4G)、短程无线通信(DSRC/WLAN/蓝牙)、车内总线通信(CAN/LIN)等多种通信模式,在移动通信节点间采用无线协同通信技术,实现移动通信的无缝连接,提高通信效率,减少通信盲区,如图7-25所示。表7-1列出了车联网的多模式通信框架。多模式集成通信为车联网的广泛应用打下了坚实的基础,拓展了车联网系统在车辆以外的应用,为跨行业使用提供了方便。表7-2列出了不同终端的集成通信模式,基于这些集成通信模式车联网对多样化的信息进行管理和应用。

3）基于车联网的智能终端及应用技术。研究重点包括：智能车机，车载智能手机，智能路侧设备，智能车机-手机协同，智能交通信号控制机，智能可变信息板，以及基于车联网的智能应用技术。

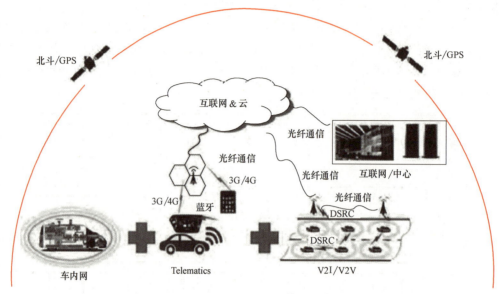

图 7-25　Telematics、V2I/V2V、车内网融合的车联网体系结构

表 7-1　车联网多模式通信框架

通信类型	车载移动互联网	车际网	车内网
卫星通信	北斗/GPS	北斗/GPS	北斗/GPS
远程通信	光纤通信/3G/4G	—	—
短程通信	—	DSRC/WLAN/蓝牙	—
总线通信	CAN/LIN	CAN/LIN	CAN/LIN
集成通信	集成通信模块+智能网关		

表 7-2　终端集成通信模式

终端类型	通信需求	通信方式
车载终端（OBU）	车-车、车-路、车-网、车-人、车内、定位	卫星、DSRC、3G/4G、CAN/LIN
路侧终端（RSU）	路-车、路-路、路-网、路-人、定位	卫星、DSRC、光纤、3G/4G
消费者终端（consumer device）	人-车、人-人、人-网、定位	卫星、3G/4G
中心/网络（center/internet）	网-路、网-车、网-中心、网-人	光纤、3G/4G

4）车联网平台建设。研究重点包括：车联网数据融合平台，车联网应用开发平台，车联网网络支持平台，以及符合各领域特点的车联网业务平台。通过建立面向车联网的分布式传感器网络，制定数据传输标准体系，开发车联网信息管理系统，构建智能信息服务标准体系、智能化控制系统，对多源异构信息（如空间信息、车辆信息、交通信息、服

务信息、报警和控制信息等）的采集、融合、传输、接收、存储、响应、执行、消失等过程进行管理和应用。

在众多的车联网关键技术中，这里简要介绍几个应用中的关键技术：RFID、蓝牙和TD-LTE。

1）RFID。RFID技术属于一种射频识别技术，不需要与实际目标进行实际存在的关联，借助无线信号便可读取核心信息，其组成部分包括应答器、阅读器和软件系统等。RFID的应答器包括耦合元件、芯片和天线。应答器也就是通常说的电子标签，每个电子标签都有一一对应的编码，附着在物体之上便可作为RFID的识别目标。阅读器是读取电子标签信息的设备。软件系统则为相关人员提供了人性化的操作界面，便于用户及时进行人机交流，从而保证该技术相关功能的全面实现。当前，RFID技术已经应用于一些领域中，如物流与供应链管理、不停车收费系统等。RFID技术应用于车联网的主要优势是该技术可以识别高速运动的多个物体，易于实现车联网当中节点间的数据传输。在车联网中，建议采用有源RFID技术实现通信。有源RFID可以提供更远的读写距离，并且可以实现主动感知，这一点对于车联网来说比较重要。较之其他的一些传输技术，RFID还具有数据存储量大、小巧轻便、使用寿命长、防水防磁、安全性好等优点。

2）蓝牙。蓝牙传输是未来车联网发展的必然辅助方法。借助多载波聚合、自适应通信技术等，可维持整个通信质量的稳定性、最优化，结合信道传输环境便可进行车联网相关参数的发送和接收，当下已经投入应用的蓝牙技术包括资源分配技术、自适应编码调制技术、自适应重传技术等。借助自适应通信处理方法，可为车联网提供一个综合化的管理体系，及时感知自然、噪声、人为原因带来的影响，实现干扰信息的识别处理，保证车联网信息的动态化管理。

3）TD-LTE。车联网中将TD-LTE技术与MIMO、自适应等先进通信技术相融合，提高了车联网的安全性、稳定性。MIMO借助多天线技术实现了对信号的处理，可以获得分集增益、阵列增益，在发送端、接收端实现了信号的同时发送和接收，充分提高了传输途径的稳定性。

车联网的关键技术是提高车与车、车与路之间信息传输的有效性、全面性的关键，因此需要融合无线通信技术和车辆传感器节点技术，研发满足互动需求、兼容需求的新型技术。

1）融合多传感器信息技术。车联网是车、路、人之间的网络，车联网中的技术应用主要是车的传感器网络和路的传感器网络。车的传感器网络又可分为车内传感器网络和车外传感器网络。车内传感器网络是向人提供关于车的状态信息的网络，车外传感器网络是用来感知车外环境状况的传感器网络，路的传感器网络是指用于感知和传递路的信息的传感器网络，一般铺设在路上和路边。无论是车内、车外，还是道路的传感器网络，都起到了环境感知的作用，为车联网提供了各种信息。整合传感网络信息将是车联网重要的技术发展内容。通过在一定准则下使用计算机技术对这些传感器及观测信息进行自动分析、综合以及合理支配和使用，将各种单个传感器获取的信息进行冗余或互补处理并依据某种准则组合起来，形成基于知识推理的多传感器信息融合。

2）节点技术。车辆传感器节点具有更充裕的资源，嵌入式的节点数据处理具有更强的计算能力,车载的存储设备提供了较大的存储能力,更重要的是,整个节点系统有持续的电力供应,而不像传统的无线传感器网络,节点仅仅靠电池的有限电力供电,这说明能源有效性不再是车辆无线传感器网络的研究重点,系统设计中更重要的性能指标是传输时延和系统吞吐率等。车辆节点具有很高的移动性,车辆传感器节点的高速移动性决定了车辆传感器网络的拓扑结构会快速变化,两个节点间的通信时间很短暂,而传统的无线传感器网络中节点一般都是静态的,网络的拓扑结构具有较好的稳定性。

通常车辆传感器网络采用普通节点、汇聚节点、网关节点等三类传感器。普通节点主要承担数据采集,并将感知的数据信息传递给近邻节点的功能;汇聚节点用于收集普通节点感知的信息,然后进行初步数据处理,并将处理结果传送到网关节点,汇聚节点之间可以互相通信;网关节点用于收集汇聚节点信息,并通过3G/4G网络将信息传送回控制中心,节点间不具备通信功能,也就是说,网关节点主要承担无线和有线信号转换,实现Internet网络的接入功能。根据各类节点功能的不同,可对节点进行分层部署。首先,由普通节点将感知信息以单跳或多跳路由协议的方式把信息传送到距离其最近的汇聚节点,然后由汇聚节点采用相同的方式将信息传送给网关节点。

如图7-26所示,车辆传感器网络由移动车辆节点与固定的路侧基础设施组成。通过车载无线通信设备,车辆节点具有无线通信功能。当两个车辆节点处于无线通信范围内时,能够建立通信链路实现数据交换。同时,路侧固定的基础设施也部署了无线通信设备,在车辆经过时能同路侧的无线通信设备实现相互通信。路侧的基础设施通常连接Internet,所以车辆通过与路侧设施的连接,能够实现在移动中连接Internet。

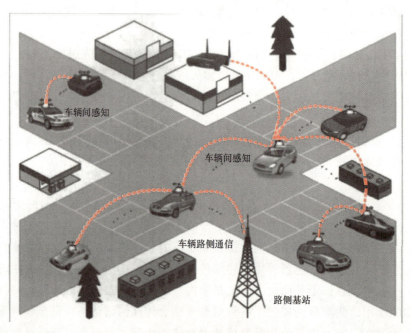

图7-26 车辆传感器网络通信模式示意图

3)地磁传感技术。目前在道路上行驶的绝大多数车辆都由大量的钢铁制成,这些钢铁比周围的空气更具有磁渗透性。地磁传感器可以分辨出地球磁场1/6000的变化,并且具有极高的灵敏度,当车辆通过时,对地磁的影响可能达到地磁强度的几分之一,因此,可以利用地磁传感器来检测车辆的存在。地磁传感器就是通过探测车辆通过时对地球磁场产生的扰动来探测车辆,传感器模块可以依据测量过往车辆对地磁场的干扰情况来感知车辆。同时,也可以根据不同车辆对地磁场产生扰动的不同来识别车辆类型,其检测系统如图7-27所示。

此外,通过采用基于测距的算法或不基于测距的算法,可对位于无线传感器网络中的车辆进行定位。目前的定位技术主要有硬件技术与软件算法。硬件技术即通过各种技术准确测出或者估算出两个节点之间的距离,这一技术是准确得到位置信息的基础。软件算法是在现有的各种测距技术的基础上,根据各种测距技术的特点,设计不同的算法来

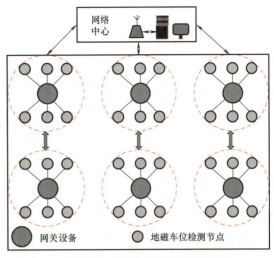

图7-27 地磁传感器检测系统

将已测出的距离信息计算成具体位置信息。其中基于测距算法的测距方式分为基于到达角度的测距方式、基于到达时间的测距方式、基于接收信号强度的测距方式、基于到达时间差的测距方式和对称双边双路测距方式等。而不基于测距的定位方式分为质心定位算法、DV-Hop定位算法和APIT定位算法等。

7.5 汽车传感器的发展趋势

未来汽车用传感器的总体发展趋势是微型化、多功能化、集成化、智能化、网络化和无线化。微型化建立在微电子机械系统(MEMS)技术基础之上,利用MEMS技术和计算机辅助设计技术可以设计出低成本、高性能的微型传感器。多功能化是指将若干种敏感元件组装在同一种材料或单独一块芯片上的一体化多功能传感器,具有体积小、能对不同种类的参数进行测量的特点。此外,多功能传感器可以借助敏感元件中不同物理结构或化学物质及其各不相同的表征方式,用单独一个传感器同时实现多种传感器的功能。集成化是指把某些功能集合在一起,利用半导体材料制作单片集成电路传感器,可以在车辆应用上取得良好的效果。集成电路传感器是在集成电路制造工艺的基础上,精细加工制作而成的。智能化是指具有基于自身逻辑判断和信息化处理能力,可以对采集的信号进行智能处理,其传感器主要包括主传感器、辅助传感器及微型机的硬件设备等组成部分。此类传感器相当于是微型机和传感器的综合体,它将信号处理和控制电路集成到了单个芯片中,具有自诊断、多参数混合测量、误差补偿等特点。相较于一般的传感器,智能传感器在测量精度、信噪比、远程可维护性、稳定性和可靠性方面都更胜一筹。网络化是指传感器作为一个节点与基站节点、网关、公用网络组成系统,便于信息的流通传递。传感器节点由传感器单元、处理单元、电源、通信单元四部分组成,也可以与点位系统、运动系统等装置

组合使用。由于车辆自身的移动性，车载通信具有移动区域受限、网络拓扑变化快、网络频繁接入和中断、节点覆盖范围大、通信环境复杂等特点。因此，目前传感器的网络化发展面临挑战。无线化是指传感器采用无线通信，可以有效减少线束及其连接点。但传感器的无线化仍然是目前传感器发展面临的最大难题。

多传感器数据融合是汽车传感器发展的另一个重要且必然的趋势。传感器数据融合是指将安装在各个位置的多个相同种类或者不同种类的传感器所提供的阶段性数据进行综合，并对数据进行分析、判断、过滤、修整，去除多个传感器信息之间的冗余、矛盾，降低数据的不确定性，获得被测对象的确定描述，最大限度地提高系统的决策、规划、反应的快速性和正确性。数据融合增强了系统的稳定性、精确性和稳健性，改善了信息的可信度，增强了系统的防错能力和自学能力，同时也能够解决信息泛滥的问题，从而提高了整个系统的性能。

思考题与习题

1. 简述汽车轮胎健康状况监测的作用和意义。
2. 汽车轮胎健康状况监测系统包括哪几部分？简述其工作原理。
3. 汽车车内存在哪些有毒有害气体？
4. 简述不同类型气体传感器的优缺点。
5. 哪类气体传感器最适用于乘用车车内空气质量检测？为什么？
6. 简述驾驶人状态监测的基本原理。
7. 简述驾驶人状态监测所使用的传感器的种类及其工作原理。
8. 简述驾驶人状态监测的未来发展趋势。
9. 车联网技术的主要发展趋势是什么？汽车智能化与网络化技术的发展趋势有哪些？

参 考 文 献

[1] 马修水，钟伟红，陈琢，等. 传感器与检测技术 [M]. 2版. 杭州：浙江大学出版社，2012.
[2] 张玉安，乔玉丰. 传感器技术及应用 [M]. 石家庄，河北科学技术出版社，2015.
[3] 于秩祥. 汽车传感器原理与应用 [M]. 长春：吉林人民出版社，2013.
[4] 何新洲，何琼. 传感器与检测技术 [M]. 武汉：武汉大学出版社，2009.
[5] 王晓鹏. 传感器与检测技术 [M]. 北京：北京理工大学出版社，2016.
[6] 李碧巧. 浅析汽车传感器的发展现状和趋势 [J]. 时代汽车，2018（6）：128-129.
[7] 贾春舫. 汽车传感器的应用及技术探究 [J]. 内燃机与配件，2018（9）：87.
[8] 董春利. 传感器技术与应用 [M]. 北京：中国电力出版社，2013.
[9] 宋宇，朱伟华，董括，等. 传感器及自动检测技术 [M]. 北京：北京理工大学出版社，2013.
[10] 宋强，张烨，王瑞. 传感器原理与应用技术 [M]. 成都：西南交通大学，2016.
[11] 吴兴惠，王彩君. 传感器与信号处理 [M]. 北京：电子工业出版社，1998.
[12] 杜向阳. 周渝斌. 机械工程测试技术基础 [M]. 北京：清华大学出版社，2009.
[13] 王伯雄. 测试技术基础 [M]. 2版. 北京：清华大学出版社，2012.
[14] 钱同惠. 信号分析与处理 [M]. 北京：机械工业出版社，2007.
[15] 邵英. 信号与系统 [M]. 北京：国防工业出版社，2014.
[16] 陈国强，范小彬，李广伦，等. 工程测试技术与信号处理 [M]. 北京：中国电力出版社，2013.
[17] 李亚峻. 数字信号处理基础 [M]. 杭州：浙江大学出版社，2013.
[18] FLEMING W J. Overview of automotive sensors [J]. IEEE Sensors Journal，2001，1（4）：296-308.
[19] 吴瑕. 智能温度报警器的研究与设计 [D]. 天津：天津大学，2009.
[20] 徐雁. 高温温度传感器的研究与应用 [D]. 太原：中北大学，2012.
[21] 施海. 基于车载网络的多模态信息采集系统 [D]. 重庆：重庆大学，2006.
[22] 袁媛. 基于嵌入式技术的车辆监控系统的研究 [D]. 广州：中山大学，2005.
[23] 马其华. 基于波形分析法的电喷汽油机空燃比控制系统故障诊断研究 [D]. 西安：长安大学，2006.
[24] 徐雯. 氮氧传感器陶瓷芯片检测系统的研制 [D]. 武汉：华中科技大学，2013.
[25] 王柯，黄少文，潘飞，等. 氮氧传感器安装位置试验分析 [J]. 汽车电器. 2014（9）：70-72.
[26] ZHUIYKOV S，MIURA N. Development of zirconia-based potentiometric NO_x sensors for automotive and energy industries in the early 21st century：what are the prospects for sensors？[J]. Sensors and Actuators B Chemical. 2007，121（2）：639-651.
[27] 赵海燕，王岭，陈嘉庚，等. 汽车尾气用 NO_x 传感器 [J]. 传感器与微系统. 2007（1）：8-10；14.
[28] 彭生辉. 内燃机爆燃与爆燃传感器的性能研究 [D]. 合肥：合肥工业大学，2005.
[29] 和劭延，吴春会，田建君. 电流传感器技术综述 [J]. 电气传动，2018，48（1）：65-75.
[30] 傅瑾新，吕泉，张亚凡. 传感器技术大全 [M]. 北京：北京航空航天大学出版社，2007.
[31] 宁学明. 齿轮转速传感器性能参数测试系统设计 [D]. 南京：南京航空航天大学，2006.
[32] 牛薇. 基于电涡流原理的转速传感器的设计 [D]. 哈尔滨：哈尔滨工业大学，2014.
[33] 洪水棕. 现代测试技术 [M]. 上海：上海交通大学出版社，2002.
[34] 李洪才，刘春桐，冯永保，等. 一种内嵌喷嘴差压式FBG流量传感器 [J]. 光电子. 激光，2014，25（10）：1886-1891.

[35] 胡腾. 新型车用翼片式空气流量传感器研究 [D]. 重庆：重庆大学, 2010.

[36] 程颖. 热膜式流量传感器设计与研究 [D]. 哈尔滨：哈尔滨工程大学, 2010.

[37] 孙伟. 宽域氧传感器接口控制单元开发 [D]. 成都：西华大学, 2007.

[38] MAKKI I H, KERNS J M, CLARK T J, et al. Distinguishing between EGR value and oxygen sensor degradation：US 20120265396A1 [P]. 2011-04-18.

[39] 尹亮亮, 谢光远, 黄海琴, 等. 基于氧化锆电解质的 NO_x 传感器的检测系统设计 [J]. 传感器世界, 2011, 17 (2)：16-19.

[40] 徐景, 龚雪飞, 张帆, 等. 基于氮氧传感器的 NO_x 气体测量仪设计 [J]. 传感器与微系统, 2015, 34 (3)：90-93.

[41] SZABO N F, DUTTA P K, SOLIMAN A. A NO_x sensor for feedback control and emissions reduction [J]. SAE Technical Papers, DOI：10.4271/2002-01-0479.

[42] NAKAGAWA S, HORI T, NAGANO M. A new feedback control of a lean NO_x trap catalyst [C]. SAE 2004 World Congress & exhibition, Detroit, 2004.

[43] 陈超. 汽车爆燃传感器的性能测试及设计研究 [D]. 武汉：武汉理工大学, 2011.

[44] 贾晓峰. 电动汽车底盘多目标集成控制研究 [D]. 长春：吉林大学, 2016.

[45] 印友军. 局域霍尔原理的非接触式位置传感器的研究与应用 [D]. 上海：上海交通大学, 2012.

[46] 常威. 试飞验证系统电阻型传感器模拟信号硬件设计 [D]. 成都：电子科技大学, 2015.

[47] 郭樱花. 车用电子加速踏板传感器研制探讨 [J]. 西安邮电学院学报, 2008, 13 (5)：126-129.

[48] 孟立凡, 蓝金辉. 传感器原理与应用 [M]. 北京：电子工业出版社, 2008.

[49] 邓元望, 吴浩, 陈宇, 等. 纯电动汽车电子加速踏板可靠性控制研究 [J]. 湖南大学学报（自然科学版）, 2016, 43 (8)：16-24.

[50] 唐辉朋. 基于直接横摆力矩控制的汽车 ESP 控制系统研究 [D]. 西安：长安大学, 2009.

[51] 郭美玲. MSINS/GPS/汽车传感器组合导航系统研究 [D]. 哈尔滨：哈尔滨工程大学, 2013.

[52] 谷庆红. 微机械陀螺仪的研制现状 [J]. 中国惯性技术学报, 2003 (5)：68-73.

[53] 郭理彬. 石英音叉陀螺信号数字解调技术研究 [D]. 长沙：国防科学技术大学, 2006.

[54] 张洪润, 傅瑾新, 吕泉, 等. 传感器技术大全 [M]. 北京：北京航空航天大学出版社, 2007.

[55] 赵源. 压阻式加速度传感器的设计与仿真 [D]. 成都：电子科技大学, 2015.

[56] WU R, WEN T. Silicon micro-acceleration sensor technologies [J]. Instrument Technique and Sensor, 2007 (3)：8-9.

[57] 温殿忠, 赵晓峰. 传感器原理及应用 [M]. 北京：科学出版社, 2013.

[58] 段宝明. 单片集成 CMOS-MEMS 三轴电容式加速度传感器 [D]. 合肥：合肥工业大学, 2013.

[59] 刘宗林. 电容式微惯性器件设计理论与方法研究 [D]. 长沙：国防科学技术大学, 2004.

[60] DONG P, LI X, YANG H, et al. High-performance monolithic triaxial piezoresistive shock accelerometer [J]. Sensors and Actuators, 2008, 141 (2)：339-346.

[61] 赵辉. 三轴谐振式加速度计测控电路的设计 [D]. 南京：南京理工大学, 2014.

[62] 张恩杰. MEMS 谐振式加速度计频率检测电路设计 [D]. 哈尔滨：哈尔滨工业大学, 2016.

[63] 尤炜. 一种用于 EPS 的转矩传感器设计 [D]. 成都：电子科技大学, 2013.

[64] 毕玲峰. 磁阻式 EPS 专用转矩转角传感器的研发 [D]. 合肥：合肥工业大学, 2012.

[65] STEINEMANN A, NEMATOLLAHI N, WEINBERG J L, et al. Volatile chemical emissions from car air fresheners [J]. Air Quality, Atmosphere & Health, 2018, 11：949-954.

[66] 孙萍. 质量敏感型有毒有害气体传感器及阵列研究 [D]. 成都：电子科技大学, 2010.

[67] MUTHARASAN R, ROSARIO R. Piezoelectric excited millimeter sized cantilever sensors for measuring

gas density changes [J]. Sensrs & Actuators B：Chemical，2014，B192：99-104.

[68] GRUBER D，KRAUS F，MULLER J. A novel gas sensor design based on $CH_4/H_2/H_2O$ plasma etched ZnO thin films [J]. Sensors & Actuators B. Chemical，2003，92（62）：81-89.

[69] RUBIO R，SANTANDER J，FONOLLOSA J，et al. Exploration of the metrological performance of a gas detector based on an array of unspecific infrared filters [J]. Sensors & Actuators B：Chemical，2006，116（1/2）：183-191.

[70] CHACON-MURGUIA M I，PRIETO-RESENDIZ C. Detecting driver drowsiness：a survey of system designs and technology [J]. IEEE Consumer Electronics Magazine，2015，4（4）：107-119.

[71] 罗超. 基于驾驶人行为特征的疲劳驾驶检测方法的实现 [D]. 武汉：武汉理工大学，2013.

[72] 张海军，王浩川. 多导联 EEG 信号分类识别研究 [J]. 计算机工程与应用，2008，44（24）：228-230.

[73] 朱大年，王庭槐. 生理学 [M]. 8 版. 北京：人民卫生出版社，2013.

[74] 施翔匀. 基于心电信号的疲劳驾驶诊断 [D]. 北京：北方工业大学，2019.

[75] YADAV O P，RAY S. A novel method of preprocessing and modeling ECG signals with Lagrange-Chebyshev interpolating polynomials [J]. International Journal of Systems Assurance Engineering and Management，2021，12（3）：377-390.

[76] 叶成文. 基于心电肌电信号的汽车驾驶疲劳研究 [D]. 合肥：合肥工业大学，2018.

[77] 乔丙辰. 基于驾驶人下肢表面肌电信号的紧急制动意图识别研究 [D]. 武汉：武汉理工大学，2019.

[78] 曹昂，张珅嘉，刘睿，等. 基于表面肌电信号的肌肉疲劳状态分类系统 [J]. 计算机应用，2018，38（6）：1801-1808.

[79] 王程龙. 基于人脸识别的疲劳驾驶软硬件协同检测方法研究 [D]. 青岛：青岛科技大学，2019.

[80] 谢伯元，李克强，王建强，等. "三网融合"的车联网概念及其在汽车工业中的应用 [J]. 汽车安全与节能学报，2013，4（4）：348-355.